DES

SCIENCES OCCULTES.

IMPRIMERIE DE C. THUAU,
rue du Cloître-S.-Benoît, n° 4.

DES
SCIENCES OCCULTES
OU
ESSAI SUR LA MAGIE, LES PRODIGES
ET LES MIRACLES;

PAR EUSÈBE SALVERTE.

« Non igitur oportet nos magicis illusionibus
« uti, cum potestas philosophica doceat operari
« quod sufficit. »
Rog. Bacon, *De Sacr. oper. art. et nat.* c. 1.

TOME SECOND.

PARIS,
SEDILLOT, LIBRAIRE-EDITEUR,
RUE D'ENFER SAINT-MICHEL, N. 18.

MDCCCXXIX.

DES
SCIENCES OCCULTES

ou

ESSAI

SUR LA MAGIE, LES PRODIGES

ET

LES MIRACLES.

CHAPITRE XVIII.

Action des odeurs sur le moral de l'homme. Action des linimens : *l'onction* magique opérait souvent, dans des rêves, ce que la prévention et le désir prenaient facilement pour des réalités. De pareils rêves donnent l'explication de l'histoire entière des sorciers. L'emploi de quelques connaissances mystérieuses, les crimes aux quels de prétendus sortiléges ont souvent servi de voile, la rigueur des lois dirigées contre le crime absurde de sorcellerie ; telles sont les principales causes qui ont multiplié le nombre des sorciers. Importance de cette discussion, prouvée par des faits récens.

Le merveilleux croît pour nous en raison de la distance qui paraît séparer la cause de l'effet. Les boissons et les drogues ne peuvent s'administrer absolument à l'insu de celui qui les accepte : on s'enivrait des parfums prodigués autour des autels et dans les cérémonies magiques, sans le vouloir, sans en soupçonner la puissance ; quels avantages n'offraient-ils pas au Thaumaturge, surtout quand il lui importait de produire des extases et des visions. Leur composition et leur choix étaient l'objet d'une attention scrupuleuse.

On se rappelle que, pour préparer les enfans aux révélations qu'ils devaient recevoir dans des songes, Porphyre recommandait l'emploi de fumigations faites avec des ingrédiens particuliers(1). Proclus, qui souvent, ainsi que les philosophes ses contemporains, n'a fait que rapporter, avec une interprétation allé-

(1) Ci-dessus, tome 1, pag. 189.

gorique, des *prescriptions* physiques dont le sens propre était perdu ; Proclus (1) nous montre les *instituteurs du sacerdoce ancien* rassemblant diverses odeurs et les unissant par les procédés d'un art divin, pour en composer un parfum unique, doué de vertus nombreuses, dont l'énergie, portée au comble par leur réunion, serait affaiblie par leur séparation.

Dans les Hymnes attribués à Orphée, Hymnes qui sûrement tirent leur origine du rituel d'un culte très-ancien, un parfum particulier est assigné à l'invocation de chaque divinité : cette variété dans les pratiques religieuses ne présentait pas toujours à la science sacrée une application actuelle ; mais on l'établissait d'une manière générale, pour s'en prévaloir dans les occasions particulières ; le prêtre restant toujours le maître d'annoncer à quelle divinité il fallait de préférence avoir recours.

L'action physique et morale des odeurs n'a pas été peut-être étudiée sous ce point de vue par les savans modernes, autant que par

(1) *Proclus. De sacrificiis et magiâ.*

les Thaumaturges de l'antiquité. Cependant, si Hérodote nous apprend que les Scythes s'enivraient en respirant la vapeur des graines d'une espèce de chanvre, jetées sur des pierres rougies au feu (1), la médecine moderne a observé que l'odeur seule des graines de la jusquiame, surtout quand la chaleur exalte son énergie, produit, chez ceux qui la respirent, une disposition à la colère et aux querelles. Le *Dictionnaire de Médecine* (2) de *l'Encyclopédie méthodique*, cite trois exemples qui le prouvent : le plus saillant est celui de deux époux qui, parfaitement unis partout ailleurs, ne pouvaient, sans en venir à des débats sanglans, rester quelques heures dans la chambre où ils travaillaient. On ne manqua point de croire la chambre ensorcelée ; jusqu'à ce que l'on découvrît, dans un paquet considérable de graines de jusquiame, placé près d'un poêle, la cause de ces querelles journalières, dont les deux époux étaient les premiers à gémir, et que la disparition de la substance vénéneuse fit cesser sans retour.

(1) *Herodot.* lib. iv. cap. 75.
(2) Tom. vii. art. *Jusquiame.*

Le Thaumaturge dut employer cette sorte d'agens avec d'autant plus de succès, que l'œil ne met point en garde contre eux, et qu'ils n'affectent point l'odorat d'une manière proportionnée à la violence de leurs effets.

Il est des substances plus énergiques encore que les parfums, et qui, pour modifier notre existence, semblent n'avoir besoin que d'agir à l'extérieur. L'extrait ou le suc de belladone appliqué sur une plaie cause un délire accompagné de visions ; une faible goutte de ce suc, si elle touche l'œil, jette aussi dans le délire ; mais elle produit d'abord l'*ambliopie* ou duplicité des images (1). L'homme ainsi atteint, à son insu, verrait les objets se doubler autour de lui, et, en proie à la vengeance des Thaumaturges, s'écrierait, nouveau Penthée, qu'il aperçoit deux soleils et deux Thèbes (2).

L'expérience a récemment prouvé qu'administrés en linimens et aspirés par le système

---

(1) Cette dernière observation appartient au docteur Hymli. Voyez aussi Pinel, *Nosographie philosophique* (5 édition), tom. III. pag. 46. et Girandy. *Sur le délire causé par la Belladone*, etc. Thèse soutenue en 1818.

(2) *Virgil. Aeneid.* lib. IV. vers 469.

absorbant, plusieurs médicamens agissent comme s'ils avaient été introduits directement dans l'estomac. Cette propriété n'a point été ignorée des anciens. Dans le roman d'Achilles Tatius, un médecin égyptien, pour guérir Leucippe attaquée de frénésie, lui applique sur le haut de la tête un liniment composé d'huile dans laquelle il a fait dissoudre un médicament particulier : peu de temps après l'onction, la malade s'endort profondément. Ce que savait le médecin, le Thaumaturge ne l'ignorait pas ; et cette connaissance a pu lui servir à opérer plus d'un miracle bienfaisant ou funeste. On ne contestera point que les onctions, si fréquentes dans les cérémonies anciennes, ne lui offrissent chaque jour la facilité de la mettre à profit. Avant de consulter l'oracle de Trophonius, on était frotté d'huile sur tout le corps (1) ; cette préparation concourait sûrement à produire la vision désirée. Avant d'être admis aux mystères des *Sages* indiens, Apollonius et son compagnon furent frottés d'une huile

1) *Pausanias*. lib, ix. cap. 39.

si active, *qu'il leur semblait qu'on les lavait avec du feu* (1).

Les disciples des hommes qui naturalisèrent, au centre de l'Amérique, des idées et des pratiques religieuses empruntées à l'Asie, les prêtres de Mexico, oignaient leurs corps d'une pommade fétide, quand ils voulaient, disaient-ils, converser avec la divinité. La base en était le tabac et une semence moulue qu'ils appelaient *ololuchqui*, semence dont l'effet était de priver l'homme de son bon sens, comme celui du tabac d'engourdir la sensibilité. Ils se sentaient alors très-intrépides et très-cruels (2); et sans doute aussi très-disposés à avoir des visions, puisque cette pratique avait pour but de les mettre en rapport avec les objets de leur culte fantastique.

Abandonnons un moment les temples :

---

(1) *Philostrat. De vit. Apoll.* lib. III. cap. 5.
(2) Acosta. *Histoire des Indes occidentales.* liv. v. chap. 26. traduction française. (8°. 1616) feuillets 256-257. Les prêtres mexicains faisaient entrer dans cette pommade les cendres ou les corps d'insectes réputés venimeux; c'était sans doute pour tromper sur la nature des drogues physiquement efficaces.

suivons au dehors ce secret divulgué, et tombé entre les mains des magiciens vulgaires.

Tout est-il imposture dans ce que rapportent les poëtes et les romanciers de l'effet des onctions magiques? Il est difficile de le penser. Les ingrédiens dont elles se composaient avaient sûrement une efficacité quelconque. Nous avons supposé qu'au sommeil qu'elles déterminaient, se mêlaient des songes lubriques ; supposition d'autant plus probable que c'était surtout l'amour contrarié ou l'amour trahi qui employait leurs secours. En proie à sa passion, qu'une femme en fît usage : préoccupée de ses désirs et de l'espoir de les voir satisfaire, elle s'endormait ; il était naturel que leur unique objet occupât ses songes, et que bientôt elle attribuât aux caresses de l'être adoré, les émotions voluptueuses que lui prodiguait le sommeil magique. A son réveil, pouvait-elle douter qu'un charme aussi puissant que délicieux ne l'eût transportée dans les bras de son amant, ou n'eût rendu à ses vœux un infidèle?

Ce que demandait aux enchantemens la passion ou la curiosité, l'onction magique le faisait ainsi obtenir en rêve ; mais d'une manière si prononcée, qu'il était impossible de ne pas prendre l'illusion pour une réalité : voilà ce que prouve l'histoire des procès de sorcellerie ; procès dont le nombre surpasse l'imagination. C'est la nuit, au milieu de leur sommeil, que les sorciers sont enlevés et transportés au *Sabbat*. Pour obtenir cette faveur, ils ont dû, le soir, se frotter d'une pommade (1) dont ils cherchent, et dont souvent ils ignorent la composition ; mais dont les effets sont précisément ceux que nous venons de signaler.

On amène devant le magistrat de Florence, homme au-dessus de son siècle et de son pays, une femme accusée d'être sorcière : elle se déclare telle, et assure qu'elle assistera au *Sabbat* la nuit même, pourvu qu'on la laisse rentrer chez elle, et pratiquer l'onction magique ; le juge y consent. Après s'être frottée de drogues fétides, la prétendue sorcière

---

(1) Les déclarations faites par des sorciers, à l'inquisition d'Espagne, en 1610, parlent de la nécessité, pour aller au Sabbat, de se frotter la paume des mains, la plante des pieds, etc. avec l'eau que lâche un crapaud effrayé ou irrité (Llorente. *Histoire de l'inquisition*. chap. XXXVII. art. 2. tom. 3. p. 431 et suivantes) : recette puérile, destinée à cacher aux adeptes même, la composition de l'onction véritable.

se couche et s'endort sur-le-champ : on l'attache sur le lit ; des piqûres, des coups, des brûlures même ne peuvent interrompre son profond sommeil. Réveillée avec peine, le lendemain, elle raconte qu'elle est allée au *Sabbat ;* dans le récit de son rêve se mêlent les sensations douloureuses qu'elle a réellement éprouvées en dormant, et auxquelles le juge borne sa punition (1).

De trois récits identiquement semblables à celui-ci, que nous pourrions emprunter à Porta et à Frommann (2), nous tirerons seulement une observation physiologique. Deux des prétendues sorcières, ainsi endormies par l'onction magique, avaient annoncé qu'elles iraient au *Sabbat,* et qu'elles en reviendraient, en *s'envolant avec des ailes.* Toutes deux crurent que les choses s'étaient passées ainsi, et s'étonnaient qu'on leur soutînt le contraire. L'une, même, en dormant, avait exécuté des mouvemens et s'était élancée, comme si elle eût voulu prendre son vol. Tout le monde

---

(1) Paolo Minucci, jurisconsulte florentin, mort au XVIIe siècle, nous a transmis ce fait intéressant, dans son commentaire sur le *Malmantile racquistato,* cant. IV. ott. 76.

(2) J. B. Porta *Magia natur.* lib. II. cap. 26. Frommann *Tract. de Fascin.* pag. 562... 568-569.

sait que, dans le sommeil, quand le sang afflue vers le cerveau, il n'est pas rare de rêver que l'on s'élève, en volant, dans les airs.

En avouant qu'ils employaient l'onction magique pour se transporter au *Sabbat*, des insensés ne pouvaient en donner la recette : la médecine la donnerait sans peine. Porta et Cardan (1) en ont indiqué deux : le *solanum somniferum* fait la base de l'une ; la jusquiame et l'opium dominent dans l'autre. Le sage Gassendi, pour éclairer des misérables qui se croyaient sorciers, chercha à deviner leur secret, et à l'imiter. Avec une pommade dans laquelle entrait de l'opium, il oignit des paysans, à qui il persuada que cette cérémonie les ferait assister au *Sabbat*. Après un long sommeil, ils se réveillèrent, bien convaincus que le procédé magique avait produit son effet ; ils firent un récit détaillé de ce qu'ils avaient vu au *Sabbat* et des plaisirs qu'ils y avaient goûtés ; récit où l'action de l'opium était signalée par des sensations voluptueuses.

(1) J. Wierius. *De Praestig*. lib. 11. cap. 36. — J. B. Porta. *Magia natur*. lib. 11. — Cardan. *De subtilitate*. lib. 18.

En 1545, on trouva chez un sorcier une pommade composée de drogues assoupissantes. Le médecin du pape Jules III, André Laguna, s'en servit pour oindre une femme attaquée de frénésie et d'insomnie. Elle dormit trente-six heures de suite ; et, lorsqu'on parvint à l'éveiller, elle se plaignit de ce qu'on l'arrachait aux embrassemens d'un jeune homme aimable et vigoureux (1).... De cette illusion, nous rapprocherons, avec le judicieux et infortuné Llorente, celle qu'éprouvaient les femmes vouées au culte de *la Mère des Dieux*, lorsqu'elles entendaient continuellement le son des flûtes et des tambourins, qu'elles voyaient les danses joyeuses des faunes et des satyres, et qu'elles goûtaient des plaisirs inexprimables : quelque médicament du même genre causait chez elles le même genre d'ivresse.

Nous en rapprocherons aussi les succès qu'obtenaient dans leurs amours les magiciennes, et par exemple celles qu'ont rendues célèbres Lucien et Apulée : ce sera étayer

---

(1) A. Laguna. *Commentaire sur Dioscoride*. lib. 76. cap. 4. cité par Llorente. *Histoire de l'inquisition*. tom. III. pag. 428.

d'une probabilité nouvelle l'opinion que le même secret, avec des variations légères, est arrivé, des mains des magiciens subalternes qui vendaient des filtres amoureux en Grèce et en Italie, jusqu'aux malheureux sorciers de l'Occident.

Il y a eu, de tout temps, plus de sorcières que de sorciers : une imagination et des organes plus mobiles rendent compte de cette différence. J'explique de même pourquoi, dans les fables si souvent répétées, des démons ou des génies qui, dans un commerce magique, s'unissaient à des mortels, les plus nombreuses portent sur des *incubes*. Il n'y avait de réel que des songes voluptueux, déterminés par la nature aphrodisiaque des linimens; songes plus fréquens chez le sexe le plus susceptible, et secondés souvent par des dispositions aux vapeurs hystériques.

Enfin, nous ne craignons pas de le dire : pour expliquer les faits principaux consignés dans les archives sanglantes des tribunaux civils et religieux et dans les volumineux recueils de *démonologie*, pour expliquer les aveux de cette foule d'insensés des deux sexes qui ont cru fermement être sorciers et avoir assisté au *Sabbat,* il suffit de combiner, avec l'emploi de l'onction magique, l'impression profonde, produite par des descriptions antérieurement entendues des cérémonies dont on serait témoin, et des divertissemens auxquels on prendrait part, dans les assemblées du *Sabbat.* Ces assemblées, en effet, et leur but coupable avaient été signalés dès le commencement du cinquième siècle, et bientôt avaient éveillé la sévérité toujours croissante des prêtres et des magistrats ; on les peint comme fréquentes et d'assez longue durée : et toutefois, on n'a jamais surpris les sorciers dans une seule de ces réunions. Ce n'était point la crainte qui en aurait empêché : les mêmes recueils, les mêmes procès constatent qu'il existait des procédés certains pour que l'organe des lois, le ministre de la religion, loin d'avoir rien à redouter de l'esprit de ténèbres, lui imposassent, et malgré lui s'emparassent des misérables qu'il égarait.... Mais, dans la réalité, ces réunions n'existaient plus, si elles avaient existé dans la forme qu'on leur supposait : elles avaient peu survécu aux derniers restes du polythéisme. Remplacées par des initiations individuelles, qui se réduisirent bientôt à des confidences intimes; il n'en subsista que la tradition inexacte des cérémonies empruntées à divers mystères du paganisme, et la peinture des délices dont on promettait aux initiés de les faire jouir. Conformément aux déclarations des sorciers, on ne peut se dispenser de reconnaître qu'ils se frottaient diverses parties du corps, d'une drogue qu'ils croyaient magique ; et les faits cités prouvent que l'effet de cette drogue sur leur imagination, était assez énergique pour qu'ils ne doutassent pas plus de la réalité des impressions fantastiques qu'elle leur faisait éprouver, que de celle des sensations reçues dans l'état de veille. Ainsi, ils restaient fermement persuadés qu'ils avaient pris part à des festins splendides, quoiqu'ils sentissent, comme ils l'avouaient devant les juges, que ces festins n'apaisaient ni la faim ni la soif (1); ils ne pouvaient croire qu'ils n'eussent bu et mangé qu'en songe. Mêlant cependant à leurs rêves, comme cela arrive toujours, ces réminiscences machinales, la

---

(1) Fromann. *Tract. de Fasc.* pag. 613.

mémoire leur présentait, d'une part, la succession confuse des scènes bizarres auxquelles ils s'étaient promis d'assister ; de l'autre part, elle faisait intervenir, au milieu des cérémonies magiques, des personnes de leur connaissance, qu'ils dénonçaient ensuite, jurant qu'ils les avaient vues au *Sabbat ;* et leur serment homicide n'était point un parjure ! Ils le faisaient d'aussi bonne foi que l'aveu inconcevable par lequel ils se dévouaient à d'épouvantables supplices. A Ingolstadt, dit Frommann (1), on lisait publiquement les aveux de sorcières condamnées au feu ; elles confessaient avoir, par leurs maléfices, tranché la vie de plusieurs personnes ; *ces personnes vivaient;* elles assistaient à la lecture, et, par leur présence, démentaient ces aveux insensés..... et les juges néanmoins continuèrent à instruire des procès de sorcellerie ! En 1750, à Wurtzbourg, une religieuse prévenue de ce crime, est traduite devant un tribunal; elle y soutient opiniâtrément qu'elle est sorcière ; comme les accusées d'Ingolstadt, elle nomme les personnes à qui ses sorti-

(1) *Ibid.* pag. 850.

léges ont donné la mort ; *ces personnes vivaient;* et l'infortunée périt sur un bûcher(1) : en 1750 !

L'opinion que ces développemens tendent à établir n'est pas nouvelle : déjà J. Wierius s'est honoré en la soutenant. Un théologien espagnol a adressé à l'inquisition un traité (2), où, s'étayant de l'opinion de plusieurs de ses confrères, il soutient que la plupart des faits imputés aux sorciers n'ont existé qu'en rêves ; et que, pour produire ces rêves, il suffisait de la drogue dont ils se frottaient, et de l'opinion certaine qu'ils avaient conçue d'avance qu'ils allaient être transportés au *Sabbat*.

Nous ne nions point qu'après la cause générale, des causes particulières n'aient exercé ici une influence sensible : la possession de connaissances mystérieuses a dû, par exemple, créer, chez une populace très-ignorante, l'opinion qu'un homme était sorcier. Telle est la source de la réputation généralement

---

(1) Voltaire. *Prix de la justice et de l'humanité.* art. x.
(2) Llorente. *Histoire de l'inquisition.* tom. III. pag. 454-455.

acquise aux bergers. Dans leur isolement fréquent, la nécessité les force à être les médecins et les chirurgiens de leurs troupeaux : forts de leur expérience, ils enseigneront, aux propriétaires de troupeaux, des remèdes efficaces ; bientôt, peut-être, guidés par l'analogie ou favorisés par le hasard, ils guériront un homme malade. D'où peut venir à des hommes sans instruction, cette faculté merveilleuse, si elle ne découle pas d'une science occulte ? « Plusieurs d'entre eux re-
« connaissent, au bout de peu de temps, la
« physionomie de leurs moutons, au point
« de distinguer un de leurs moutons, mêlé
« dans le troupeau d'un autre berger (1). »
Entre mille animaux qui nous paraissent tous semblables, l'homme qui *devine* d'abord celui qu'on lui a dérobé, évitera difficilement de passer pour sorcier, surtout si sa vanité et son intérêt le portent à favoriser l'erreur qui lui attribue un savoir et une puissance extraordinaires. Que sera-ce donc, si le point

---

(1) M. Desgranges. *Mémoire sur les usages d'un canton de la Beauce. Mémoires de la Société des antiquaires de France.* tom. 1. pag. 242-243.

d'où devrait émaner la lumière, si l'autorité qui règle la destinée de tous les citoyens, paraît dominée par l'opinion commune? La législation française a, jusqu'à nos jours, traité les bergers comme prévenus ou au moins suspects de sorcellerie, puisque, de leur part, de simples menaces sont punies de peines réservées en tout autre cas, pour des violences meurtrières. N'est-ce pas supposer que leurs paroles seules portent avec elles une efficacité malfaisante? Cette loi, date de 1751 (1); tombée en désuétude, elle n'a pas été formellement abrogée.

La sévérité déployée contre les sorciers, quoique tout-à-fait absurde en principe, ne fut pas toujours injuste dans l'application: la sorcellerie servit plus d'une fois de masque ou d'instrument à des actions criminelles. Laissons de côté l'usage des drogues qui eni-

---

(1) « Fait pareillement S. M. défense à tous bergers de « menacer, maltraiter, faire aucun tort... aux fermiers ou « laboureurs qu'ils servent ou à ceux qu'ils ont servis.... « ainsi qu'à leurs familles, bergers ou domestiques; à peine « contre lesdits bergers, pour les *simples menaces*, de *cinq* « *années* de galères, et pour les mauvais traitemens, de neuf « années.... »
Préambule du Conseil-d'État du Roi du 15 septembre 1751.

vrent le poisson d'un étang, tellement qu'on peut le prendre avec la main, délit prévu aujourd'hui et puni par la loi, mais qui passait autrefois pour l'effet d'un sortilége. Laissons les escroqueries dont on entend chaque jour retentir les tribunaux de police correctionnelle, et qui consistent à vendre cher le secours imaginaire d'un pouvoir surnaturel. Doutons même d'une accusation souvent répétée, suivant laquelle ce ne seraient pas seulement des procédés bizarres, extravagans, qui auraient servi à cacher le secret des compositions magiques; mais des atrocités, des crimes, enfantés par l'exaltation de la folie, les transports de la cruauté, les raffinemens de la vengeance, ou seulement par la volonté d'imposer à des affidés, la chaîne d'une complicité redoutable (1). Mais

---

(1) « *Commodus.... sacra Mithriaca* homicidio vero *polluit;* « *cùm illic aliquid, ad speciem timoris, vel dici, vel fingi* « *soleat.* » *(Ael. Lamprid. in Commod. Anton.)* Cette phrase est obscure; on y connaît la réserve extrême que s'imposaient les anciens écrivains sur tout ce qui concernait les initiations. On peut néanmoins en induire que, dans les mystères de Mithra, le récipiendaire croyait obéir au commandement de tuer un homme. Ces mystères qui pénétrèrent à Rome, et par suite dans les Gaules, vers le commencement de notre

trop souvent, on ne peut le nier, le poison seul a fait toute l'efficacité des sortiléges : c'est un fait que les anciens n'ont pas ignoré, et dont nous avons indiqué une preuve en citant la seconde églogue de Théocrite (1). C'est un fait que, chez les modernes, les procédures judiciaires ont constaté (2), lors même que le malheureux frappé de mort s'obstinait à voir, dans les maux qu'il endurait, des effets surnaturels, et aidait ainsi leur coupable au-

ère, remontaient, en Asie, à une haute antiquité; puisque le premier Zoroastre y fut initié avant de commencer sa mission religieuse : or ce prophète est de beaucoup antérieur à Ninus; la religion qu'il fonda était déjà répandue et puissante dans l'empire d'Assyrie, au temps de Ninus et de Sémiramis... L'épreuve, mise jadis en usage par les prêtres de Mithra, afin de s'assurer de la résolution et de la docilité d'un récipiendaire, est encore aujourd'hui pratiquée dans les loges de maçonnerie, pour l'un des grades supérieurs. Des épreuves analogues ont dû, à plus forte raison, passer, des anciens temples, dans les écoles de magie; et, on le sent, ce qui n'était habituellement qu'une feinte, pouvait, au besoin, devenir une réalité.

(1) Ci-dessus chap. IX. Tom. 1. page 242.
(2) En 1689, des bergers de Brie firent périr les bestiaux de leurs voisins, en leur administrant des drogues sur lesquelles ils avaient jeté de l'eau bénite et récité des conjurations magiques. Poursuivis comme sorciers, ils furent condamnés comme empoisonneurs : on reconnut que la base de ces drogues était de l'arsenic.

teur à en dérober la cause physique aux recherches de la loi.

Alors, certes, les magistrats auraient acquis de grands droits à la reconnaissance publique, si, éclairés autant que sévères, ils eussent mis leurs soins à dévoiler le crime aussi bien qu'à le punir ; si, livrant à la plus grande publicité, sa nature véritable, ils eussent proclamé l'impuissance des magiciens dès qu'ils n'ont point recours à ces détestables pratiques. De pareilles révélations auraient enfin guéri les imaginations blessées.

Mais loin de là : les juges ont long-temps raisonné comme les inquisiteurs qui, lorsque des dépositions formelles prouvaient que les secrets des principaux sorciers consistaient à fabriquer des poisons, punissaient néanmoins le forfait imaginaire plutôt que le forfait réel (1). Les législateurs n'avaient pas d'autres yeux que le vulgaire : ils portaient contre les sorciers des décrets terribles, et par cela même ils en doublaient, ils en décuplaient le nombre ; ce serait mal connaître

---

(1) Llorente. *Histoire de l'inquisition.* tome III. pages 440-441.

les hommes que de douter, en ce sens, de l'efficacité de la persécution. En ouvrant une vaste carrière aux délations que peuvent dicter la sottise, la peur, la haine ou la vengeance, en apprêtant de toutes parts les instrumens de torture, en dressant les bûchers, ils multiplièrent les aveux forcés, les dénonciations absurdes ou mensongères; en revêtant du caractère saint de la loi leurs folles terreurs, ils rendirent incurable l'égarement général : la multitude ne mettait point en doute la culpabilité d'hommes qu'elle voyait poursuivre avec tant de rigueur; les hommes éclairés grossissaient les rangs de la multitude, soit par entraînement, soit pour ne point devenir suspects eux-mêmes des crimes dont ils auraient nié l'existence. Comment expliquer autrement la longue et déplorable histoire des procès de sorcellerie, où l'on voit, chaque jour, les accusés confesser, les témoins affirmer, les médecins constater, les juges punir des faits matériellement impossibles. On supposait, par exemple, que l'insensibilité physique de tout le corps ou d'une partie seulement, était le signe certain d'un pacte avec le diable. En 1589, quatorze prétendus sorciers déclarés *insensibles*, à la suite d'une visite légale de chirurgiens, furent en conséquence condamnés à mort. Sur l'appel interjeté par ces malheureux, le parlement, séant alors à Tours, ordonna un nouvel examen. Il fut avéré, par les hommes sages qui y procédèrent, que les accusés étaient stupides ou fous (peut-être devenus tels à la suite des misères qu'ils avaient endurées); mais doués d'ailleurs d'une vive sensibilité physique (1). Cette fois, la vérité fut entendue; elle leur sauva la vie. Mais ce ne fut là qu'un cas d'exception. Le cours du dix-septième siècle vit encore un grand nombre de procès de sorcellerie; jusqu'à ce qu'enfin le progrès des lumières, ce bienfait de la civilisation qu'on ne cesse aujourd'hui de calomnier, désillât les yeux de l'autorité suprême. L'ordonnance de juillet 1682 porte que les sorciers ne seront poursuivis que comme trompeurs, profanateurs et empoisonneurs, c'est-à-dire, que pour leurs véritables crimes: et de cet in-

---

(1) *Chirurgie de Pigray.* liv. viii. chap. x. pag. 445.

stant, le nombre des sorciers a diminué tous les jours (1).

Cette discussion pourra paraître superflue aux esprits impatiens qui croient que c'est perdre le temps que de réfuter aujourd'hui l'erreur d'hier; comme si le développement des causes de nos erreurs ne formait pas une partie essentielle de l'histoire de l'esprit humain. Et si d'ailleurs, en Europe, les personnes qui ont reçu quelque instruction ne croient plus aux sorciers, un tel progrès est-il déjà si ancien, et les lumières se sont-elles étendues dans un cercle si vaste que ce sujet ne mérite plus que l'oubli? Il n'y a pas cent ans qu'à Paris, un livre parut pour appeler la rigueur des lois et la sévérité des tribunaux sur les sorciers, et sur les incrédules qui nient l'existence de la sorcellerie et de la magie; et ce livre reçut alors les éloges des juges de la littérature (2).

Nous avons déjà rappelé le supplice d'une prétendue sorcière, brûlée à Wurtzbourg,

---

(1) Dulaure, *Histoire de Paris*, tome v, pages 36-37.

(2) *Traité sur la magie* par Daugis (in-12, Paris, 1732.), extrait avec éloge, dans le *Journal de Trévoux*, septembre 1732, pages 1534-1544.

en 1750. A la même époque, dans un pays de lumières, aux rigueurs des magistrats qui ne poursuivaient plus un crime chimérique, survivaient les emportemens de la crédulité populaire. « Il n'y a guère plus d'un demi-« siècle que l'on noyait encore les sorciers en « Angleterre, écrit un voyageur admirateur enthousiaste des Anglais...... » Dans l'année « 1751, deux vieilles femmes, *suspectées* de « sortilèges, furent arrêtées; et, dans le cours « *des expériences* que la populace fit sur ces « malheureuses, en les plongeant à plusieurs « reprises dans un étang, elles furent noyées, « dans un lieu après *Tring*, à quelques milles « de Londres (1). » Malgré le voisinage de la capitale, il ne parait pas que l'autorité ait fait la moindre démarche pour punir deux assassinats, que le voyageur qualifie si doucement d'*expériences*.

Après un tel exemple, on conçoit qu'en 1760, dans une des provinces intérieures de la Suède (2), il ait fallu l'autorité et le cou-

(1) *Voyage d'un Français en Angleterre* (2 vol. in-8°, Paris, 1816), tome I, page 490.

(2) En Dalécarlie.... Barbier. *Dictionnaire historique*, page 1195.

rage de l'épouse d'un grand personnage, pour arracher à la fureur du peuple, douze femmes accusées de magie.

En 1774, l'Allemagne où la philosophie est cultivée avec tant d'ardeur, l'Allemagne n'a-t-elle pas vu de nombreux disciples suivre Gassner et Schroepfer, et embrasser leurs doctrines de miracles, d'exorcismes, de magie et de théurgie (1)? En 1783, dans le canton de Lucerne, le célèbre historien J. Muller et un de ses amis, paisiblement assis sous un arbre, et lisant Tacite à haute voix, furent assaillis et pensèrent être massacrés par une troupe de paysans, à qui deux moines avaient persuadé que les deux étrangers étaient des sorciers (2).

Au commencement du siècle, on a condamné, en France, plusieurs escrocs, qui, parcourant les campagnes, affirmaient aux paysans que l'on avait jeté des *sorts* sur leurs bestiaux ou sur eux; et, non contens de se faire payer pour *lever* les prétendus *sorts*, en dé-

(1) Tiedmann. *De Quaestione*, etc. pag. 114-115.
(2) C. V. de Bonstetten. *Pensées sur divers objets de bien public*, pages 230-232.

signaient les auteurs, et suscitaient ainsi de violentes inimitiés, et même des rixes meurtrières.

« En 1810, dans les écoles de Rome, on « argumentait encore sérieusement pour sa- « voir si les sorciers sont fous ou possé- « dés (1) ? » On était plus avancé à Paris en 1817 ; on y a publié deux ouvrages (2) où l'on soutient formellement l'existence de la magie ; et où l'on applaudit au zèle des hommes *savans et vertueux*, qui, jadis, faisaient brûler les sorciers.

Que les fauteurs de ces doctrines s'applaudissent ; elles sont encore puissantes dans les contrées lointaines où des Colons ont plus souvent porté les vices que les lumières de l'Europe. Les terres élevées et arides des îles d'Amérique sont en proie, en été, à des maladies qui ravagent les haras et les troupeaux, et n'épargnent même pas les hommes. Qu'elles

---

(1) Guinan-Laoureins. *Tableau de Rome vers la fin de* 1814, page 228.

(2) *Les Précurseurs de l'Antechrist.* — *Les superstitions et prestiges des philosophes.* Voyez le *Journal de Paris*, 28 décembre 1817.

aient pour cause la mauvaise qualité des eaux stagnantes dont on est obligé de faire usage, c'est ce qu'on ne peut révoquer en doute, puisque les habitations arrosées par des eaux courantes, échappent constamment au fléau. Loin de reconnaître cette vérité, les Planteurs attribuent opiniâtrement leurs pertes à des moyens de sorcellerie pratiqués par leurs esclaves; et ils font périr dans les tortures, les infortunés sur qui le hasard a fixé leurs soupçons (1).

Mais est-il besoin de traverser les mers pour trouver des exemples de ces horribles extravagances ? En l'année 1817, dans une commune de la Flandre Orientale, un père a assassiné sa fille, âgée de dix ans, parce que, a-t-il dit, *elle était sorcière* : il préparait le même sort, et par un motif semblable, à sa femme et à sa sœur (2). On a prétendu que ce misérable était en délire : quel délire que celui qui, d'un époux, d'un père, fait un assassin ! Quelle effroyable crédulité que celle

---

(1) Je tiens le fait d'un témoin oculaire.
(2) Voyez le *Journal de Paris*, jeudi, 3 avril 1817, page 3.

qui conduit à un pareil délire! Comment qualifier le crime de ceux qui la font naître, de ceux qui l'entretiennent?

Dans notre patrie aussi, dans la France, si justement orgueilleuse de ses lumières, de sa civilisation, de la douceur de ses mœurs, l'erreur a porté ses fruits. Trois ans ne sont pas écoulés, depuis qu'un événement tragique en a offert la preuve. Une paysanne des environs de Dax tombe malade; un fourbe persuade aux amis qui l'entourent, que sa maladie est l'effet d'un *sort* jeté sur elle par une de ses voisines. Ils se saisissent de celle-ci, la frappent violemment, puis la plongent dans les flammes pour la forcer à lever le *sort;* ils l'y retiennent, malgré ses cris, ses prières, ses sermens; ce n'est que lorsqu'ils la voient près d'expirer, qu'ils la poussent hors de la maison (1)..... Vers la même époque, la ville de Spire était le théâtre d'un scandale moins atroce, mais auquel la qualité des personsonnages imprime un caractère plus remarquable. «L'évêque, mort à l'âge de quatre-
« vingt-deux ans, et qui avait légué 20,000 flo-

---

(1) Voyez le *Constitutionnel*, n° du 26 juillet 1826.

« rins à sa cathédrale, n'a point été enterré,
« comme ses prédécesseurs, dans une cha-
« pelle de son église ; le clergé n'a voulu
« prendre aucune part à ses funérailles, parce
« *qu'il accusait ce vénérable prélat de* sor-
« cellerie (1). »

Aujourd'hui enfin, aujourd'hui même et presque aux portes de la capitale, les campagnes sont infectées de livrets de sorcellerie. Je parle de ce que j'ai vu ; j'en ai distingué un, entre autres, imprimé très-récemment : c'est ce qu'attestaient le caractère typographique, la blancheur du papier, l'état de conservation et la propreté du livret, si remarquables entre les mains grossières d'un pâtre. Dans celui-là, au milieu d'absurdités et de lambeaux de *Grimoire,* on trouve des recettes moins innocentes : celle, par exemple, de la composition d'une *eau de mort,* poison violent, mais indiqué comme propre à transmuer en or tous les métaux ; une autre recette doit servir à procurer l'avortement, et ordonne l'emploi d'un médicament plus énergique, dans le cas où la mère aurait senti remuer son enfant ;

(1) Voyez le *Constitutionnel,* n° du 15 août 1826, page 4.

tant il est vrai, comme nous l'avons déjà observé, que des leçons de crime se sont mêlées presque toujours aux rêveries des sorciers !

Faut-il donc laisser l'erreur s'enraciner? ou est-ce le devoir d'un homme de bien de la combattre dans son principe, jusqu'à ce que le progrès des lumières préserve de ses atteintes, l'homme même le plus simple et le plus borné? Faut-il sauver de ses conséquences ceux qui se croiraient un pouvoir surnaturel, et ceux que l'effroi de ce pouvoir tourmenterait d'inquiétudes aussi redoutables par leurs suites, que ridicules par leur origine? ou n'est-ce ici qu'une question oiseuse de philosophie? Sont-ils si éloignés de nous, les siècles où, agitée de terreurs frénétiques et d'autant plus difficiles à guérir par le raisonnement qu'elles ne portaient sur aucun motif déterminé, la multitude dévouait au supplice des êtres paisibles ; où sur un mot, sur un bruit vague, un peuple entier devenait accusateur, juge et bourreau? Ces terreurs qui changent l'homme en bête féroce, n'offrent-elles pas un grand moyen de trouble, de vengeance, de pouvoir, à ceux qui les fomentent, à ceux dont le but avoué est d'asservir les princes et les nations? Et dussent les lignes que j'écris me valoir une accusation de sacrilége, de la part de quelques *hypocrites de fanatisme*, que fais-je, que d'obéir à ma conscience, quand je réduis à sa honteuse absurdité une croyance contraire aux plus chers intérêts de la société humaine, comme à tout ce que peut enseigner de la puissance, de la sagesse et de la bonté de Dieu, une piété véritable?

CHAPITRE XIX.

Action de l'imagination; préparée par la croyance habituelle à des récits mérveilleux; secondée par des accessoires physiques, par la musique, par l'habitude d'exalter les facultés morales, par une terreur irréfléchie, par les pressentimens. Les mouvemens sympathiques propagent les effets de l'imagination. Guérisons produites par l'imagination. Écarts de l'imagination, troublée par les maladies, par les jeûnes, les veilles et les macérations. Remèdes moraux et physiques, opposés avec succès aux écarts de l'imagination.

Aux causes physiques qui plongeaient les prétendus sorciers en des égaremens déplorables, se joignait un auxiliaire qui seul semble capable de les remplacer toutes, l'imagination.

Tel est son pouvoir, que, par ses égaremens, quelques hommes ont voulu, en effet, expliquer toutes les illusions magiques : c'est aller trop loin. L'imagination combine les impressions reçues ; elle ne crée rien. Dans les fantômes du sommeil, dans les délires de la veille, elle ne présente rien que l'on n'ait vu ou senti, ou dont on n'ait entendu parler. Une femme âgée pleurait un frère qu'elle venait de perdre : tout-à-coup elle croit entendre sa voix, que, par une déception condamnable, on contrefaisait près d'elle. Egarée par l'effroi, elle affirme que l'ombre de son frère lui est apparue resplendissante de lumière..... Elle n'aurait point eu cette vision, si, dès l'enfance, on n'avait chargé sa mémoire de contes de revenans et d'apparitions. Ces contes remontent aux temps les plus anciens ; et alors ils n'étaient pas mensongers. Rappelons-nous les sanctuaires où, du temps d'Orphée, on évoquait les morts. Nous avons trouvé jusque dans l'antique Judée, ces apparitions fantasmagoriques. Les premiers récits qui en furent faits, n'étaient donc fondés ni sur de vains songes, ni sur l'égarement de l'imagination, ni sur le désir de tromper : on avait vu réellement ce que l'on disait avoir vu, et ce que si souvent, stimulées par ces récits ou par leur souvenir, la douleur et la curiosité ont craint ensemble et désiré de voir.

En étendant cette observation, on sentira qu'une merveille exécutée une fois, et prônée ensuite par des narrateurs fidèles, a pu en enfanter mille autres semblables, grâce au pouvoir de la crédulité sur l'imaginaion. Et les Thaumaturges ne laissaient point, à coup sûr, la crédulité oisive : les récits merveilleux ne manquaient pas dans l'occasion; ou plutôt ils faisaient, comme de nos jours, presque toute l'instruction départie au vulgaire, et disposaient d'avance les yeux à tout voir, les oreilles à tout entendre, et les esprits à tout croire.

Ainsi préparée, puis exaltée par quelque cause énergique, où s'arrêtera l'imagination? Terrible et séduisante tour-à-tour, mais toujours prompte à nous confondre par des phenomènes imprévus, et à s'enivrer elle-même de merveilles fantastiques ; suspendre ou exalter au plus haut degré l'action de nos sens; soustraire le jeu de nos organes à l'empire de notre volonté et à la marche constante de la nature ; leur imprimer des mouvemens et une force inconnue, ou les raidir et les frapper d'immobilité ; troubler l'âme jusqu'à la folie, jusqu'à la frénésie ; créer tantôt des délices au-dessus de l'humanité, et tantôt des terreurs plus dangereuses que les périls qu'elles nous représentent : tels sont les écarts de l'imagination, tels sont ses jeux. Et, dominée à son tour par le trouble survenu dans nos fonctions physiques, elle enfantera encore des erreurs, des craintes, des délires, des tourmens surnaturels, jusqu'à ce que des remèdes purement matériels, en guérissant le corps, rendent à l'âme le calme que lui avait fait perdre l'état maladif des organes.

Que de miracles opérera entre les mains du Thaumaturge habile à le manier, un ressort susceptible d'applications si variées, et doué d'une force si irrésistible ! Ne parlons pas seulement d'esprits bornés, d'êtres ignorans et faibles comme les infortunés dont nous avons tout à l'heure retracé les misères ; que l'homme le plus ferme se suppose en butte, à son insu, à toutes les causes qui peuvent agir sur l'imagination ; osera-t-il dire : Ces efforts seront vains ; ma vigueur morale triomphera ; le trouble n'entrera point dans mon cœur, ni le désordre dans mes pensées ?

Les anciens n'ont point ignoré le parti que, sous tant de rapports, on peut tirer de l'imagination. Cet agent redoutable explique un grand nombre de merveilles que nous racontent leurs histoires. Notre marche est tracée : nous devons rendre ces merveilles croyables, en leur opposant des faits analogues observés par les modernes, faits dans lesquels on ne soupçonne pas plus l'imposture que l'intervention d'une puissance surnaturelle.

Ne portant pas moins de calme que de persévérance dans ses mystiques rêveries, la célèbre madame Guyon déclarait à Bossuet, son accusateur et son juge, et elle rapporte dans sa *Vie* (1), qu'elle recevait de Dieu une telle abondance de grâce que son corps ne pouvait la supporter : il fallait la délacer, la mettre sur son lit ; il fallait qu'une autre personne reçût d'elle la surabondance de grâce dont elle était remplie : cette communication qui

---

(1) *Vie de Mad. de Guyon écrite par elle-même*, tome II, chap. 13 et 22; et tome III, chap. 1.

s'opérait en silence, souvent même sur des absens, pouvait seule la soulager. Le duc de Chevreuse, homme sérieux et de mœurs austères, affirmait aussi à Bossuet que, quand il était assis près de madame Guyon, il ressentait cette communication de la grâce, et il demanda ingénûment au prélat, s'il n'éprouvait point un mouvement semblable (1). Dignes à la fois de ridicule et de compassion, ces deux personnes étaient-elles bien éloignées des prophètes et des Pythies, que l'on nous peint comme luttant contre le dieu dont la présence remplissait tout leur être, subjugués par lui, et forcés de proférer les oracles que lui-même mettait dans leurs bouches pour les annoncer au monde.

Que l'exaltation augmente : l'homme tombera dans l'extase. Cet état, si propre à faire croire à des merveilles, et si propre à en opérer, a surtout l'avantage de suppléer à la froideur des preuves et à l'insuffisance des descriptions de la félicité céleste. Susceptible, dans sa frêle nature, de douleurs prolongées

---

(1) Burigny. *Vie de Bossuet* (in-12, Paris, 1761), p. 274, 275 et 280.

et de courtes jouissances, l'homme se fait plus facilement une idée des tourmens de l'enfer que des plaisirs des cieux. L'extase ne décrit pas ces plaisirs, elle n'en prouve point l'existence future ; elle les fait actuellement goûter. Que les anciens eussent étudié les causes de l'extase et connu sa puissance, c'est ce dont il est difficile de douter (1). Et si, pour y conduire une imagination ardente, il fallait s'aider d'agens secondaires, les Thaumaturges n'avaient-ils point à leurs ordres, la pompe des cérémonies, l'éclat des prestiges, le charme des spectacles, les séductions de la mélodie. La musique suffirait pour livrer des âmes neuves et tendres, aux plus délicieuses illusions. Grâce à elle, deux fois dans sa jeunesse, Chabanon (2) éprouva ce qu'on raconte des extases des saints : « Deux fois, dit-il, au bruit des « orgues et d'une musique sainte, je me suis « cru transporté dans le ciel ; et cette vision « avait quelque chose de si réel, j'étais telle- « ment hors de moi tout le temps qu'elle a

---

(1) *Tertullian. De Ecstasi.*
(2) Chabanon. *Tableau de quelques circonstances de ma vie,* etc. *OEuvres posthumes*, pages 10-11.

« duré, que la présence même des objets
« n'aurait pas agi plus fortement. » Placez ce
jeune homme, en des temps moins éclairés,
sous la discipline de Thaumaturges intéressés
à cultiver ses dispositions à la rêverie, l'extase
momentanée deviendra bientôt une vision positive, durable, dont il ne doutera pas plus
que de sa propre existence; il en attestera la
vérité, avec la fermeté d'un homme convaincu,
avec l'enthousiasme d'un martyr.

Nous avons déjà parlé de l'influence magique des sons harmonieux (1); nous pourrions
aussi rappeler Alexandre et Eric-le-Bon (2),
tous deux enflammés d'une colère homicide,
par des chants belliqueux. Ce qu'éprouvèrent
ces deux héros se reproduit encore sur les
soldats qui marchent au combat, au son des
instrumens guerriers.

Mais je vais plus loin : j'affirme que seule,
sans secours extérieurs, sans impressions physiques, l'imagination peut s'échauffer jusqu'à
la fureur, jusqu'au délire.

Pour s'en convaincre, il suffit de tenter

(1) Ci-dessus. Chap. vii. Tome i. pag. 187-188.
(2) *Saxo. grammat. Hist. Dan.* lib. xii. pag. 204-205.

sur soi-même une expérience analogue, en se passionnant pour ou contre un objet dont on occupe sa pensée : on sera surpris du degré de colère ou d'attendrissement auquel conduira bientôt cette illusion volontaire. Qu'on se demande ensuite si l'auteur dramatique, pour trouver l'accent de la passion, ne doit pas s'identifier au personnage passionné qu'il met en scène! Partout où il n'y parvient pas, l'éloquence et la poésie lui offrent d'insuffisantes ressources; on aperçoit que c'est lui qui parle, et non pas son héros. L'acteur, à son tour, ne peut réussir, s'il ne devient vraiment l'être qu'il représente, autant du moins que le lui permettent les convenances théâtrales. Le costume, le cortége, la présence et les discours des personnages qu'il doit combattre ou défendre le secondent dans son illusion : il est ému avant de songer à nous émouvoir, ses cris partent du cœur, ses larmes sont des larmes véritables. Que sera-ce, si un intérêt personnel, présent, profond, se rattache aux passions, aux sentimens qu'il exprime? il sera alors tout ce qu'il paraît être; et avec plus de vérité peut-être, ou du moins plus

d'énergie que le personnage même dont il fait revivre les transports. Allons plus loin : délivré de la contrainte qu'imposent les regards du public, plaçons l'être passionné dans la situation où j'ai observé plusieurs fois une jeune femme, douée d'une organisation forte et d'une imagination très-mobile et très-vive. Il eût été plus qu'imprudent de lui confier le personnage d'une héroïne, entonnant le chant de guerre, et se précipitant, le fer à la main, sur les ennemis de son pays. Cette pensée seule, une arme dont elle se saisissait, quelques mots, quelques vers qu'elle récitait, l'enivraient soudain d'une fureur qui contrastait singulièrement avec son caractère gai et affable : l'être le plus aimé n'eût pas été long-temps à l'abri de ses coups... Sa rapide et redoutable exaltation rend, pour moi, très-croyable ce que l'on rapporte des héros Scandinaves. « Il leur prenait, de temps en temps,
« des accès de frénésie... Ils écumaient, ne
« distinguaient plus rien, frappaient au ha-
« sard de leur épée, amis et ennemis, arbres,
« pierres, objets animés et inanimés. Ils ava-
« laient des charbons ardens, et se précipi-
« taient dans le feu... L'accès fini, ils éprou-

« vaient un long épuisement (1). » Si, comme le paraît croire l'auteur que je transcris, ils avaient cédé alors à l'action d'un breuvage enivrant, les *Sagas*, qui contiennent tant d'exemples du fait, en auraient quelquefois rappelé la cause. Ces mouvemens furieux, je n'en doute pas, naissaient d'une imagination qu'une exaltation habituelle rendait susceptible d'une exaltation excessive. Ces guerriers, qui ne connaissaient de bonheur que celui de voir couler le sang, le sang de l'ennemi ou le leur, et qui n'ouvraient le séjour céleste qu'aux héros morts dans les combats, n'avaient besoin que de leurs propres sentimens pour se livrer à cette frénésie passagère : on s'étonnerait presque qu'ils n'y fussent pas continuellement en proie.

L'excès de la peur produira-t-il quelquefois le même délire que l'excès du courage? Pourquoi non, si l'un et l'autre troublent également la raison? « Les Samoïèdes, dit un « voyageur (2), sont extrèmement suscep-

---

(1) Depping. *Histoire des expéditions des Normands et de leur établissement en France au Xe siècle.* tome I. p. 46.

(2) Wagner. *Mémoires sur la Russie*, etc. page 207.

« tibles de crainte. Lorsqu'on les touche ino-
« pinément, ou que leur esprit est frappé
« de quelque objet imprévu et effrayant,
« ils perdent l'usage de la raison, et entrent
« dans une fureur maniaque. Ils se saisissent
« d'un couteau, d'une pierre, d'une massue,
« ou de quelque autre arme, et se jettent
« sur la personne qui a causé leur surprise
« ou leur frayeur. Ne peuvent-ils satisfaire
« leur rage ; ils hurlent et se roulent à terre,
« comme des personnes aliénées. » Observ-
vons que la cause primitive de ces accidens
est la peur que les Samoïèdes ont des sorciers,
et que le délire qui en est la conséquence
fait passer pour sorciers les malheureux qu'il
tourmente : quelle mine féconde à exploiter
pour les artisans de miracles !

Sous un rapport plus général, la crainte
livre l'homme faible au pouvoir de celui qui
sait la lui inspirer. Si, comme l'ont pensé
plusieurs observateurs, la crainte est le principe de tout ce qu'il y a de réel dans ce que
l'on raconte des serpens et d'autres animaux,
habiles à *charmer* le faible oiseau dont ils veu-
lent faire leur proie, le regard de l'homme
fort et menaçant doit exercer une action ana-

logue sur les hommes timides : ils ne peuvent en effet le soutenir ; leurs forces enchaînées les laissent immobiles, stupides, sous le poids du *charme*. Rien de plus commun aussi, dans les légendes de tous les pays, que des magiciens dont le regard *fascinateur* exerce une puissance inévitable. Cette puissance n'est pas tout-à-fait chimérique : commune et médiocre dans son principe, elle prend sur une imagination effrayée un ascendant sans bornes.

Eh! l'homme lui-même ne conspire-t-il pas en faveur de cet ascendant, lorsque spontanément et en cherchant même à s'étayer de raisonnemens plausibles, il se livre à des terreurs meurtrières? Seul, et sans qu'une cause extérieure provoque sa folie, un esprit faible (qui souvent même n'est faible que sur ce point) se frappe d'une idée fixe : tel âge amènera nécessairement la fin de la vie; telle maladie ne peut avoir qu'une issue funeste ! Combien de ces vains *pressentimens* ont rendu inévitable l'événement qui a semblé les justifier ! Ils agissaient d'une manière continue et destructive, sur des organes affaiblis, mais auxquels l'absence de ces idées douloureuses aurait permis de recouvrer bientôt leur vigueur naturelle.

Au lieu de naître spontanément dans une âme où la raison peut encore la combattre, que la crainte soit la conséquence d'un pouvoir redoutable auquel on n'ose point assigner de limites : ses effets ne seront ni moins sûrs, ni moins terribles, que ceux du fer et du poison. Un exemple récemment connu vient se joindre, pour le prouver, à tous les faits dont les histoires anciennes pourraient nous offrir le témoignage. Aux îles Sandwick, il existe une communauté religieuse qui prétend tenir du ciel, le don de faire périr, par les prières qu'elle lui adresse, les ennemis dont elle veut se défaire. Si quelqu'un encourt sa haine, elle lui annonce qu'elle va commencer contre lui ses imprécations : et le plus souvent, cette déclaration suffit pour faire mourir de frayeur ou déterminer au suicide, l'infortuné en butte à l'anathème (1).

Que l'on s'étonne après cela si, accompagné

---

(1) Lisianski. *Voyage autour du monde en* 1803-1806. *Bibliothèque universelle*, année 1816. *Littérature.* tome III. pages 162-163.

d'un regard terrassant, l'arrêt de mort, sorti de la bouche d'un Thaumaturge, a quelquefois été exécuté par la terreur, à l'instant où il venait d'être prononcé.

Des cas extrêmes et dès-lors toujours rares, passons à d'autres effets de l'imagination qui, moins effrayans, ne sont pas moins propices aux succès d'un Thaumaturge.

L'empire qu'exercent sur les organes la sympathie et le penchant à l'imitation, ils l'exercent aussi sur l'imagination ; comme le rire, le bâillement et les pleurs, les vapeurs et l'enthousiasme sont contagieux. Tourmentée d'une mélancolie hystérique, une veuve exécutait les actions étranges que l'on attribue aux démoniaques : quelques jeunes filles qui l'entouraient ne tardèrent point à être attaquées du même mal ; elles en guérirent, dès qu'on les éloigna d'elle. La veuve elle-même, traitée par un médecin habile, recouvra la raison avec la santé (1). Que d'histoires de démoniaques peuvent se réduire à ce peu de mots ! Dans l'histoire des convulsions de Saint Médard, dans celles qui présentent une foule

___
(1) Frommann. *De Fascinatione*, etc. pag. 55.

de personnes tombées, à la fois, sous l'empire du malin esprit, on aurait tort de supposer qu'il n'y avait que des fourbes : le plus grand nombre, au contraire, se composait d'hommes de bonne foi, soumis à la nécessité de l'imitation, par une organisation mobile, un esprit faible, une imagination échauffée. Les poëtes n'ont probablement rien exagéré, quand ils ont peint la fureur dont étaient saisies les Bacchantes, dans la célébration des Orgies. La plupart de ces Ménades, enivrées au moral plus qu'au physique, ne faisaient qu'imiter involontairement les transports de quelques prêtresses : soit que celles-ci se bornassent à jouer un rôle convenu; soit que, placées elles-mêmes sous l'empire de l'imagination, exaltées par les liqueurs spiritueuses, les chants, les instrumens de musique, les cris, le désordre mystique qui les entouraient, elles fussent les premières à ressentir tout ce qu'inspirait leur exemple.

L'imagination n'est pas toujours malfaisante : combien ne lui doit-on point de guérisons inespérées, subites, prodigieuses! Nos livres de médecine sont remplis de faits de ce genre qui, chez des peuples peu éclairés, passeraient facilement pour des miracles. Il faut même quelque effort de raison pour ne rien voir que de naturel dans les effets rapides de l'imagination. L'homme est si fort habitué à chercher du merveilleux, partout où la cause ne frappe point ses yeux aussi prochainement que l'effet! Le *Magnétisme animal*, dont tous les phénomènes réels sont produits par l'imagination émue, fut d'abord prôné par des charlatans comme un agent physique: entre les mains des fanatiques et des fourbes, il est devenu une branche de la théurgie moderne (1).

(1) Le sommeil magnétique et les effets miraculeux qu'il produit, ont été prédits, dès 1763, par Swédenborg, quand il a dit : « L'homme peut être élevé à la lumière céleste, même « en ce monde, si les sens corporels se trouvent ensevelis « dans un sommeil léthargique, etc. » (*De la Sagesse angélique*, n° 257.) Ce rapprochement appartient aux partisans de Swédenborg : mais ils se hâtent d'ajouter qu'il ne faut pas croire à tout ce que disent les *somniloques* ou *somnambules*; que tout ce qui est révélé n'est pas bon; ils se fondent sur ce verset de Saint-Jean : « Ne croyez point à tout esprit; « mais éprouvez les esprits pour savoir s'ils sont de Dieu. » (*Joann. Epist.* 1. cap. IV. vers. 1.) Ils recommandent surtout de ne point croire les *somniloques* qui contesteraient à Swédenborg, sa qualité d'envoyé de Dieu, ou qui parleraient contre sa doctrine. [Daillant-Latouche. *Abrégé des ouvrages de Swédenborg*. pages LV. LVIII.]

« Quand l'imagination frappée fait désirer
« au malade un remède, ce qui naturellement
« est sans efficacité, peut en acquérir une très-
« favorable : ainsi un malade peut être sou-
« lagé par des cérémonies magiques, si d'a-
« vance il est persuadé qu'elles doivent
« opérer sa guérison (1). » Ces paroles d'un
ancien médecin n'expliquent-elles pas tout ce
qu'il y a de constaté dans les applications
heureuses du *Magnétisme animal*, du *Per-
kinisme*, de la *Poudre sympathique*, et des
jongleries du même genre que l'antiquité et
les temps modernes ont vues tour-à-tour
triompher et tomber dans le mépris ?

L'imagination, si puissante sur nos organes,
est également soumise à leur influence per-
turbatrice, quand la maladie a dérangé l'harmonie de leurs fonctions.

Dans le IVe siècle avant notre ère, Carthage
était en proie à une des affections endémiques
auxquelles les anciens donnaient le nom de
peste : agités d'un transport frénétique, la
plupart des malades sortaient en armes pour

---

(1) *De Incantatione libellus* (inter libros Galeno ascriptos)
« Quandò mens humana rem amat aliquam, etc. »

repousser l'ennemi qu'ils croyaient avoir pénétré dans la ville (1). Exténués par la fatigue, la faim, la désolation, sur le radeau où on les avait si cruellement abandonnés, les naufragés de la *Méduse* (2) éprouvaient des illusions extatiques, dont le charme, quelquefois, contrastait affreusement avec leur position désespérée. Dans ces deux cas, le désordre moral put être augmenté par la sympathie et le penchant à l'imitation. Mais les exemples individuels et récens ne nous manqueront pas. Dans sa *Correspondance*, la mère du duc d'Orléans-régent raconte, d'une dame de sa connaissance, une anecdote qui paraît le comble de l'absurdité (3), et qui n'a rien que de vraisemblable, si l'on y reconnaît une vision produite, chez une femme en couches, par le transport qui accompagne la fièvre de lait. Victime d'habitudes meurtrières, un jeune homme tombe dans le marasme (4) : il est

---

(1) *Diod. sic.* lib. xv. cap. ix.

(2) *Relation du naufrage de la Méduse.* 1re édition. p. 72-73.

(3) *Mémoires sur la cour de Louis XIV* etc., à la date du 18 avril 1719. pages 74-75 de l'édition de 1823.

(4) Ce malade recevait, en 1818, les soins de M. le docteur Marc.

assiégé de fantômes, et se plaint d'entendre, sans relâche, retentir à ses oreilles l'arrêt de son éternelle condamnation. Dans l'état d'affaissement qui suivit une maladie inflammatoire, un homme également distingué par son esprit et par ses talens militaires (1), fut assailli de visions d'autant plus étranges qu'il jouissait en même temps de la plénitude de sa raison, qu'aucun de ses sens n'était altéré, et que néanmoins les objets fantastiques qui l'obsédaient, et qu'il savait bien ne point exister, frappaient sa vue aussi fortement, et lui étaient aussi faciles à énumérer et à décrire, que les objets réels dont il était environné.

Une action marquée si fortement n'avait pu échapper aux Thaumaturges : ils commençaient par débiliter les organes, pour dominer plus sûrement l'imagination. Les macérations et les jeûnes étaient une partie essentielle de l'initiation; il fallait également s'y soumettre avant de recevoir la réponse de certains oracles, et surtout de ceux qui ne se révélaient que dans des songes (2). Les prêtres savaient aussi

(1) M. le lieutenant général Thiébault, qui m'a permis de le citer.
(2) On jeûnait un jour entier, avant de consulter l'oracle

combien l'irritation du sens de la vue, causée par de longues veilles, dispose à voir des fantômes, surtout quand l'esprit est troublé et le corps affaibli. A ces puissans auxiliaires, dont la solitude et l'obscurité secondaient l'énergie, se joignait l'ivresse produite par les boissons et les alimens sacrés : déjà en proie aux croyances, aux craintes, aux espérances superstitieuses, et livré à tant de causes d'exaltation et de délire, comment l'homme le plus sain, le plus maître de sa raison, aurait-il défendu son imagination du pouvoir des prêtres? Eh! sans s'aider d'autres artifices, ne suffisait-il pas de la réunion de ces moyens, pour que l'homme superstitieux, enfermé seul, dans le caveau sans issue qui avait reçu le nom de *Purgatoire de saint Patrice* (1), crut y parcourir un espace immense, et s'y voir environné des apparitions que les moines irlandais avaient d'avance promises à son imagination épouvantée.

Instruits, par l'observation, de la connexion

---

d'Amphiaraüs, à Orope en Bœotie : on recevait sa réponse dans un songe. *Philostrat. Vit. Apollonii.* lib. II. cap. 14.

(1) Gérard Boate. *Histoire naturelle d'Irlande.* pages 137-141 de la traduction française.

intime de toutes les parties de notre être, les anciens savaient combien les écarts de l'imagination peuvent produire de maladies, en apparence surnaturelles, qui défient souvent l'art du médecin, et presque toujours sa prévoyance ; et combien, au contraire, elle peut combattre efficacement l'état maladif des organes : c'était avec un succès égal qu'ils opposaient des remèdes physiques aux maux causés par une imagination exaltée ; et qu'ils armaient l'imagination contre les maux physiques, la forçant ainsi à produire autant de bien que quelquefois elle enfante de mal.

Le second moyen de guérison fut employé à Rome avec succès. Le peuple était moissonné par une maladie pestilentielle et rebelle à tous les remèdes connus : les pontifes, au nom du Ciel, ordonnèrent la célébration de fêtes et de jeux publics (1). Ce remède, qui nous semble bizarre, fut trouvé pourtant assez efficace, pour que l'on y ait ensuite plus d'une fois recouru. Supposons que la maladie endémique fût de la nature des *fièvres pernicieuses* ; et cela dut arriver souvent,

(1) *Valer. Maxim.* lib. 11. cap iv. § 1.

au milieu d'une population entassée dans des logemens étroits, et au retour d'expéditions militaires où les citoyens essuyaient tant de fatigues et de privations, et éprouvaient tant de variations brusques de la température. Une terreur générale se répand ; elle glace les âmes ; elle double la force meurtrière du fléau. Des jeux qui tiennent en plein air toute la population, et donnent aux esprits une distraction agréable ; des fêtes où de nombreux sacrifices d'animaux fournissent la possibilité de substituer une nourriture plus saine et plus substantielle, à celle que s'accordait la parcimonie habituelle ; des cérémonies qui rassurent l'imagination et promettent que les dieux jetteront un regard de compassion sur leurs dociles adorateurs ; n'en est-ce point assez pour combattre les progrès de la contagion, pour en accélérer la fin ; et aussi pour prosterner devant les autels tout un peuple, qui croit devoir au Ciel sa miraculeuse délivrance? Une pareille guérison était bien un *miracle*, dans le sens des anciens, un bienfait immédiat, mais non *surnaturel* des dieux.

On rappellerait sans peine d'innombrables exemples de l'emploi de remèdes physiques pour guérir des maladies *surnaturelles;* autant du moins que l'on continuerait à prendre dans le sens moderne, les expressions anciennes. Comme tous les biens étaient rapportés à la bonté céleste, tous les maux aussi émanaient de la vengeance des dieux ou de la malfaisance des mauvais génies. Que devons-nous reconnaître dans la plupart des maladies attribuées à cette dernière cause? Des infirmités nerveuses, épileptiques, hystériques, dont le désordre de l'imagination développait et exaspérait les symptômes; ou qui même naissaient de ce désordre seul. L'hellébore guérit les filles de Proetus d'une folie, qui toutefois leur avait été envoyée par le courroux des dieux. Pour délivrer les Samoïèdes des accès de la frénésie où les jette la terreur, et que l'on regarde comme l'effet d'un maléfice ou comme le signe caractéristique de la sorcellerie, il suffit de leur brûler, sous les narines, du poil de renne (1). Par l'odeur ou la fumée de la plante *baaras*, les exorcistes hébreux chassaient les démons du corps des hommes. Rien de plus absurde pour nous,

(1) Wagner. *Mémoires sur la Russie,* etc. page 207.

qui ne pouvons voir, dans la *possession* du démon, que l'action incompréhensible d'une substance immatérielle : rien de plus simple dans les idées des Hébreux ; idées qui étaient celles de tous les peuples anciens. Pour indiquer la nature véritable d'une maladie qui faisait ainsi, de l'homme, la possession des esprits infernaux, il suffit de rappeler que, sous la dénomination de *cynospastos*, Élien décrit la plante *baaras*, à laquelle Josèphe attribue la vertu de chasser les démons, et qu'il assure qu'elle guérit de l'épilepsie (1). Le mode de traitement de ces maladies différait moins que leurs noms. Comme les Hébreux, comme les Thaumaturges de l'antiquité, comme les Samoïèdes, comme les sages qui, il y a deux siècles, osaient opposer des médicamens aux prétendues *fascinations* magiques (2); nous combattons par des fumigations et des odeurs

---

(1) *Aelian. de Nat. Animal.* lib. xiv. cap. 27. L'alguemarine que le même auteur assimile au *Cynospastos* (*ibid. ibid.* cap. 24.) recélait un poison très-violent : c'était peut-être cette dernière propriété qui engageait les Thaumaturges à s'en réserver la possession exclusive.

(2) Voyez l'indication de ces médicamens, dans Frommann *De Fascinatione*. pag. 955-958.

ammoniacales, les maladies voisines de l'épilepsie, les vapeurs, l'hypocondrie, ces fruits douloureux d'un déréglement d'imagination contre lequel la raison échoue impuissante. Le miracle et l'absurdité disparaissent donc à la fois, dès que l'on se rappelle l'habitude qu'avait toute l'antiquité de personnifier, dans leurs causes, et le mal et le bien.

CHAPITRE XX.

La médecine faisait partie de la science occulte; elle ne fut long-temps exercée que par des prêtres; les maladies étaient envoyées par des génies malfaisans ou des dieux irrités; les guérisons furent des miracles, des œuvres magiques. La crédulité et l'esprit de mystère attribuèrent à des substances sans énergie des propriétés merveilleuses, et le charlatanisme seconda ce genre de déception. Guérisons mensongères. Abstinences extraordinaires. Substances nutritives prises sous un volume presque imperceptible. Résurrections apparentes.

Mais déjà, entraînés par notre sujet, nous sommes entrés dans le domaine de la science dont les promesses auront toujours le pouvoir le plus grand sur l'imagination des hommes.

Quoi ! la science de l'homme physique, celle qui, alors même que sa marche est contrariée par des anomalies impossibles à prévoir, s'appuie encore sur tant de connaissances positives, la médecine n'a point combattu les maladies de l'intelligence, comme les maladies du corps, elle ne nous a point mis en garde contre les nombreux secrets dont se servaient les Thaumaturges pour troubler le jeu de nos organes, décevoir nos sens, égarer notre imagination !

Née aussi dans les temples, et présentée elle-même comme une émanation de l'intelligence divine, la médecine respecta le domaine des autres sciences sacrées. Parler d'elle, ce n'est point sortir de l'empire des Thaumaturges : dans le monde entier, les guérisons furent long-temps des miracles ; et les médecins, des prêtres et des magiciens.

Les médécins furent même des Dieux. En Arménie (1) sous le nom de *Thicks* ou *Haralèz*, des dieux ressuscitaient les héros morts

---

(1) Cirbied. *Mémoires sur l'Arménie. Mémoires de la Société des Antiquaires de France*. tome II. page 304.

dans les combats, en suçant leurs blessures. La sœur de Circé, *Angitia* (1) ne s'établit en Italie que pour y mériter des autels en opposant sa science salutaire aux maladies qui désolaient la contrée. En Grèce « autre- « fois, et même après le siége de Troie, « les fils des Dieux et les héros connurent « seuls les secrets de la médecine et de la chi- « rurgie (2); » et jusqu'aux derniers temps, on y adora Esculape comme un Dieu, fils du Dieu du jour.

La théurgie, en Égypte, partageait entre trente-six génies, habitans de l'air, le soin des diverses parties du corps humain ; et les prêtres connaissaient les invocations propres à obtenir de chaque génie, la guérison du membre soumis à son influence (3). De l'É- gypte aussi, venaient originairement les for- mules qui enseignaient l'usage des simples dans la médecine ; et ces formules étaient magiques (4).

Les magiciennes de l'île de Séna guéris-

---

(1) *Solin.* cap. VIII.
(2) *Aelian. de Nat. Animal.* lib. II. cap. 18.
(3) *Origen. Contr. Cels.* lib. VIII.
(4) *Galen. De Simpl. Médicam. Facult.* lib. VI. prooem.

saient les maladies réputées partout ailleurs incurables (1). Les vierges scandinaves étaient instruites à la fois dans la magie, la médecine et le traitement des blessures (2).

Diodore, qui a souvent essayé de dégager l'histoire du mélange de la fable, Diodore regarde comme naturelle, et borne à une étude approfondie des remèdes et des poisons, la science de Médée et de Circé; il raconte que la première guérit le fils d'Alcmène d'une folie furieuse (3).

Long-temps après l'âge d'Hercule et les temps héroïques, les malades, en Grèce, ne cherchèrent de soulagement à leurs souffrances qu'auprès des descendans d'Esculape, dans les *Asclépies* ou temples de ce Dieu, qu'une politique éclairée édifiait constamment en des lieux élevés et salubres (4). Ces hommes qui prétendaient tenir de leur naissance le don de guérir, finirent par en apprendre l'art, en conservant dans les temples, l'histoire des maladies dont on était

(1) *Pomponius Mela.* lib. III cap. 6.
(2) C. V. de Bonstetten. *La Scandinavie et les Alpes.* pag. 32.
(3) *Diod. Sic.* lib. IV. cap. 11 et 16.
(4) *Plutarch. Quaest. Roman.* § 94.

venu leur demander la guérison. Ils s'adjoignirent alors des disciples, dont la discrétion leur était garantie par les épreuves d'une sévère initiation. Peu à peu, le progrès de la philosophie souleva le voile mystérieux dont ils voulaient encore s'envelopper. Enfin Hippocrate fonda véritablement la médecine, en la révélant dans ses immortels ouvrages. La doctrine, emprisonnée jusqu'alors dans les archives des *Asclépies*, vint tout entière, grossir le patrimoine de la civilisation perfectible. Les prêtres durent désormais abjurer leurs prétentions exclusives (1) : mais la science ne renonça point tout-à-fait à son origine céleste et magique. La plupart des eaux thermales dont l'usage était alors plus fréquent que de nos jours, restèrent consacrées à Apollon, à Esculape, et surtout à Hercule, surnommé *Iatricos* ou habile médecin.

Au second siècle de notre ère, si l'empereur Adrien parvint à se délivrer pour quelque temps de la congestion aqueuse qui gon-

---

(1) Coray. *Prolégomènes* de la Traduction française du Traité d'Hippocrate, *Sur l'air, les eaux et les lieux.*

flait son corps, ce fut encore, dit-on, par le secours de l'art magique (1). Un défenseur du christianisme, Tatien, vers le même temps, ne niait point les miracles opérés par les prêtres ou les Dieux des Polythéistes : il les expliquait, en supposant que ces Dieux, véritables démons, portaient la maladie dans le corps de l'homme sain ; puis ayant averti, en songe, celui-ci qu'il guérirait pourvu qu'il implorât leur secours ils se donnaient la gloire d'opérer un miracle, en faisant cesser le mal qu'eux seuls avaient produit (2).

Ces croyances n'ont pas été spécialement propres aux peuples civilisés. Les nations les moins éclairées ont cru aussi que les maladies naissaient de la vengeance ou de la malfaisance d'êtres supérieurs à l'humanité : partout en conséquence, on a choisi pour médecins, des magiciens et des prêtres. Chez les Nadoëssis et les Chippeways, ces trois titres étaient inséparables (3) ; ils le sont en-

---

(1) *Xiphilin.* in *Adrian.*
(2) *Tatian. Assyr. Orat. ad Graecos.* pag. 157.
(3) Carver. *Voyage dans l'Amérique septentrionale* p. 290.

core chez les Osages. Des prêtres magiciens étaient les seuls médecins du Mexique (1). Au sein des peuplades Galibis, les *Piayes*, prêtres-médecins-magiciens, formaient une corporation où l'on n'était admis qu'après avoir subi les épreuves d'une initiation très-douloureuse (2).

Le christianisme ne détruisit point en Asie et en Europe, les préjugés qui avaient prévalu sous le règne du polythéisme. Ils reparurent avec plus de force, dans les siècles d'ignorance. Lorsque les Israélites, malgré l'antipathie qu'ils inspiraient aux chrétiens, furent presque seuls les chirurgiens et les médecins des princes et des rois, les cures remarquables qu'ils opéraient quelquefois, parurent les effets d'une science mystérieuse; et d'autant plus, qu'eux-mêmes, ils cachaient avec soin leurs prescriptions, probablement empruntées aux Arabes, n'étant point fâchés que leurs adversaires les crussent possesseurs de secrets surnaturels. On ne tarda pas à

---

(1) Joseph Dacosta. *Histoire naturelle des Indes.* liv. v. chap. 26.
(2) Noël. *Dictionnaire de la Fable.* Article *Piayes.*

opposer à leurs œuvres, des guérisons miraculeuses. Comme les temples anciens, plusieurs églises renfermaient, dans l'enceinte de leurs murailles, des sources bénies, dont l'eau était censée posséder de grandes vertus curatives : soit qu'une foi aveugle et le dénuement de toute autre ressource eussent créé cette croyance ; soit qu'elle fût un legs du paganisme, accepté par des hommes qui aimaient mieux sanctifier l'erreur que laisser subsister la confiance dans une religion proscrite. Quoi qu'il en soit, pour puiser la santé dans ces eaux bienfaisantes, il fallait jeûner et se soumettre aux ordonnances des prêtres. Le mal cédait quelquefois au régime, au temps, au calme qu'une pieuse confiance rendait à l'imagination ; quelquefois il y résistait, et la faute en était rejetée sur les péchés et le manque de foi du malade : la vertu miraculeuse, prouvée dans le premier cas, n'était nullement démentie dans l'autre.

Les institutions furent conformes à l'opinion qui transformait les guérisons en opérations directes de la divinité ; et elles lui survécurent. Les médecins chrétiens qui s'élevaient en concurrence avec les médecins

Arabes et Israélites, firent partie du clergé, long-temps après que l'on eût cessé de voir dans leur art rien de surnaturel. « Les profes- « seurs en médecine, dit Ét. Pasquier, étaient « autrefois tous *Clercs*; et ce n'est qu'en 1542, « que le *légat* en France leur apporta la per- « mission de se marier (1). »

Vers le même temps, Paracelse, renouvela l'exemple qu'avaient donné Raymond Lulle et d'autres adeptes; il se présenta comme instruit et inspiré par une divinité, lorsque, de ses voyages en Orient et en Afrique, il rapporta des secrets qui lui assuraient, sur ses concurrens dans l'art de guérir, une

(1) Et. Pasquier, *Recherches de la France*, liv. III. chap. 29. — Jusqu'à cette époque, les quatre facultés enseignantes des Universités étaient condamnées au célibat. En 1552, les docteurs en droit obtinrent, comme les médecins, la permission de se marier. Mais long-temps après, les premières dignités, dans cette faculté, furent accordées à des chanoines et à des prêtres. En Suisse, aujourd'hui, dans plusieurs cantons protestans, pour être promu à une chaire dans les établissemens publics, il faut faire preuve de capacité théologique. Le prétexte de cette disposition fut jadis que ces établissemens avaient été dotés aux dépens des anciennes fondations religieuses : mais ce motif n'aurait pas été décisif, sans le préjugé établi qu'il fallait que le corps enseignant appartînt à l'église, à la corporation sacerdotale. (Tiedmann. *De Quaestione* etc. pag. 122.)

immense supériorité (1). Si sa conduite avait été moins légère et sa vie plus prolongée, qui oserait dire qu'il n'aurait pas trouvé un public assez crédule pour reconnaître ses prétentions?

L'habitude d'associer un pouvoir surnaturel à l'action naturelle des remèdes, et surtout de ceux dont on fait un secret, s'est conservée presque jusqu'à nos jours. Les médecins ont reconnu que le remède le plus efficace contre la morsure d'un animal enragé est la cautérisation de la plaie avec un fer rouge. Ce remède est usité depuis des siècles en Toscane, et dans quelques provinces de France. Mais là, le fer qu'on fait rougir est un des *clous de la vraie croix* (2); c'est ici la *clef de Saint-Hubert* (3); et elle n'est efficace que dans les mains des personnes qui font remonter à ce noble saint l'illustration de leur généalogie; c'est un apanage héréditaire; comme celui auquel préten-

---

(1) Tiedmann. *De Quaestione* etc. pag. 113.

(2) Lullin-Châteauvieux. *Lettres écrites d'Italie*. tome 1. page 129.

(3) Particulièrement au village de *La Saussotte* près de *Villenauxe*, départ. de l'Aube.

daient les Psylles et les Marses, et les descendans d'Esculape.

Nous devons rappeler encore ce que nous avons dit tant de fois : une pieuse reconnaissance, plutôt qu'un esprit de déception, liait jadis aux préceptes de la science et à ses opérations salutaires, l'idée d'une inspiration et d'un bienfait de la divinité. Telle fut la guérison de Naaman qu'Élisée délivra d'une maladie psorique, en lui prescrivant de prendre sept bains consécutifs dans l'eau sulfureuse et bitumineuse du Jourdain. Sur la rive du fleuve Anigrus, était un antre consacré aux nymphes. Là, se rendaient les personnes affligées de dartres : après des prières et une friction préalable, elles traversaient le fleuve à la nage; et par le bienfait des nymphes, elles étaient guéries. Pausanias, qui raconte ce miracle permanent (1), ajoute que les eaux de l'Anigrus exhalaient une odeur infecte, c'est-à-dire qu'elles étaient chargées d'hydrogène sulfuré, et dès lors éminemment anti-herpétiques. Nos médecins réussissent encore par des moyens semblables, et sans parler de miracles.

(1) *Pausanias. Eliac.* lib. 1. cap. 5.

Mais les guides et les instituteurs des peuples étaient souvent obligés d'en parler, et de sanctionner, par le prestige du merveilleux, un précepte salutaire : soit qu'il fallût vaincre, en Esthonie et en Livonie, l'apathie d'hommes abrutis par la servitude et la misère, et leur commander, au nom des dieux, de combattre, en parfumant les étables avec de l'assa-foetida, les épizooties où leur ignorance voyait l'effet d'un malefice (1) ; soit qu'au milieu d'une société riche et abandonnée aux plaisirs, ils attribuassent à une certaine pierre, la propriété de conserver la pureté de la voix, pourvu que les chanteurs qui voulaient profiter de sa vertu, vécussent dans la continence (2).

L'orgueil et l'intérêt attachés à une possession exclusive couvrirent volontiers d'une apparence surnaturelle, les secrets que l'on voulait se réserver. En se baignant dans la fontaine *Canathos*, Junon, chaque année, recouvrait sa virginité ; les femmes de l'Argolide

---

(1) Debray. *Sur les préjugés et les idées superstitieuses des Livoniens, Lettoniens et Esthoniens.... Nouvelles Annales des Voyages*, tome XVIII. page 3.

(2) *Solin.* cap. XL.

s'y baignaient, dit-on, dans la même esperance. Il est sûr au moins, que les Argiens, pour raconter le miracle, se fondaient sur quelques cérémonies occultes, pratiquées dans le culte de Junon (1). Suivant une tradition, la déesse, en sortant pour la première fois des bras de son époux, se baigna dans une fontaine d'Assyrie, dont l'eau contracta aussitôt une odeur très-suave (2). Ce dernier trait n'indique-t-il pas qu'en Assyrie et en Grèce, on connaissait la propriété qui a fait consacrer le myrthe à la déesse de l'amour, et qui, aux femmes fatiguées par l'accouchement ou par l'abus du plaisir, rend, jusqu'à un certain point, les apparences de la virginité (3)? Mais

---

(1) *Pausanias. Corinthiac.* cap. xxxviii. — Noel. *Dictionnaire de la fable,* art. *Canathos.*

(2) *Aelian. Hist. animal.* lib. xii. cap. 30. — Les Grecs prétendirent retrouver Junon (*Héra*), dans la déesse d'Assyrie, la *Vierge* céleste, épouse du soleil, au temps où les *Gémeaux* marquèrent l'équinoxe du printemps; épouse que son époux retrouvait vierge, chaque année, quand le solstice d'été le ramenait vers elle.

(3) Rabelais (livre 1. chap. 44.) met, par cette raison, *foison d'Eau de myrthe*, dans les bains des dames de l'abbaye de Thélème : à cette leçon, qui se trouve dans les premières éditions, les réimpressions ont substitué, à tort, *Eau de myrrhe.*

les prêtres n'en administraient les effets bienfaisans qu'avec des cérémonies mystérieuses, et en les présentant comme un miracle.

La crédulité et la soif du merveilleux ont souvent aussi vu des miracles, là même où l'homme bienfaisant n'avait pas cherché à déployer un pouvoir surnaturel.

On emploie quelquefois la jusquiame dans la cure de l'épilepsie (1) ; et il existe une variété de ce végétal que les anciens appelaient *fève de porc*, parce que les porcs, quand ils en mangent, sont saisis d'une sorte de fureur, que la mort suivrait bientôt s'ils ne couraient se jeter dans l'eau (2). Que l'on rappelle cette dernière propriété, afin de spécifier l'agent qui a servi à guérir deux épileptiques, dans un pays où l'on croyait les épileptiques tourmentés par le démon : il suffira qu'un peu de confusion s'introduise dans le récit, pour amener graduellement ceux qui le répéteront, à confondre la maladie avec le remède, et à dire que le démon, sorti du corps des hommes, est entré dans le corps de pourceaux qui se

---

(1) *Encyclop. méthod. Médecine.* art. *Jusquiame.*
(2) *Aelian. Variar. Hist.* lib. 1. cap. 7.

trouvaient là, et les a contraints à se précipiter dans un fleuve.

Les livres des anciens ne tarissent pas sur les propriétés curatives et magiques assignées aux plantes. La plupart ont été créées sans doute par l'amour du merveilleux ; et souvent sans chercher d'autre prétexte qu'une traduction inexacte du nom de la plante. Les modernes, nous devons l'observer, n'ont pas été, sur ce point, plus raisonnables que les anciens. Le scorsonère, par exemple, doit son nom à la couleur de l'écorce de sa tige, *scorzo nero* : cela était trop simple ; on a dérivé ce nom de *scurzo*, vipère, en espagnol ; et on fait du scorsonère, un spécifique puissant contre la morsure de la vipère (1).

Le charlatanisme enfin a, dans la médecine, comme dans les autres branches de la science occulte, attribué à des procédés insignifians, une efficacité magique, pour dérober aux yeux l'action des agens naturels. Un adepte, cité par Frommann (2), indiquait contre la suette et la consomption, un remède assez

---

(1) *Dictionnaire de Furetière.* art. *Scorsonère.*
(2) Frommann. *Tractat de Fascinatione.* pag. 963-964

simple, mais qui ne devait point être préparé avec du feu ordinaire. D'un pommier frappé de la foudre, il fallait fabriquer une scie, et s'en servir pour scier le seuil de bois d'une porte sur laquelle beaucoup de personnes passaient, jusqu'à ce que le frottement répété de l'instrument et du seuil produisît de la flamme (1). La bizarrerie du procédé inspirait certainement à ceux qui recouraient au remède, une confiance respectueuse; et la difficulté de le bien exécuter mettait d'avance à couvert, en cas de non succès, l'infaillibilité du médecin. Cet exemple est un des plus étranges que l'on puisse citer, mais il en rappelle des milliers d'autres.

Pour guérir les luxations, les déplacemens de l'os de la cuisse, Caton (2) prescrit l'application d'éclisses disposées de manière à replacer et à maintenir le membre lésé dans sa position naturelle. Il indique ensuite des paroles qu'il faut chanter pendant l'opération. Ces mots inintelligibles pourraient bien n'être que l'expression de la même recette, dans un

---

(1) Fromann. *Tract. de Fascinatione.* pag. 363-364.
(2) *Cato. De Re rusticâ.* cap. clx.

autre idiôme : expression que l'on ne comprenait plus, mais de la répétition de laquelle on faisait dépendre l'efficacité magique du remède.

Les paroles sacrées peuvent, en pareil cas, être une prière dont on accompagne l'emploi d'un remède naturel, et à laquelle on croit devoir en attribuer le succès. Des hommes qui se prétendaient doués d'une puissance secrète, enseignaient à arrêter une hémorragie nasale en récitant un *pater* et un *ave*; pourvu qu'en même temps, on comprimât avec le doigt la narine, et qu'on appliquât sur la tête un linge mouillé d'eau froide (1).

Plus souvent, le prétendu miracle a tenu au soin que prenaient les Thaumaturges de faire, d'une substance inerte, le masque d'un médicament efficace. Les *kicahans*, sujets des Birmans, et qui paraissent avoir été chassés par eux jusque dans les montagnes de l'Assam, vont, après les orages, chercher partout des aérolithes : s'ils en trouvent, ils les remettent à leur pontife, qui les conserve

---

(1) Frommann. *Tract. de Fascinatione.* (4° 1675.) lib. 1. cap. 29.

comme un remède envoyé du Ciel pour guérir toutes les maladies (1). Les bézoards, dont les vertus merveilleuses célébrées et expérimentées dans toute l'Asie, ont trouvé long-temps quelque croyance en Europe ; les bézoards n'auraient pas plus d'action sur les organes de l'homme que les aérolithes : les uns et les autres ne serviront jamais qu'à déguiser l'emploi de substances plus actives.

Une inscription grecque (2), que l'on croit avoir jadis été placée à Rome dans le temple d'Esculape, et qui relate quatre guérisons opérées par ce dieu, nous offre quatre exemples des manières diverses dont la crédulité se prête au merveilleux. La suspension d'une hémoptysie, obtenue par l'usage des pignons doux et du miel, ne présente rien d'étonnant, pas même l'oracle qui l'a prédite. Quand le dieu prescrit de combattre une douleur de

---

(1) *Nouvelles Annales des Voyages.* II⁰ série. tome III. page 229. — Les Mages, chez les Parthes, recherchaient avec soin une pierre qui ne se trouvait que dans les endroits frappés de la foudre : ils lui atribuaient sans doute de grandes vertus. *Plin. Hist. nat.* lib. XXXVII. cap. 9.

(2) *J. Gruter. corp. inscript.* (Folio. Amstelodami. 1707 pag. LXXI. insc. 1.

côté par l'application d'un topique, dont la cendre recueillie sur l'autel de son temple fera la base, on peut conjecturer que ses prêtres mêlaient à la cendre quelque drogue moins insignifiante. Si un collyre, dans lequel on a uni au miel le sang d'un *coq blanc*, a produit de bons effets, il est permis de croire que la couleur de l'oiseau n'a servi qu'à répandre, sur la composition du remède, une teinte mystérieuse. Après quelques génuflexions, un aveugle place sur ses yeux la main qu'il a étendue sur l'autel; et il recouvre soudain la vue.... il ne l'avait jamais perdue; et il exécutait probablement cette jonglerie dans un moment critique, où il importait de relever la réputation d'Esculape et de son temple.

On compilerait des volumes entiers de pareilles impostures. Las des souffrances d'une maladie incurable, Adrien invoquait la mort; on craignait qu'il n'eût recours au suicide: une femme se présente. Elle a, dit-elle, reçu, une première fois, en songe, l'ordre d'assurer l'empereur qu'il guérira bientôt. N'ayant point obéi, elle a perdu la vue; avertie par un second songe, elle remplit sa mission, et ses yeux se rouvrent à la lumière(1). Adrien n'en mourut pas moins quelques mois après.... Et les témoins de cette fourberie n'en furent pas moins disposés à accepter comme réel, tout autre miracle qui leur serait présenté.

Le plus grand des prodiges, aux yeux de la raison, c'est, à mon gré, que les hommes qui ont démasqué des jongleurs et dévoilé de faux miracles, croient ensuite à des miracles non moins suspects, à des jongleurs non moins grossiers. Et, par une singularité remarquable, le superstitieux et le philosophe peuvent, chacun dans leur sens, tirer avantage de ce prodige souvent répété : l'un y voit un témoignage de la vérité de ses assertions, et l'effet d'un *don de Dieu* qui se manifeste en subjuguant la raison humaine ; l'autre, retrouvant partout cette inconséquence, soutient qu'elle ne prouve rien, puisqu'elle fait triompher cent croyances fausses, si elle s'applique à une seule qui soit vraie ; et qu'elle n'a dès-lors pour principe que la facilité incurable avec laquelle le genre humain s'est abandonné toujours à ceux qui voulaient le tromper.

(1) *Ael. Spartian.* in *Adrian.*

C'est, en effet, ici, une maladie de tous les pays et de tous les temps. Les repaires de ces mendians qui déçoivent la pitié publique par l'apparence des infirmités les plus cruelles, se nommaient jadis, à Paris, *Cours des miracles;* parce qu'en y entrant, ces misérables déposaient le costume de leurs rôles; les aveugles voyaient; les estropiés recouvraient l'usage de tous leurs membres. On a compté, dans la capitale, jusqu'à douze de ces *Cours*; et il est fâcheux d'ajouter que leurs habitans étaient employés quelquefois, par les prêtres et les moines, pour accréditer des reliques, dont l'attouchement seul guérissait *miraculeusement* les prétendus malades (1). Le nom des *Cours des miracles*, devenu populaire, prouve que personne n'ignorait de quelles impostures elles étaient chaque jour le théâtre; et chaque jour, les mêmes escrocs trouvaient des dupes; et avec une parfaite connaissance de cet escamotage habituel, on croyait encore à des guérisons surnaturelles!

---

(1) Sauval. *Antiquités de Paris.* tome I. page 510-515. cité par Dulaure. *Histoire physique civile et morale de Paris.* (1821). tome IV. pages 589-596.

Opiniâtre et ingénieuse à s'abuser, la crédulité se retranche dans l'allégation de merveilles bien attestées, et que l'expérience n'a point démenties. Eh bien! que dans ces merveilles, la science, reprenant ce qui lui appartient, aide l'homme de bonne foi à y discerner ce qui appartient à l'imposture. Ce n'est point en invoquant contre elles une impossibilité combattue par un grand nombre de témoignages dignes de foi, c'est en prouvant qu'elles sont possibles dans l'ordre de la nature, que peut-être on guérira l'homme d'un aveuglement qui souvent lui a coûté bien cher.

Quand on entend les récits de ces jeûnes merveilleux que des hommes supérieurs ont supportés pendant des jours, pendant des semaines, on est tenté de les renvoyer aux Contes orientaux (1), où figurent quelques-unes de ces inconcevables abstinences. Mais ces récits sont tellement nombreux! comment admettre qu'ils soient tout-à-fait sans fondement?

Observons d'abord que certaines substances

(1) *Les mille et un jours*, jours cxxxvii et cxxxviii.

possèdent, ou qu'on leur attribue la propriété de suspendre le sentiment de la faim et de la soif : telles sont les feuilles de tabac et les feuilles de *Coca* (*herbe du Pérou*) (1). On va jusqu'à dire que, tenues dans la bouche, elles empêchent de souffrir du besoin, l'homme qui passe une journée sans manger et à travailler.

Matthiole (2) attribue aux Scythes l'usage d'une herbe agréable au goût, qui suppléait si efficacement à la nourriture, que l'effet s'en prolongeait quelquefois douze jours entiers. Une autre herbe soutenait de même les forces des chevaux de ces infatigables cavaliers. La merveille ici est poussée trop loin pour ne pas indiquer une supercherie, ou plutôt l'art de réduire à un très-petit volume des substances éminemment nutritives. Cet art, dont l'emploi fit dire d'Abaris que jamais on ne l'avait vu manger ni boire (3) ; cet art qu'Épiménide, contemporain de Solon, exerçait

---

(1) J. Acosta. *Histoire naturelle des Indes*, etc. livre IV. chap. 22.

(2) *Matthiol. Commentar. in Dioscorid... Epistol. nuncupator.*

(3) *Iamblich. Vit. Pythag.* § XXVIII.

avec succès (1), est aujourd'hui bien connu ; et récemment encore, un savant vient de le perfectionner (2). Il y a environ cinquante ans que l'on essaya en France, de donner aux marins une nourriture de ce genre ; son mince volume aurait permis d'en embarquer une quantité beaucoup plus grande que de tout autre comestible : on y renonça, parce que les hommes ainsi nourris, quoiqu'ils ne souffrissent pas du besoin, supportaient beaucoup moins la fatigue. Des Thaumaturges ne seront point arrêtés par cet inconvénient : un homme divin, qui vit sans prendre d'alimens, se tient communément immobile dans la cellule où viennent le chercher les respects et les adorations : et quand, au terme d'une longue épreuve, on le trouverait près de tomber en faiblesse, on n'en ajouterait que plus de foi à la réalité de sa merveilleuse abstinence.

Cette difficulté, d'ailleurs, pourrait n'avoir point existé autrefois. Les Calédoniens et les Méates (3), qui formaient la plus grande par-

(1 *Plutarch. Sympos.*

(2) M. Gimbernat. *Revue Encyclopédique.* tome xxxv. page 235.

(3) *Xiphilin. in Sever.* ann. 208.

tie de la population de la Grande-Bretagne, savaient, dit Xiphilin, préparer une nourriture si propre à soutenir leurs forces, qu'après en avoir pris une quantité égale à la grosseur d'une fève, ils ne sentaient ni la faim ni la soif. Les Scythes possédaient sans doute un procédé analogue à celui-là, et ils l'étendaient jusqu'à la nourriture de leurs chevaux ; ne supposant l'existence des herbes merveilleuses dont parle Matthiole, que pour donner le change sur la nature de leur secret. Mais ce secret ne dut pas être ignoré, au moins de la tribu savante, chez des peuples bien plus civilisés que les Scythes et les Calédoniens : son existence dès-lors rend croyables tous les récits du même genre et les dépouilles de leur miraculeuse enveloppe.

Au-dessus de la merveille d'affranchir l'homme des besoins les plus pressans de la vie, se place celle de lui rendre la vie qu'il a perdue.

On convient que rien n'est souvent si difficile à saisir que les signes certains et irréfragables de la mort. Une étude spéciale de ces signes, une expérience consommée de ce qu'ils ont d'équivoque et de ce qu'ils ont de positif, fourniront le moyen de distinguer une mort apparente d'une mort réelle, et de ramener à la vie l'être que menace d'en priver une sépulture précipitée : ce sera aujourd'hui un bienfait ; en d'autres temps, un miracle.

Chez un peuple éclairé, les lois ou les mœurs prescriront toujours de s'assurer que la vie est réellement éteinte. Selon les apparences, à une époque très-éloignée de nous, on employait, dans les cas douteux, l'épreuve de la brûlure, la plus certaine peut-être de toutes; puisque lors même qu'elle ne réveille pas la sensibilité, l'action de la brûlure présente des différences visibles, selon qu'elle s'exerce sur un corps privé de vie, ou sur des organes où la vie subsiste encore (1). Tertullien (2) tourne en dérision les spectacles où l'on représentait Mercure examinant les morts, et s'assurant avec un fer rouge, que les signes extérieurs du trépas n'étaient point trompeurs. Cet usage avait donc été en vigueur : mais il était tombé en désuétude, et n'existait

---

(1) Fodéré... *Dictionnaire des sciences médicales.* art. *Signes de la mort.*

(2) *Tertullian. Apologetic.* cap. xv.

plus que dans les souvenirs mythologiques. N'a-t-on pas droit de s'en étonner? Démocrite avait affirmé, dès long-temps, qu'il n'existe pas de signes toujours certains de la mort consommée (1). Pline (2) soutint la même opinion, et remarqua même que les femmes sont, plus que les hommes, exposées à la mort apparente. On citait de nombreux exemples de mort apparente ; et entre autres, d'après Héraclide, celui d'une femme rendue à la vie, après avoir passé pour morte pendant sept jours (3). On n'avait pas oublié la perspicacité d'Asclépiade qui, voyant passer un convoi, s'écria que l'homme qu'on portait au bûcher n'était pas mort (4). Enfin, l'humanité n'eut-elle pas dû s'approprier ce moyen de salut, quand l'instinct de la tyrannie inspirait à Nicocrate (5) de le mettre en usage, pour empêcher qu'une mort feinte n'aidât les citoyens de Cyrène à sortir de la ville et à se soustraire à sa cruauté?

---

(1) A. *Cornel. Cels.* lib. II. cap. 6.
(2) *Plin. Hist. nat.* lib. VII. cap. 52.
(3) *Plin. Ibid. ibid.*
(4) A. *Cornel. Cels.* loc. cit.
(5) *Plutarch. Mulier. Fort. Fact.* § x.

Serait-il absurde de penser que les Thaumaturges voulurent, de bonne heure, rester en possession du secret d'opérer le miracle brillant d'une résurrection ; et en conséquence, qu'ils ne contribuèrent pas peu à écarter ou à laisser tomber en désuétude la pratique salutaire que la tradition n'attribuait plus qu'au dieu Mercure, et que l'ignorance méprisante traduisait en ridicule sur la scène ?

Il est sûr au moins, que l'on a doué plusieurs théurgistes de la faculté de rappeler les morts à la vie. Diogène Laërce raconte qu'Empédocle (1) ressuscita une femme : c'est-à-dire, « qu'il dissipa la léthargie « d'une femme attaquée d'une suffocation « utérine (2). »

Le biographe d'Apollonius de Tyane s'explique avec plus de réserve, relativement à une jeune fille qui dut la vie aux soins de ce philosophe. Il dit qu'elle avait paru mourir. Il avoue que la pluie qui tomba sur elle,

---

(1) *Diogen. Laert.* lib. VIII. cap. 57 et 69.
(2) Diderot. *Opinions des anciens philosophes* art. *Pythagore Pythagoriciens.*

lorsqu'on la portait au bûcher le visage découvert, avait pu commencer à réveiller ses sens. Apollonius eut du moins, comme Asclépiade, le mérite d'avoir, au premier coup d'œil, distingué d'une mort réelle, une mort apparente (1).

Un observateur du XVIIe siècle (2) raconte qu'un valet, trouvant au retour d'un voyage son maître mort, embrassa tendrement et à plusieurs reprises ce corps inanimé. Croyant y découvrir quelques signes de vie, il lui souffla son haleine avec assez de persévérance, pour lui rendre la respiration, le ranimer, en un mot le ressusciter. On ne cria point au miracle : heureusement pour le serviteur fidèle, on ne cria point non plus à la magie.

Cette résurrection, toute naturelle, rappelle la guérison du fils de la veuve de Sarépta,

---

(1) *Philostrat. Vit. Apollon. Tyan.* lib. IV. cap. 16.—Apollonius commença par demander le nom de la jeune fille, sans doute pour le lui adresser. Il savait que, de tous les sons articulés qui peuvent frapper notre oreille, notre nom propre est celui que nous reconnaissons le plus aisément et qui réveille le plus vite notre attention.

(2) *Petr. Borellus. Hist. et Observ. medic. Centur.* III. observ. 58. — Cité par Frommann. *Tractat. de Fascinatione.* pag. 483-484.

par le prophète Élie. Observons que le livre sacré (1) ne dit point, comme l'historien Josèphe, que l'enfant fût mort; mais que sa maladie était devenue si vive qu'il ne pouvait plus respirer. Elie ajusta tout son corps sur le corps, et par conséquent sa bouche sur la bouche de l'enfant; et, implorant le secours de Dieu, il obtint que le souffle (*anima*), la respiration rentrât dans le sein du fils de sa bienfaitrice.

Un des auditeurs de la prédication de saint Paul, à Troade, tombe d'une fenêtre, et reste à terre privé de sentiment. Saint Paul le prend entre ses bras, et dit : Ne vous alarmez point; son âme anime encore ses membres. Le jeune homme, en effet, ne tarde point à reprendre ses sens (2). On a voulu voir là une résurrection : il est clair que l'apôtre n'a pas même songé à opérer un miracle.

Au risque de contrarier une opinion reçue, je juge de la même manière l'œuvre bienfaisante dont fut l'objet la fille de Jaïr. Elle

---

(1) *Reg.* lib. III. cap. 17. vers. 17.
(2) *Act. Apost.* cap. xx. vers. 9-12.

est mourante. Son père a imploré le secours de Jésus. On vient annoncer qu'elle a cessé de vivre. Jésus rassure Jaïr ; il dit positivement aux personnes qui pleuraient : *Ne pleurez point ; la jeune fille n'est point morte, mais seulement endormie.* Il la prend par la main, l'appelle à haute voix : sa respiration renaît ; elle se lève ; et, par l'ordre de Jésus, on lui donne des alimens (1). Une fille de douze ans que rend malade le travail de la puberté, tombe dans un sommeil comateux et léthargique : Jésus l'en retire... Supposer qu'elle ne vivait plus, c'est supposer que Jésus a proféré un mensonge, en disant, *elle n'est point morte :* supposition à la fois déraisonnable et injurieuse ; je dirais même blasphématoire, si l'enthousiasme de la reconnaissance ne portait avec lui l'excuse des erreurs qu'il enfante.

(1) *Evang. sec Luc.* cap. viii. vers. 49. 50. 52. 54. 55... *Matth.* cap. ix. vers. 23-25... *Marc.* cap. v. vers. 35. 43.

CHAPITRE XXI.

Substances vénéneuses. Poisons dont l'effet peut être gradué. Morts miraculeuses. Poison employé dans les épreuves judiciaires. Maladies envoyées par la vengeance divine. Maladies prédites naturellement.

Plus impérieuse que la reconnaissance, la crainte est aussi plus durable. Il fut facile aux Thaumaturges de l'inspirer, en employant l'action qu'exercent les substances vénéneuses sur les corps organisés. La nature a prodigué ces substances, principalement sur les parties de notre globe qui ont dû être les premières habitées ; et l'art d'en accroître le nombre et l'énergie n'est pas moins ancien que la civilisation. Aux yeux d'hommes ignorans, quoi de plus magique, de plus miraculeux, de moins en rapport apparent avec sa cause, qu'un empoisonnement par l'acide prussique, par la morphine, par certaines préparations arsénicales? L'auteur du crime apparaîtrait à leurs yeux comme un être doué d'un pouvoir surnaturel, peut-être même comme un Dieu qui se joue de la vie des faibles mortels, et d'un souffle, les fait disparaître de la surface de la terre.

L'usage de ces connaissances redoutables fut une fois un bienfait. Le territoire de Sycione était désolé par les ravages des loups. L'oracle consulté indiqua aux habitans *un tronc d'arbre* dont il leur prescrivit de mêler l'écorce dans des morceaux de chair que l'on jetterait aux loups (1). Les loups périrent par le poison. Mais on ne put reconnaître l'arbre dont on n'avait vu que le tronc : les prêtres se réservèrent ce secret.

Qu'en Grèce, il y a plus de deux mille ans, un homme ait succombé à l'efficacité du poison ou aux excès d'une débauche crapuleuse, la question en soi est peu intéres-

---

(1) *Pausanias. Corinthiac.* cap. IX.

sante. Mais si le court passage de cet homme sur la terre a coûté plus de morts et a causé plus de maux à l'humanité que les plus grands fléaux de la nature; et si néanmoins le prestige des conquêtes et l'inconséquence des jugemens vulgaires ont fait le modèle des héros, d'un monstre souillé de tant de cruautés et de vices; si, en un mot, cet homme est Alexandre fils de Philippe, le problème devient historique et pique la curiosité. Quant à nous, sa solution nous intéresse sous le rapport des notions scientifiques dont elle peut révéler l'existence.

Alexandre, dit-on, périt empoisonné par une *eau* que l'on envoya de Macédoine à Babylone. Cette eau, puisée dans une source, au pied du mont Nonacris, en Arcadie, était si *froide* et si acrimonieuse qu'elle brisait ou corrodait tout autre vase que ceux que l'on taillait dans l'ongle du pied d'un âne, d'un mulet, d'un cheval; ou même dans la corne que portaient au front les *ânes de Scythie*. Une de ces cornes ayant été offerte en présent à Alexandre, il la consacra à Apollon, dans le temple de Delphes, avec une inscription qui rappelait cette merveilleuse propriété (1). On aurait pu, dans ce récit, discuter quelques expressions impropres ou obscures, et remarquer qu'aujourd'hui encore, on qualifie de *froides* ou de *chaudes*, certaines substances, sans faire attention à leur température. On aurait pu, à la *corne* d'un animal fabuleux, substituer un vaisseau, qui avait, comme plusieurs vases dont se servaient les anciens, la forme d'une corne, et peut-être aussi la couleur, le poli et la demi-transparence de la corne; mais qui, apporté de la Scythie, de la Haute-Asie, pouvait être d'un verre opaque ou d'une porcelaine assez bien cuite et revêtue d'une couverte assez forte pour braver l'action des liqueurs corrosives. Sans se livrer à de telles recherches, on s'est arrêté à ce que le récit présente de merveilleux, et l'on n'y a vu qu'un mensonge ridicule. A-t-on eu raison?

Je suppose que, sans entrer dans aucune explication, l'on vantât des sources merveilleuses dont l'eau attaque tous les métaux, à l'exception d'un seul que l'on ne désignerait que par le contraste de cette inaltéra-

---

(1) *Aelian. De nat. Animal.* lib. x. cap. 40.

bilité, et de la facilité avec laquelle la chaleur le volatilise sous la forme d'une poussière d'une blancheur et d'une finesse extrêmes; ne renverrions-nous pas aussi cette merveille au pays des fables? Les sources sont aux portes de la capitale, à Enghien; pour en distribuer les eaux, on n'emploie que des tuyaux et des robinets de zinc (1) : ce métal paraît être le seul que les eaux sulfureuses ne décomposent point.

L'incrédulité redoublerait si un voyageur peu accrédité nous faisait, pour la première fois, connaître le *Zagh.* C'est la substance dont on se sert en Orient pour damasquiner les armes blanches; on la retire d'une source située dans les montagnes des Druses; on ne peut la faire dissoudre que dans un vase de plomb, de verre ou de porcelaine... Le *zagh* est un mélange de sulfate acide d'alumine et de sulfate de fer (2), dont la dissolution attaquerait un autre métal que le plomb. Cet exemple et le précédent dissipent déjà une partie de

---

(1) *Revue Encyclopédique.* tome xxxv. page 501.
(2) ***Bulletin de la Société d'encouragement pour l'industrie nationale.*** Décembre 1821. page 362.

l'invraisemblance répandue sur les récits relatifs à l'eau de Nonacris. Rien n'empêche que le *zagh* soit, comme l'assurent les Orientaux, un produit de la nature. Dans un ouvrage (1) qui fait honneur à sa vaste instruction autant qu'à sa philosophie, Sénèque place, auprès de Tempé en Thessalie, une source dont l'eau, mortelle pour les animaux, perce le fer et le cuivre.

L'eau de Nonacris, qui brûlait le fer, faisait fendre ou dissolvait les vases d'argent et d'airain, et même ceux de terre cuite (2), peut n'avoir été qu'une solution plus chargée de substances corrosives que le *zagh* et l'eau de la source de Tempé. Je crois néanmoins que c'était un produit de l'art. 1° On la trouvait en Macédoine, suivant Quinte-Curce, et en

---

(1) Senec. *Quaest. nat.* lib. III. cap. 25.

(2) Q. Curt. lib. x. cap. ultim. — *Vitruv. de Architect.* lib. III. cap. 3... *Justin.* lib. XII. cap. 14. — *Pausanias. Arcad.* cap. XVIII. — *Plutarch. in Alexandr.* cap. 99. — *Plin. Hist. nat.* lib. XXX. cap. 16. — *Arrian. de Exped. Alexand.* lib. VII. cap. 7. — Pausanias étend jusqu'au verre et au cristal, la vertu dissolvante de l'*Eau de Nonacris*. On aime à enchérir sur le merveilleux ; et les possesseurs du secret secondaient probablement de tout leur pouvoir cette disposition.

Arcadie suivant d'autres auteurs ; ce qui ne peut être exact qu'autant que l'on en fabriquait dans l'une et l'autre contrées. 2° Plutarque ajoute qu'on la recueillait sous la forme d'une *rosée légère* (1); expression qui semble caractériser le produit d'une distillation. 3° Enfin, l'eau de Nonacris ne se décélait point par son goût, comme le ferait le *zagh* ou l'eau d'Enghien, pour peu qu'on en mêlât à du vin ou à toute autre liqueur. Elle n'est suspecte, dit Sénèque (2), ni à la vue, ni à l'odorat ; semblable en cela aux poisons composés par les plus célèbres empoisonneurs, que l'on ne peut découvrir qu'aux dépens de sa vie. En parlant ainsi, Sénèque ne désigne-t-il point une composition analogue à l'*aqua Toffana* des Italiens : surtout quand il ajoute que son action délétère se porte spécialement sur les viscères, qu'elle les resserre, les rétrécit, et que c'est ainsi qu'elle donne la mort.

Abandonnant la discussion historique, il

---

(1) *Plutarch. in Alexandr.* cap. 99. — *Herodot.* lib. vi. cap. 74.

(2) *Senec.* loc. cit.

nous suffit d'attirer l'attention sur l'étendue des œuvres magiques qu'un tel secret mettait à la portée des Thaumaturges. Qu'était-ce donc, s'ils y joignaient celui de graduer l'effet du poison, de manière à fixer entre des limites assez étroites, le jour où la victime devait succomber! Cet art a de tout temps existé dans l'Inde, où l'on ne se cache point de le posséder. « Il y a, dit un personnage « des Contes orientaux (1), toutes sortes de « poisons. On en voit qui ôtent la vie, un mois « après que l'on en a pris. Il y en a qui ne « tuent qu'au bout de deux mois. Il en est « même qui produisent encore plus lente- « ment leur effet. » Quand une veuve hindoue, en 1822, se brûla sur le bûcher de son mari, les brahmes dirent nettement à l'observateur anglais que nous avons cité (2), que, si l'on empêchait ou si l'on dissuadait cette femme d'accomplir le sacrifice, elle ne survivrait pas trois heures à la violation de son vœu : ils

---

(1) *Les mille et une nuits.* xive nuit. conte des *Quarante visirs*.

(2) Ci-dessus, chap. xvii.—*Asiatic. journal.* vol. xv. (1823). pages 292-293.

avaient gradué, pour ce terme, la force du poison qu'ils lui avaient administré.

Élien (1), qui fait mention de l'habileté des habitans de l'Inde pour fabriquer des poisons dont l'effet était lent et gradué à volonté, leur attribue encore la possession d'une substance dont une dose très-petite procurait une mort presque soudaine et exempte de douleur. On en envoyait au roi de Perse, qui ne permettait pas qu'une autre que sa mère partageât avec lui la possession de ce poison précieux. Il était, en effet, également propre à servir les combinaisons meurtrières de la politique, et les vengeances sacrées des Thaumaturges.

Quand les querelles sur la consubstantialité déchiraient l'église, à peine délivrée des persécutions des polythéistes, et pour me servir de l'expression d'un grand poëte, faisaient *périr tant de chrétiens martyrs d'une diphthongue* (3); saint Athanase et ses partisans

---

(1) *Aelian. De Nat. animal.* lib. iv. cap. 36. cap. 41.
(2) « Lorsque attaquant le verbe et sa divinité,
  « D'une syllabe impie un saint mot augmenté,
  » Faisait, dans une guerre et si vive et si longue,
  « Périr tant de chrétiens, martyrs d'une Diphthongue.
Boileau. *Satire* xii. vers. 199-202. — *Omousios... Omoiousios ;*

eurent l'imprudence de célébrer *le miracle* qui les délivra d'Arius. Supprimez les noms; rappelez seulement les détails de ce trépas inopiné, tels qu'ils nous ont été transmis par trois historiens de l'église (1) : il n'est point d'homme, même médiocrement instruit, qui ne crut y reconnaître les symptômes produits par un poison violent; point de médecin qui ne conseillât un examen circonstancié, propre à éclaircir des soupçons trop plausibles; point de magistrat qui ne s'empressât de l'ordonner. Et si l'on ajoute que l'adversaire d'Arius, saint Alexandre, avait été entendu, peu d'heures auparavant, adressant de ferventes prières à la divinité pour qu'elle frappât de mort l'hérésiarque, plutôt que de permettre qu'il rentrât en triomphe dans l'église, et l'hérésie avec lui (2); alors du moins on s'étonnera peu que les partisans d'Arius n'aient pas cru sa mort naturelle, quoiqu'ils

la diphthongue *oi* qui distingue ces deux mots, était adoptée par les ariens et rejetée par leurs adversaires.

(1) *Socrat. Hist. Eccles.* lib. 1. cap. 38. — *Sozomen. Hist. Eccles.* lib. 11, cap. 29-30.—*Théodorit. Hist. Eccles.* lib. 1. cap. 14.

(2) *Théodorit. Hist. Eccles.* lib. 1. cap. 14.

ne supposassent point qu'elle fût un miracle ; et que leurs accusations aient été assez publiques pour qu'un de leurs adversaires n'ait pas cru devoir les passer sous silence (1).

Tel était, en ces jours de discorde, l'emportement du zèle ! Dans l'ivresse de joie que leur causa la mort de l'empereur Julien, les chrétiens publièrent que sa fin tragique avait été prédite dans des songes merveilleux ; et ils y virent également un miracle signalé de la vengeance divine. Le philosophe Libanius, ami du monarque *après sa mort* et sous des successeurs qui respectaient peu sa mémoire, déclara hautement que Julien était tombé sous les coups d'un assassin chrétien. A cette imputation vraisemblable, un écrivain orthodoxe répond : « Le fait peut être vrai.... Et « qui pourrait blâmer celui qui, pour son « Dieu et pour sa religion, aurait commis une « action si courageuse (2) ? »

Cette exaltation, contraire à la morale de la religion qu'elle croit servir, est pourtant dans la nature humaine : il est dans la nature

---

(1) *Sozomen. Hist. Eccles.* lib. II. cap. 29.
(2) *Id. Ibid.* lib. VI. cap. 2.

qu'en proportion de la vivacité des intérêts qui les touchent, les hommes sepassionnent, et qu'ils s'éloignent de la raison pour se précipiter dans le délire et la fureur.

Aussi n'est-ce pas seulement aux époques que nous venons de rappeler, qu'on a vu le fanatisme ou le zèle aveugle, présentant comme l'œuvre et le triomphe de la divinité, une mort précipitée, dont un juge, exempt de préventions, aurait cherché la cause dans un forfait qu'il devait punir. Les chroniques des Hébreux font mention de plus d'un trépas miraculeux que, dans toute autre histoire, on attribuerait au poison. Si, de nos jours, un prophète se présentant devant un roi, comme Élie devant Joram (1), lui annonçait, en punition de son impiété, sa fin prochaine et les symptômes de la maladie qui doit lui ravir le jour; si la prédiction se réalisait avec les symptômes annoncés; si les symptômes différaient seulement par la durée de leur développement, de ceux qui accompagnèrent la mort soudaine d'Arius, et étaient tels que doit les produire l'action, sur les entrailles,

---

(1) *Paralipomen.* lib. 11, cap. 21. vers. 12. 15. 18. 19.

d'un poison lent, mais certain; qui n'accuserait le prophète d'avoir coopéré à l'exécution de sa menace?

Je sens combien est grave un soupçon d'empoisonnement; et je me hâte d'annoncer que la prophétie d'Élie est susceptible d'une explication moins fâcheuse. Mais il est certain que, dès le temps de Moïse, les poisons et leurs divers degrés d'efficacité étoient connus des Hébreux, puisque le législateur leur défendit, sous peine de mort, de conserver chez eux aucun poison (1).

Qu'on se rappelle d'ailleurs l'*eau très-amère* à laquelle le prêtre hébreu mêlait un peu de poussière du pavé du temple, et qu'il faisait avaler à la femme soupçonnée d'adultère par son mari (2). Cette eau donnait la mort à l'épouse criminelle, et ne nuisait point à l'épouse irréprochable. N'est-il pas probable que son excessive amertume servait à déguiser, au besoin, la présence d'un ingrédient plus efficace que la poussière; et que l'issue

---

(1) *Fl. Joseph. Antiq. jud.* lib. iv. cap. 8.
(2) *Numer.* cap. v. vers. 12-31... *Aquae amarissimae.* vers. 18-19-23-26.

de l'épreuve était déterminée d'avance par suite du jugement que les prêtres avaient, en secret, porté sur l'accusée ?

Chez tous les peuples, comme chez les enfans d'Israël, les prêtres ont exercé une influence également infaillible et mystérieuse, en soumettant le jugement des crimes à l'épreuve de breuvages préparés par leurs mains sacrées; breuvages meurtriers ou innocens, selon qu'il leur convenait de perdre un accusé ou de le sauver.

La loi hindoue, la plus ancienne de toutes, est la seule qui ose articuler franchement et à deux reprises, le mot de poison. L'accusé, soumis à cette ordalie, prie le poison qu'il va boire, de se changer pour lui, s'il est innocent, en boisson délicieuse (1). Formule remarquable qui, conformément à ce que nous avons établi ailleurs (2), s'adresse à l'agent physique comme à un être doué d'une connaissance et d'un pouvoir surnaturels, comme à un génie, à un Dieu.

Quelquefois l'épreuve se borne à avaler de

---

(1) *Recherches asiatiques*. tome 1. pages 473 et 486.
(2) Ci-dessus, chap. vi.

l'eau où le prêtre a baigné l'image d'une divinité (1); et moins redoutable en apparence, elle est, en effet, aussi décisive.

Au Japon, l'accusé doit avaler, dans une coupe d'eau, un morceau de papier chargé de caractères et de peintures magiques tracés par les prêtres; et cette boisson le tourmente cruellement, jusqu'à ce qu'il ait confessé son crime (2).

Guidés probablement par une tradition ancienne, plutôt que par des connaissances qui leur soient propres, les Africains pratiquent des épreuves analogues.

Les nègres d'Issyny n'osent pas boire de l'eau où l'on a trempé le *fétiche*, quand ce qu'ils affirment n'est pas la vérité (3). Pour que l'eau consacrée inspire une crainte si profonde, ne faut-il pas que plusieurs exemples en aient prouvé l'efficacité meurtrière?

Les initiés du *Para-belli*, société religieuse très-puissante dans l'intérieur de l'Afrique Septentrionale, préparent, chez les nègres

---

(1) *Recherches asiatiques.* tome I. pages 474 et 486.
(2) Koempfer. *Histoire du Japon.* livre III. chap. v. pag. 51.
(3) Godefroy Loyer. *Voyage du royaume d'Issyny.* page 312.

Qojas, une eau d'épreuve que l'on verse sur les jambes, le bras ou la main de l'accusé : si l'eau le brûle, il est coupable ; sinon, innocent (1). La composition mystérieuse de l'eau, le soin que l'on prend de laver d'abord les membres qui doivent être exposés à son action, n'en est-ce point assez pour expliquer le miracle ?

Chez les *Qojas* et chez un grand nombre d'autres peuplades africaines, on fait boire à une personne soupçonnée d'empoisonnement, une liqueur très-acide, préparée en raclant dans l'eau, l'écorce intérieure de l'arbre *Quony*, de laquelle on a d'abord exprimé le suc. L'accusé qui survit à l'épreuve est innocent ; celui qui meurt est coupable (2). Le soin avec lequel l'écorce a été préalablement exprimée décide, on peut le croire, le sort de l'accusé.

Nous retrouverons, en Europe, les mêmes genres d'épreuves, dans lesquelles on demandait à la divinité d'opérer un miracle pour dévoiler la vérité. Près de Tyanes, une source

---

(1) O. Dapper. *Description de l'Afrique.* pages 269-270.
(2) O. *Ibid.* *Ibid.* page 263.

intarissable d'eau *très-froide*, mais toujours bouillonnante (d'eau fortement gazeuse) servait à éprouver la vérité des sermens : l'homme sincère en buvait impunément ; l'homme coupable d'un faux serment, s'il osait en boire, voyait son corps se couvrir de pustules et d'abcès ; privé de ses forces, il ne pouvait s'éloigner qu'il n'eût confessé son parjure (1).

Le christianisme n'a point toujours rejeté cette sorte de miracles. La fontaine de *Wieres* (2) est encore célèbre en Picardie. L'épouse infidèle de saint Gengoulf osa y plonger son bras, en faisant serment que sa conduite était sans reproche ; son bras fut sur le champ consumé..... La fontaine est aujourd'hui moins malfaisante ; toutes les femmes y lavent leurs mains sans danger. Mais on peut croire que l'épreuve n'a pas toujours été innocente ; et que la terreur qu'elle inspirait aura, plus d'une fois, empêché de l'affronter. C'est ce qui a dû arriver pour beaucoup d'autres épreuves : les recueils d'anecdotes sont

---

(1) *Philostrat. vit. Apollon.* lib. 1. cap. 4.

(2) Fontaine située près de *Samer ;* Départ. du Pas-de-Calais. — *Mémoires de l'Académie celtique.* tome v. page 109-110.

remplis d'histoires de coupables que la crainte d'un miracle a conduits à se déceler. Nous reproduisons ici le raisonnement que nous avons déjà fait : la crainte ne peut s'établir qu'autant que des expériences antérieures ont prouvé qu'elle a été fondée quelquefois, et que le miracle promis ne surpassait point les forces du Thaumaturge.

La mort n'a pas été la seule vengeance que prédît et exécutât l'interprète d'un dieu irrité. Tournant contre ses ennemis, avec plus d'adresse et moins de péril, les secrets dont la science sacrée l'avait armé, il s'est réservé souvent la faculté de produire un second miracle en faveur du repentir. A sa voix, l'aveuglement fermait les yeux des coupables ; une lèpre hideuse s'étendait sur tout leur corps ; jusqu'à ce que, touché de ses généreuses prières, le ciel rendît à la santé ceux que la terreur avait déjà ramenés à la foi et à l'obéissance.

Une lumière d'une extrême vivacité, celle des *feux du Bengale*, par exemple, peut causer un éblouissement tel que la faculté de voir reste quelque temps suspendue. A la prise de Milet, par Alexandre, des soldats étant entrés dans le temple de Cérès pour le piller, une flamme vive s'élança du sanctuaire ; et leurs yeux furent frappés d'aveuglement (1). Mais l'effet d'un tel moyen de vengeance dure trop peu, et son succès demande le concours de trop de circonstances favorables, pour qu'on l'ait mis souvent en usage.

Près du fleuve Achéloüs croissait la plante *myope* (2) : on ne pouvait s'en frotter le visage sans perdre la vue.... Les feuilles du stramonium jouissent d'une propriété peu différente : un jeune homme ayant, par mégarde, fait jaillir dans son œil, une goutte de leur suc, resta plusieurs heures presque entièrement privé de l'usage de cet œil (3). On sait aujourd'hui que l'extrait de belladone, dissous dans l'eau, paralyse pour un temps l'organe de la vue. Saisir le moment propice pour faire agir la substance vénéneuse et opérer le miracle, ce n'est plus que de l'adresse : les talens du jongleur aidant ainsi la science du Thaumaturge, les histoires d'hommes frappés

---

(1) *Valer. Maxim.* lib. 1. cap. 1. — *Lactant. Divin. instit.* lib. 11. cap .7.

(2) *Plutarch de Nomin. fluv. et mont.* § XXII.

(3) *Bibliothèque universelle. Sciences.* tome IV. page 221.

miraculeusement d'une cécité dont ils sont ensuite miraculeusement délivrés, ne présentent rien d'invraisemblable.

Marie, sœur de Moyse, a osé élever la voix contre lui : sa face paraît soudain couverte de lèpre ; et, malgré le pardon que lui accorde son frère, elle porte sept jours entiers le signe éclatant de la colère du Seigneur (1). Ce temps ne suffisait-il pas pour une guérison naturelle ? On peut d'ailleurs soupçonner quelque connivence entre le frère et la sœur : on ne supposera rien de semblable dans le malheur qui força Ozias à descendre du trône de David, et qui, par le chagrin de sa déchéance et l'ennui de la solitude, le conduisit au tombeau.

Bravant les représentations du grand-prêtre Azarias, le roi de Juda veut envahir les fonctions sacerdotales. A l'instant où il force l'entrée du sanctuaire, où il porte la main à l'encensoir, la terre tremble ; le faîte du temple s'entr'ouvre ; un rayon brillant frappe la figure du téméraire Ozias ; sur son front paraît la lèpre. Marqué au sceau de la malédiction, il

---

(1) *Numer*. cap. XII. vers. 10-15.

est chassé du temple, exclu du trône, relégué dans une retraite, privé après sa mort de la sépulture de ses ancêtres (1).

Ozias était déjà ému, et préoccupé de l'ébranlement du sol : un vif rayon de lumière, résultat facile d'un appareil disposé dans l'obscurité du sanctuaire, éblouit ses yeux assez fortement pour qu'il n'aperçût pas la main qui lui lançait au visage un poison caustique... Quel était ce poison? Dans nos climats tempérés, le contact seul du *Rus toxicodendron* fait naître sur la peau une éruption érésipèlateuse qui n'est point sans danger. Sur les confins de l'Afrique, où abondent les Euphorbes et les végétaux pleins d'un suc caustique, le moyen d'opérer le miracle était encore plus facile à trouver. En parlant d'un de ces végétaux (2) : « Mes doigts, dit Bruce
« furent écorchés pour avoir touché du lait
« de ses branches vertes, comme si je les
« avais trempés dans l'eau bouillante. »

La seule prévoyance dont la science doue

---

(1) *Paralipomen.* lib. II. cap. 26. vers. 16-23. — *Fl. Joseph. Antiq. judaïc.* lib. IX. cap. 11.

(2) Le *Koll.-gall...* Bruce. *Voyage aux sources du Nil.* tome IX. page 98.

ses adeptes, leur dictera des prédictions miraculeuses. Pour repousser l'accusation de poison, que semble motiver la prédiction circonstanciée de la mort de Joram, il suffit d'admettre qu'Élie avait connu d'avance la maladie dont le roi allait être attaqué ; qu'il l'avait jugée incurable, et qu'il s'était cru en droit d'en annoncer l'issue comme l'effet d'un jugement de Dieu. Les idées alors reçues l'y autorisaient : mais aujourd'hui cette interprétation ne suffirait peut-être pas pour sauver le médecin qui risquerait, à la cour, une preuve si hardie de la certitude de ses pronostics.

Les maladies endémiques qui ravagent une contrée, une armée, une ville, prennent quelquefois un tel caractère de malignité que l'ignorance les croit, et la politique peut feindre de les croire contagieuses comme la peste. Autrefois, dès qu'elles éclataient, les populations désolées recouraient aux oracles ; et les oracles voulaient toujours qu'on y reconnût la vengeance des dieux justement irrités contre leurs adorateurs. Cette croyance une fois établie, le prêtre menaça de l'invasion du fléau, les contrées rebelles à ses commandemens ;

plus d'une fois même il en annonça l'apparition pour une époque fixe, et sa prédiction ne fut pas trompeuse. C'est qu'en effet, il lui était facile de la fonder sur des probabilités équivalentes à la certitude : il suffisait d'avoir observé d'avance le retour des circonstances propres à reproduire ces maladies. Cette science, dans l'ancienne Grèce, fut celle qui valût à Abaris (1) la réputation de prophète. Les mêmes remarques aujourd'hui serviront de base à des prédictions semblables; sauf que l'homme de bien se bornera à indiquer les précautions à prendre pour conjurer le mal, et s'affligera si, en les négligeant, on lui ménage le triomphe de passer pour un prophète véridique (2). Mais, à l'observateur

---

(1) *Iamblich. in vit. Pythag.* lib. 1. cap. 28.

(2) En 1820. Le port de Roquemaure (arrondissement d'Uzès, départ. du Gard) se trouvait environné d'eaux stagnantes, sur des points où le Rhône s'était détourné de son cours. M. Cadet de Metz annonça, dès le mois de mars, que le pays serait certainement ravagé par une fièvre endémique, si, avant l'été, on ne ramenait le fleuve dans son ancien lit. Les travaux ne purent être exécutés qu'en automne; et l'été vit Roquemaure dépeuplé par des fièvres meurtrières. (*Lettre de M. Cadet de Metz au ministre de l'intérieur*, en date du 23 mars 1820.)

philosophe substituez un Thaumaturge : la coïncidence de la prophétie et du désastre ne frapperait-elle pas, aujourd'hui encore, bien des esprits d'une profonde et religieuse erreur ?

CHAPITRE XXII.

Stérilité de la terre. La croyance aux moyens que les Thaumaturges avaient pour l'opérer est née surtout du langage des emblèmes. Stérilité naturellement produite. Cultures qui se nuisent les unes aux autres ; substances qui nuisent à la végétation. Atmosphère rendue pestilentielle. *Poudre puante* et nitrate d'arsenic, employés comme armes offensives. Trenblemens de terre et éboulemens prévus et prédits.

Les menaces de la colère céleste ne s'arrêtent point à des individus isolés ; elles ne se bornent point à des maladies passagères : elles font craindre aux peuples que la terre ne leur refuse ses fruits ; que, dans l'air, l'homme ne respire la mort ; que, sous ses pas, la terre ébranlée ne s'affaisse et ne s'entr'ouvre en abîmes ; ou que les rochers détachés de leurs bases ne roulent sur lui pour l'écraser.

Secondée par la réflexion, éclairée par le raisonnement, l'habitude de l'observation donne à l'homme des notions plausibles sur la réussite des diverses cultures auxquelles il s'adonne. En achetant d'avance la récolte des oliviers dont il avait deviné la fécondité, Thalès (1) prouva aux Milésiens que le sage a d'autant plus de mérite dans son désintéressement, qu'il ne tiendrait souvent qu'à lui, d'atteindre, par la science, à la richesse. Mais si le Thaumaturge peut prévoir ainsi une récolte abondante, il prédira de même celles qui le seront moins; il prédira une véritable disette ; il pourra en menacer les peuples ; et, quand l'événement aura justifié sa prophétie, il passera moins pour l'interprète que pour l'agent du Dieu qui a puni, par ce fléau, les coupables mortels.

De ce point, cependant, qu'il y a loin encore à la stérilité absolue dont pouvaient jadis frapper les plantes, les arbres, la terre même,

---

(1) *Diogen. Laert. in Thalet.*

les imprécations d'un homme sacré, les maléfices d'un magicien perfide! Cette remarque échappera d'autant moins au lecteur judicieux, que, suivant le principe d'après lequel j'ai constamment raisonné, quelques faits positifs ont dû faire naître l'opinion, très-exagérée depuis, de la possibilité de ce terrible moyen de vengeance. Dans les menaces éloquentes qu'Eschyle prête aux Euménides (1); dans les menaces plus effrayantes encore que le Dieu de Moïse adresse aux Hébreux, je voudrais en vain ne voir que les expressions de l'enthousiasme poétique et les hyperboles que comporte le style oriental. En vain rappellerais-je le penchant qu'ont toujours eu les hommes à rapporter au courroux des dieux, les fléaux dont la nature leur cache à la fois la cause et le remède ; en vain essayerais-je d'expliquer allégoriquement le miracle du figuier qu'en l'espace d'une nuit, la malédiction a desséché jusque dans ses racines : l'édifice que j'ai tenté d'élever chancelle, si la croyance de miracles si importans n'a point

(1) *Aeschyl. Eumen.* vers. 783-786-803-806, etc.

d'autre origine que quelques prédictions transitoires, et les rêves d'une imagination effrayée.

Rappelons d'abord l'influence du langage des emblèmes, et comment son énergie a pu induire en erreur des écrivains véridiques, lorsqu'ils rapportaient de pareilles menaces que l'on avait vues s'accomplir dans des contrées étrangères. Long-temps, en condamnant une ville conquise à une éternelle désolation, on a semé du sel sur ses ruines ; et, malgré l'expérience du contraire, on a long-temps attribué au sel la propriété de rendre la terre inféconde. Tournons les yeux vers les climats où, dans d'immenses déserts, on voit partout le sel s'effleurir à la surface de la terre : là, une contrée privilégiée recevait, du soleil, des influences productives; l'ennemi l'envahit; il disperse les habitans, comble les puits, détourne les cours d'eau, détruit les arbres, incendie la végétation ; l'*Oasis* tout entier se confondra bientôt avec le désert qui l'entoure. Déjà, sous un ciel de feu, le sol dépouillé se couvre cà et là de cette efflorescence saline, présage de la stérilité future. L'emblème du sel semé sur la terre était donc le plus expressif dans les pays où l'on connaissait ce phénomène : mieux qu'un édit, mieux que le son des trompettes et la voix des hérauts, il proclamait la volonté du destructeur ; il annonçait que la contrée resterait inhabitée, sans culture, vouée à une stérilité éternelle ; et la menace n'était pas vaine, là même où le climat et le temps ne se hâtaient pas d'achever l'œuvre de la violence.

Ce que le conquérant est pour le peuple faible, l'homme méchant l'est pour l'homme sans défense. La loi romaine punissait de la peine capitale ce qui nous paraîtrait un léger délit, l'acte de *poser des pierres* dans l'héritage d'autrui. Mais dans le pays auquel s'appliquait la loi, en Arabie, le *Scopélisme* (1), c'était le nom de ce crime, équivalait à la menace de faire périr de mort violente quiconque oserait cultiver l'héritage ainsi insulté. Que ce langage muet fût compris ; que le champ restât dès-lors inculte et stérile, c'est

---

(1) « Scopelismus, *lapidum positio... lapides ponere indi-*
« *cio futuros quod si quis eum agrum coluisset malo letho*
« *periturus esset*, etc. » Digest. lib. XLVII. tit. XI. § 9.

ce que prouve la gravité de la peine portée contre la menace emblématique.

Transportez, sans explication, l'indication de ce fait, dans un ordre de choses différent : l'emblème du *Scopélisme*, comme celui du sel, sera bientôt pris pour un agent physique capable de vouer la terre à une stérilité incurable.

La stérilité reconnaît des causes naturelles. Les agriculteurs savent que toute plante vivace à racines pivotantes, telle que la luzerne, semée au pied d'arbres jeunes et délicats, nuit à leur croissance, et finit quelquefois par les faire périr. Les Thaumaturges avaient pu recueillir plusieurs observations analogues à celle-là : ils étaient dès-lors en droit de prédire la stérilité des arbres ou des céréales, quand l'imprudence du cultivateur avait donné des voisins malfaisans aux végétaux utiles. Ils pouvaient quelquefois prédire à coup sûr. Une parabole de l'Évangile, celle de l'ivraie semée, la nuit, au milieu du froment, par un ennemi du propriétaire (1), fait évidemment allusion à un délit connu, et

---

(1) *Evang. sec. Matth.* cap. XIII. vers. 24-28.

même commun. La police, et surtout la police rurale n'existait point chez la plupart des peuples anciens; chacun était le seul gardien de sa chose; il devenait donc bien plus facile qu'il ne le serait aujourd'hui, de nuire par un semis perfide, à une culture déjà préparée, soit que l'on profitât pour cela de l'antipathie existante entre divers végétaux, ou que l'inimitié se bornât à étouffer le bon grain sous l'excès d'une végétation inutile.

Des aveux judiciaires d'un grand nombre de prétendus sorciers, il résulte que, dans les inventions que l'on enseignait au *Sabbat*, on comptait la composition de poudres propres à nuire aux récoltes de tout genre, à dessécher les plantes, à faire avorter les fruits (1). Tout ce que ces malheureux racontaient de leurs occupations dans ces fantastiques cérémonies, nous l'avons considéré comme des rêves; mais comme des rêves fondés sur le souvenir de pratiques anciennes. A la tradition de la possibilité du miracle, se liait l'idée qu'on pourrait l'opérer encore.

(1) Llorente. *Histoire de l'inquisition.* tome III. pages 440, 447.

Théophraste, cité par saint Clément d'Alexandrie, assurait que, si l'on enterre des cosses de fèves au milieu des racines d'un arbre récemment planté, l'arbre se desséchera (1). Pour obtenir, et même en grand, un résultat semblable, Démocrite prescrivait de répandre sur les racines des arbres, du suc de ciguë où l'on avait fait macérer des fleurs de lupin (2). J'ignore si l'expérience a jamais confirmé ces assertions : mais n'indiquent-elles pas que l'on couvrait d'un voile plus ou moins bizarre, un secret plus efficace, et que les anciens n'ignoraient point l'existence d'un procédé propre à détruire les plantes et les arbres qui s'élèvent à la surface de la terre? Des expériences récentes ont prouvé que, pour y réussir, il suffirait de répandre sur le sol, une combinaison du soufre à la chaux dans la proportion d'un quinzième ; combinaison qui se trouve toute formée dans le marc des lessives où l'on emploie du savon vert, et dans le résidu que laisse la fabrication artificielle de la

___
(1) *S. Clément. Alexandr. Stromat.* lib. III.
(2) *Plin. Hist. nat.* lib. XVIII. cap. 6.

soude. N'est-il pas aussi constaté, par une observation quotidienne, que les eaux dérivées des houillières et des mines métalliques en exploitation, altèrent et finissent par détruire la végétation sur toutes les terres qu'elles arrosent? Peu importe, ainsi que nous l'avons plus d'une fois observé, que ces propriétés malfaisantes aient été connues jadis, ou trouvées par les instituteurs des sorciers modernes : il suffit de la *possibilité* qui est constante ; et de la croyance établie chez les anciens, et constatée par les assertions de Théophraste et de Démocrite, qu'un procédé naturel suffisait pour réaliser cette possibilité.

Appliquons les mêmes raisonnemens à l'art affreux de rendre l'air pestilentiel. Il n'est point imaginaire ; et les Thaumaturges ont pu en faire usage, puisqu'à diverses époques nous trouvons des traces certaines de son emploi comme arme offensive. En 1804, le gouvernement de la France accusa les marins anglais d'avoir tenté d'empoisonner l'atmosphère des côtes de Bretagne et de Normandie, en y lançant des cornets remplis de nitrate d'arsenic enflammé. Plusieurs de ces cornets s'étant éteints, on les ramassa, et l'examen chimique ne laissa point de doute sur la composition dont ils étaient chargés (1). Nos ennemis n'avaient fait que renouveler et perfectionner une invention qui, en Europe, a suivi de près l'invention du canon. On remplissait d'une poudre préparée pour cela, des bombes et des grenades; et ces projectiles, en crevant, répandaient au loin une odeur tellement infecte qu'elle frappait de mort quiconque avait le malheur de la respirer. Paw, qui a trouvé dans une pyrotechnie italienne la composition de cette *poudre puante*, rappelle un essai analogue, fait, dit-on, à Londres, avec un funeste succès (2). Long-temps auparavant, les *Soanes*, si l'on en croit Strabon (3), non contens de blesser leurs ennemis avec des armes empoisonnées, suffoquaient par leurs traits,

---

(1) Voyez les journaux de 1804.

(2) *Paw. Traité des flèches empoisonnées* (inséré dans le tome XII. in-4° de la traduction de l'*Histoire naturelle de Pline*), pages 460-470. — Paw révoque en doute l'efficacité de la *poudre puante :* nous croyons aussi qu'elle en avait peu, puisqu'on en a promptement abandonné l'usage.

(3) *Strabo.* lib. XI.

les guerriers qu'ils n'avaient pu atteindre. Il est évident que l'odeur meurtrière ne se développait que dans les rangs ennemis : sinon, elle eût fait périr d'abord l'homme chargé des armes qui la recélait. Il faut donc distinguer celles-ci des flèches empoisonnées, et supposer qu'elles étaient remplies d'une composition analogue à la poudre puante ; composition que mettait en action la rupture du vaisseau qui la renfermait, ou le contact du feu. Quel que fût le degré d'efficacité de ce secret, puisque des barbares du Caucase l'ont connu, il a dû exister également chez des peuples plus instruits, et devenir pour eux le principe de la croyance aux miracles qui rendent l'air pestilentiel.

Si la méchanceté de l'homme peut nuire à la fertilité du sol et à la salubrité de l'air, il ne lui est pas aussi facile d'ébranler la terre et de faire rouler les montagnes sur les peuples que sa haine voue à la destruction. Mais si des signes, qui échappent au vulgaire inattentif, l'avertissent d'avance de quelque grande convulsion de la nature ; s'il ose la prédire, soit pour inviter ses semblables à en prévenir les conséquences funestes, soit pour les induire à y voir un effet de la vengeance des dieux, quelle gloire et quelle puissance seront son partage, quand l'événement aura confirmé sa prophétie.

Iamblique (1) attribue cette sagacité merveilleuse à Pythagore, à Abaris, à Épiménide et à Empédocle. A une époque bien plus rapprochée, dans le XIIIe siècle de notre ère, un moine, voulant déterminer l'empereur Andronic à rappeler le patriarche Athanase, le menaça de divers fléaux, et entre autres, d'un tremblement de terre; et trois jours ne s'écoulèrent point sans qu'on ressentît à Constantinople plusieurs secousses, à la vérité peu dangereuses (2).

Faut-il rejeter ce récit et l'assertion d'Iamblique ; et si l'on rappelle que le premier maître de Pythagore, Phérécyde, en goûtant ou seulement en considérant l'eau tirée d'un puits, annonça aux habitans de Samos, un prochain tremblement de terre (3), devons-

---

(1) *Iamblich. vit. Pythagor.* lib. 1. cap. 28.
(2) *Pachymer.* lib. x. cap. 34.
(3) *Diogen. Laert. in Pherecyd.* — *Plin. Hist. nat.* lib. 11. cap. 79. — *Maxim. Tyr. Dissertat.* 111. § 5. — *Cicer. de Divinat.* lib. 1. cap. 50. lib. 11. cap. 13. — Iamblique (*vit. Pythag.* lib. 1. cap. 28) attribue cette prédiction à Pythagore.

nous, avec Cicéron, répondre que la chose est impossible? Phérécyde pouvait connaître la connexion qui existe entre les fermentations volcaniques et les tremblemens de terre. L'aspect d'une eau, ordinairement pure et claire, et devenue tout-à-coup trouble et sulfureuse, suffisait dès-lors pour lui faire prévoir le phénomène qu'il ne prédit point en vain. En 1695, à Bologne en Italie, on vit avec surprise les eaux devenir troubles, la veille d'un tremblement de terre (1). Cette observation n'est point unique : les eaux de plusieurs puits se sont également troublées, peu de jours avant le tremblement de terre que l'on a ressenti en Sicile, au mois de février 1818 (2). Fondée sur des remarques du même genre, la prédiction de Phérécyde était celle d'un savant, et non d'un imposteur.

Du passage cité d'Iamblique, on peut con-

(1) *Histoire de l'académie des sciences*, année 1696. Buffon. *Hist. naturelle.* — *Preuves de la théorie de la terre*. art. XI.

(2) Agathino Longo. *Mémoire historique et physique sur le tremblement de terre*, etc. *Bibliotheca italiana*, Settembre 1818. — *Bibliothèque univ. Sciences*. tome IX. page 263.

clure que l'art de prévoir les tremblemens de terre fut commun aux premiers chefs de l'école pythagoricienne. Il dut faire partie de la science secrette chez les anciens. Pausanias, qui croit ces phénomènes l'effet du courroux des dieux, énumère cependant les signes qui les précèdent et les annoncent (1). A l'indication des mêmes signes, au nombre desquels il n'omet point de compter la fétidité et le changement de couleur de l'eau des puits, Pline joint la recherche des moyens propres à prévenir le retour du fléau ; et il émet l'opinion plausible que l'on y réussirait quelquefois, en creusant des puits très-profonds, dans les contrées où il se fait ressentir (2).

Supposons que, dans l'île d'Haïti, s'établisse une population étrangère. Sous le plus beau ciel, au milieu des présens d'une nature féconde ou plutôt prodigue, un bruit souterrain, un bruit épouvantable vient alarmer tous les esprits. Le chef qui a conduit les colons sur ce rivage les rassemble ; il leur annonce que les dieux, irrités de leur peu de

---

(1) *Pausanias. Achaic.* cap. xxiv.
(2) *Plin. Hist. nat.* lib. ii. cap. 81-82.

soumission à ses ordres, vont ébranler la terre, du fond des vallées jusqu'à la cime des mornes. On rit d'une prédiction que dément le calme universel; on se livre à l'insouciance, au plaisir, au sommeil.... et soudain la menace s'accomplit dans toute son horreur. La population consternée tombe à genoux; le chef triomphe. Combien de fois le phénomène ne se renouvellera-t-il point, avant que l'expérience enseigne ce que sait aujourd'hui le plus ignorant des noirs! que ce bruit, connu sous le nom de *Gouffre*, est le présage aussi naturel que certain d'un prochain tremblement de terre, et non pas la voix d'un dieu courroucé, l'annonce de sa vengeance inévitable.

C'est aussi un bruit souterrain d'un genre particulier qui a annoncé à un observateur péruvien, et l'a porté à prédire, quatre mois d'avance, le tremblement de terre qui a désolé Lima en 1828 (1).

Neuf lustres auparavant, une prédiction semblable avait prouvé la perspicacité d'un

(1) M. de Vidaurre. Ce savant renouvelle l'opinion de Pline, sur la possibilité de prévenir les tremblemens de terre en creusant des puits très-profonds. Voyez le *Moniteur universel*. n° du 27 août 1828.

savant français. En 1782, M. Cadet de Metz (1) observa, sur toute la plaine qui sert de base à la Calabre citérieure, des vapeurs sulfureuses très-épaisses. Il en conclut que la contrée était menacée d'un tremblement de terre, et prédit publiquement le désastre qui eut lieu au commencement de 1783.

Vers le même temps, on creusait une route souterraine, dans la montagne des Alpes appelée *Tenda*, pour ouvrir une communication directe entre le Piémont et le comté de Nice : la nature de la montagne rendait le sol facilement pénétrable à la filtration des eaux. Le même savant annonça l'éboulement très-prochain du souterrain, et sollicita la suspension des travaux : mais on ne songea à profiter de ses conseils que lorsque l'événement eut prouvé combien ils étaient fondés (2).

---

(1) Les notes où il avait consigné sa prédiction furent déposées aux archives d'une société d'agriculture, fondée en Corse, par l'intendant, M. de Boucheporn. Celui-ci, écrivant le 23 avril 1783, à M. Joli de Fleury, alors ministre, rappelle avec détail la prédiction de M. Cadet, très-antérieure à l'événement. M. Denon la rappelle aussi, dans un billet adressé à M. Cadet, en date du 19 avril 1783.

(2) Cadet de Metz. *Histoire naturelle de la Corse*. Note *aa*. pages 138-147.

Anaximandre (1) prédit aux Lacédémoniens une commotion souterraine et la chute de la cime du Taygète; averti sans doute par des indices analogues sur la nature du sol, en même temps que par l'observation des phénomènes précurseurs d'un tremblement de terre. Anaximandre et Phérécyde, l'observateur péruvien et notre compatriote, n'étaient que des philosophes : si l'un d'eux eût été augure, à l'estime pour le savant aurait succédé l'adoration pour le Thaumaturge.

(1) *Plin. Hist. nat.* lib. 11. cap. 79. Cicer. *De Divinat.* lib. 1. cap. 50.

CHAPITRE XXIII.

Météorologie. Art de prévoir la pluie, les orages et la direction des vents ; il se transforme aux yeux du vulgaire, en une faculté d'accorder ou de refuser la pluie et les vents favorables. Cérémonies magiques pour conjurer la chute de la grêle.

Difficiles à prévoir et suivis de résultats plus difficiles à réparer, les éboulemens de montagnes, les tremblemens de terre, les grandes convulsions de la nature sont heureusement assez rares. Il n'en est pas de même des phénomènes atmosphériques que renouvelle le cours des saisons, des mois et des jours ; phénomènes dont l'avénement, la répétition, les variations promettent à l'espèce humaine tant de jouissances ou tant de privations, et dont les lois, impénétrables jusqu'à présent dans leur ensemble, se révèlent partiellement à l'observation persévérante et réfléchie. Le petit nombre de connaissances acquises sur ce point constitue la météorologie ; et cette science, dénuée de principes généraux et pauvre de vérités particulières, n'en a pas moins été de tout temps, l'une des plus propres à agir sur la crédulité des hommes. Il s'agit du sort des travaux de l'année, de la subsistance du lendemain, de celle du jour ; stimulée par les souffrances du présent ou l'inquiétude de l'avenir, la curiosité qu'éveille l'attente des phénomènes atmosphériques, devient excusable dans son importunité et dans son abandon, dans la vivacité de ses craintes et dans l'excès de sa reconnaissance. Alors toutes les menaces seront écoutées avec une soumission religieuse ; tous les pronostics qui appellent, contre de grands désastres, de salutaires précautions, ou qui, dans un besoin pressant, raniment l'espérance prête à s'éteindre, seront accueillis comme des inspirations célestes.

Saül a prouvé, par une victoire, qu'il n'est pas indigne du trône ; et, de l'aveu de Samuel, son élection a été confirmée par toutes les tribus d'Israël. Jaloux de son propre ouvrage, et convaincu douloureusement de la nécessité de se renfermer désormais dans les limites du pouvoir sacerdotal, Samuel assemble les Hébreux ; il leur reproche leur ingratitude ; et, pour prouver l'énormité du crime qu'ils ont commis en demandant un roi, lorsqu'ils vivaient sous le gouvernement de Dieu, il annonce que, bien que l'on ne soit point dans la saison des orages, il va prier le Seigneur, et le Seigneur fera gronder son tonnerre et versera sur les moissons qu'ils doivent couper en ce jour même, une pluie abondante. A l'instant, Dieu l'exauce ; et tout le peuple implore la clémence de Dieu et de son prophète (1).

Après sept jours de marche dans le désert, l'armée de Joram et de Josaphat était sur le point de périr de soif, au bord d'un torrent desséché : « Creusez des puits nombreux dans
« le lit du torrent, dit aux rois de Juda et d'Is-
« raël le prophète Élysée ; sans que vous ayez
« senti de vent, sans que vous voyiez de pluie,

―――――――

(1) *Reg.* lib. 1. cap. xii. v. 1-20. Saint-Jérôme (*Comment. in Amos*. cap. iv. v. 8.) observe qu'il est très-rare de voir tomber de la pluie en Palestine aux mois de juin et de juillet

« l'eau va bientôt les remplir; » et le lendemain, avant le point du jour, les pluies qui tombaient dans l'Idumée supérieure, à trois journées de chemin, avaient rempli les puits et le torrent (1).

Une longue sécheresse désole la terre. Élie est envoyé par le Seigneur vers Achab, pour lui annoncer la pluie, si vivement désirée, et que le prophète, non moins habile que Samuel, avait sans doute su prévoir avant d'entreprendre ce dangereux voyage. Par un miracle que nous rappellerons bientôt, il obtient du roi, ou plutôt du peuple, le pouvoir d'immoler à la vengeance de son Dieu les prophètes de Baal. Alors il promet affirmativement le phénomène, de l'attente duquel il a tiré ce sanglant avantage; et, impatient de voir la nature remplir sa promesse, il envoie jusqu'à sept fois son serviteur, observer du côté de la mer, si à l'horizon encore dégagé de vapeurs s'élève le signe précurseur de la pluie. Le signe se montre enfin; et le ciel, obscurci tout-à-coup, verse des torrens de

---

(1) *Reg.* lib. IV. cap. 3. v. 9-20. *Joseph. Ant. jud.* lib. IX. cap. 1.

pluie, avant que l'imprudent qui s'est fié à la sérénité du jour ait eu le temps de regagner le plus prochain asile (1).

La preuve de la science météorologique du prophète se trouve moins, je crois, dans l'accomplissement de son pronostic, que dans la confiance avec laquelle, sans autre défense que ce pronostic, il osa affronter un roi qui le regardait comme son ennemi mortel, et l'irriter encore par le massacre des prêtres de Baal.

Le signe qu'attendait Élie était l'apparition d'un petit nuage, semblable, pour la forme et la grandeur, *à l'empreinte du pied d'un homme* (2). Bruce a observé que les débordemens du Nil sont invariablement accompagnés d'une pluie qui s'annonce par le même signe, et tombe de la même manière que celle qui fut prédite par Élie (3).

« Le cap de Bonne Espérance est fameux
« par ses tempêtes, et par le nuage singu-
« lier qui les produit : ce nuage ne paraît

---

(1) *Reg.* lib. III. cap. XVIII. v. 1-2 et 41-45.
(2) *Ibid. ibid.* v. 44.
(3) Bruce. *Voyage aux sources du Nil.* tome VI. p. 658-659.

« d'abord que comme une petite tache ronde
« dans le ciel; et les matelots l'ont appelé
« *œil de bœuf*..... Dans la terre de Natal, il
« se forme aussi un petit nuage semblable à
« l'*œil de bœuf* du cap de Bonne-Espérance,
« et de ce nuage, il sort un vent terrible
« qui produit les mêmes effets... Près de la
« côté de Guinée... les orages... sont causés
« et annoncés, comme ceux du cap de Bonne-
« Espérance, par de petits nuages noirs; le
« reste du ciel est ordinairement fort serein,
« et la mer tranquille (1). » Me défierai-je
assez de l'attention du lecteur, pour lui faire
observer quelles prédictions merveilleuses
la connaissance de ces divers symptômes
enfanterait, au milieu d'hommes qui n'en
auraient aucune idée ; ou pour demander s'il
s'étonnera que, par un temps serein, Anaxa-
goras et Démocrite (2) en Grèce, et Hippar-
que à Rome (3), tous trois sans doute habitués par l'observation à juger l'état de

---

(1) Buffon. *Hist. nat. Preuves de la théorie de la terre.*
art. xv.

(2) *Diogen. Laert. in Anaxagor. Philostrat. Vit. Apollon.*
lib. i. cap. 2. *Plin. Hist. nat.* lib. xviii. cap. 35.

(3) *Aelian. de Nat. animal.* lib. vii. cap. 8.

l'atmosphère, aient prédit des pluies abondantes, qui ne tardèrent point, en tombant, à justifier la perspicacité des trois physiciens (1).

Les divers phénomènes atmosphériques exercent une influence si grande sur les travaux de l'agriculture, qu'à l'art de prévoir les uns se joint naturellement l'espérance, la possibilité même de deviner le succès des autres. Il n'y a rien d'improbable dans un fait que l'on raconte également de Démocrite et de Thalès qui, dit-on, devinèrent d'avance quel serait le produit des oliviers de la contrée. Les philosophes n'usèrent de leurs succès que pour montrer aux détracteurs de l'étude que la science peut conduire aux richesses. S'ils avaient prétendu prouver que le ciel leur révélait ses secrets, ils auraient été écoutés avec une plus grande admiration.

La science cultivée par les sectateurs de la sagesse ou par les disciples du sacerdoce, a pu étendre plus loin sa prévoyance; et

---

(1) *Plin. Hist. nat.* lib. xviii. cap. 28. — *Diogen. Laert. in Thalet.* — *Cicer. de Divinat.* lib. 1. cap. 3. — *Aristot. Polit.* lib. 1. cap. 11.

par suite d'observations sur la direction habituelle des vents et des courans dans certains parages, permettre à un oracle ou à un sage d'annoncer le succès d'une navigation ou son issue malheureuse : ainsi, de nos jours, on a prédit plusieurs années d'avance, quel obstacle le mouvement qui porte les glaces flottantes d'Est en Ouest, opposerait aux tentatives des navigateurs pour arriver au pôle arctique, aussi long-temps qu'ils navigueraient d'Occident en Orient (1). Mais, à des peuples peu éclairés et habitués à n'apercevoir les sciences physiques que, sous l'enveloppe du merveilleux, ces annonces circonspectes d'une savante prévoyance n'auraient pas suffi; pour satisfaire l'impatience du désir, il fallait transformer les pronostics en assurances positives. Ainsi les prêtres de Samothrace promettaient, à ceux qui se faisaient initier à leurs mystères, des vents favorables et une heureuse navigation. Si la promesse ne se réalisait pas, il était facile

---

(1) Cadet de Metz. *Précis des voyages par le nord.* p. 9 et suivantes. — *Bulletin de la Société de Géographie.* t. vi, page 220.

de disculper la Divinité, en alléguant soit les fautes commises par les initiés, soit le tort qu'ils avaient eu de recevoir sur leur navire, quelque coupable, ou, ce qui était bien pire, quelque incrédule.

Les Druidesses de l'île de Séna prétendaient également au don de soulever ou d'apaiser les flots et les vents (1); et elles conservaient sans doute, par le même artifice, leur réputation d'infaillibilité.

Empédocle et Iamblique ne faisaient que répéter le langage des temples, quand l'un, dans ses vers, se vantait d'enseigner l'art d'enchaîner et de déchaîner les vents, d'exciter la tempête et de rendre au ciel la sérénité (2); quand l'autre attribuait à Abaris et à Pythagore, une puissance non moins étendue (3).

De semblables promesses flattaient trop la crédulité pour n'être point admises dans le sens le plus littéral. Les vents contraires au retour d'Ulysse furent renfermés dans un outre par Éole, et remis en liberté par les

(1) *Pomponius Mela.* lib. III. cap. 6.
(2) *Diogen. Laërt.* lib. VIII. cap. 59. — *S. Clement. Alex.* Stromat. lib. V.
(3) *Iamblich. Vit. Pythagor.* lib. I. cap. 28.

imprudens compagnons du héros. Les Lapons croient encore que leurs magiciens possèdent le pouvoir attribué par Homère au Dieu des vents. Ne nous hâtons pas de nous moquer de leur ignorance : du moins elle ne les rend pas injustes et cruels !

La croyance que la philosophie douait ses adeptes du pouvoir d'arrêter ou de déchaîner les vents, subsistait au IVe siècle, chez les hommes éclairés des lumières du christianisme. Constantinople, encombrée d'une population immense, souffrait de la disette; les vaisseaux chargés de blé s'arrêtaient à l'entrée du détroit ; ils ne pouvaient le franchir que par le vent du Sud, et ce vent propice se faisait encore attendre. Jaloux de la faveur dont jouissait près de Constantin le philosophe Sopater, les courtisans l'accusent d'avoir *enchaîné les vents* et causé la famine ; et le faible empereur l'envoie au supplice (1). Peu importe que les délateurs crussent eux-mêmes à la vérité de l'accusation : il est clair que le prince et le peuple regardaient la

---

(1) *Suidas* verbo *Sopater*. *Photius. Bibliothec.* cod. 141. *Eunapius in Aedesio. Sozomen. Hist. eccles.* lib. 1. cap. 5.

chose comme possible, et comme un fait dont on connaissait déjà des exemples certains.

Cette croyance superstitieuse, et les fureurs qu'elle peut allumer, ont-elles disparu partout devant les progrès de la civilisation?... Des pluies excessives contrariaient les travaux et détruisaient les espérances des cultivateurs : on s'avisa d'en attribuer la continuité aux sortiléges d'une femme venue dans le pays, pour y donner le spectacle cent et cent fois répété, d'une ascension aérostatique. Cette persuasion se répandit ; elle acquit une telle force que l'aéronaute dut prendre des précautions pour sa sûreté ; sinon elle risquait d'être immolée par des hommes aussi éclairés que la populace qui applaudit jadis au meurtre de Sopater. Quels étaient ces hommes? des paysans des environs de Bruxelles, des habitans de la ville même. Et la date de l'événement ? le mois d'août 1828 (1). Le même exemple pourra se renouveler dans un siècle, dans trois ; aussi long-temps que ceux qui prétendent exclusivement au droit d'instruire le peuple, penseront qu'il

---

(1) *Le Moniteur universel*. n° du 23 août 1828, page 1366.

est de leur intérêt de le laisser croire à la magie et aux sorciers.

Quiconque accorde au Thaumaturge le pouvoir de produire des fléaux, lui attribue, à plus forte raison, celui de remédier aux fléaux qu'enfante la nature. Pour affermir une opinion si favorable à leur crédit, les dépositaires de la science sacrée revêtirent plus d'une fois d'une apparence magique, les opérations les plus simples. A l'agriculteur qui demandait que, dans la saison, ses arbres se chargeassent de fruits, ils prescrivaient de les envelopper d'un lien de paille, dans la nuit où le polythéisme célébrait la renaissance du *Soleil invincible*, et où l'église chrétienne solennise l'avénement du Sauveur (1); nuit où le soleil, enchaîné dix jours par le solstice d'hiver, commence à remonter vers l'équateur, et où l'on a vu souvent la froidure se développer avec une intensité soudaine... L'expérience a prouvé que cette précaution peut garantir les arbres des effets malfaisans de la gelée.

On demande aujourd'hui à la physique des

---

(1) *Frommann. Tract. de Fascinatione.* pag. 341-342.

préservatifs contre la grêle; on les demandait jadis à la magie.

Les habitans de Cléone, en Argolide, croyaient reconnaître, à l'aspect du ciel, l'approche de la grêle qui menaçaient leurs champs; et aussitôt ils s'efforçaient de la détourner en offrant des sacrifices aux Dieux (1). D'autres peuples opposaient au même fléau des *chants sacrés* (2). Ce n'étaient là que des actes de piété, non plus que le secret enseigné par quelques théologiens pour repousser la grêle envoyée par maléfices, et qui consistait surtout en signes de croix et en prières assez prolongées pour que la grêle pût cesser dans l'intervalle (3).

Mais, dans l'ancienne Grèce, des hommes hardis prétendirent obtenir, par enchantemens (4), ce qu'ailleurs on ne demandait qu'à la clémence du ciel. Pausanias affirme même qu'il a été témoin de l'effet heureux de leurs opérations magiques (5). Jusqu'à ce qu'une

---

(1) *Senec. Quaest. nat.* lib. IV. cap. 6.
(2) *Carmina.... Plin. Hist. nat.* lib. XXVIII. cap. 2.
(3) Wierius. *De Praestigiis. Daemon.* lib. IV. cap. 32.
(4) *S. Justin. Quaest. et Respons. ad Orthodox. Quaest.* 31.
(5) *Pausanias. Corinthiac.* cap 34.

expérience positive ait prouvé l'efficacité bien problématique encore des *Paragrêles* (1), nous penserons que, si les hommes qui se vantaient d'un succès de ce genre ont quelquefois paru l'obtenir, c'est qu'il ne devait point tomber de grêle, soit que l'on recourût ou non à des cérémonies magiques pour en conjurer la chute.

Ce n'est pas sans dessein que nous rapprochons les tentatives modernes des opinions anciennes. Dans le VIII° siècle, on espérait détourner la grêle et les orages, en dressant vers les nuages, de longues perches. Ce procédé rappelle celui que récemment on a proposé, et que voulut accréditer, il y a environ cinquante ans, le physicien Berthollon. Mais comme à l'extrémité des perches, on plaçait des papiers chargés sans doute de caractères magiques, cet usage parut entaché de sortilége, et fut proscrit par Charlemagne (2).

Les sorciers de ce temps-là ne faisaient-ils que renouveler les croyances, et peut-être les

---

(1) Dans un Rapport, lu à l'Académie des Sciences en 1826, l'efficacité des Paragrêles est présentée comme plus que douteuse.

(2) *Carol. Magn. Capitul.*

pratiques adoptées dans des âges antérieurs? Nous n'osons l'affirmer. Mais ce qui nous paraît certain, c'est que des procédés tendant au même but, ont été très-anciennement prescrits et exprimés en hiéroglyphes; et, chose digne de remarque, ils ont donné cours à une erreur que nous avons déjà signalée (1) : déçu par les emblèmes, l'homme ignorant a cru, en contrefaisant bien ou mal ce qu'ils représentaient, obtenir l'effet attaché au succès d'une prescription à laquelle ils servaient de voile. Nous expliquons de cette manière deux exemples très-ridicules de *cérémonies toscanes* que, suivant Columelle (2), les agriculteurs instruits par l'expérience, employaient pour apaiser les vents furieux et conjurer la tempête. Gaffarel nous fournit

---

(1) Ci-dessus. chap. VIII.

(2) *Columell.* lib. x. vers. 341-345. — Plus loin, l'auteur indique un procédé probablement efficace, pour préserver les semailles de l'atteinte des insectes; c'est de mouiller le grain avec le suc de plantes âcres, avec de la saumure ou de la lessive de cendres (*ibid.* vers. 351-356). Mais immédiatement après (vers. 357-364) vient un secret ridicule pour obtenir la destruction des chenilles : ce secret que le même auteur (lib. XI. *sub. finem.*) prétend avoir été enseigné par Démocrite, n'est probablement encore qu'un hiéroglyphe mis en action.

un troisième exemple dans un secret magique, supposé propre à détourner la grêle (1). C'est le comble du délire! Et voilà toutefois à quel point de stupidité l'homme a pu être conduit, chaque fois qu'on ne lui a présenté que les résultats de la science, isolés de ses principes, et qu'on lui a montré ces résultats, non comme des notions acquises par l'union du raisonnement à l'expérience, mais comme les effets d'un pouvoir surnaturel.

(1) Gaffarel. *Curiosités inouïes*. chap. vii. § 1.

CHAPITRE XXIV.

Art de soutirer la foudre des nuages. Médailles et traditions qui en indiquent l'existence dans l'antiquité. Voilé sous le nom de culte de *Jupiter Elicius* et de *Zeus Cataibatès*, il a été connu de Numa et d'autres personnages anciens. Les imitateurs du tonnerre s'en sont servis; il remonte jusqu'à Prométhée; il explique le mythe de Salmonée; il fut connu des Hébreux : la construction du temple de Jérusalem en offre la preuve. Zoroastre s'en servit pour allumer le feu sacré, et opérer, dans l'initiation de ses sectateurs, des épreuves et des merveilles. Si les Chaldéens l'ont possédé, il s'est perdu entre leurs mains. Il en subsistait quelques traces dans l'Inde, au temps de Ktésias. Miracles analogues à ceux que cet art produisait, et qui pourtant méritent une explication différente.

De tous les fléaux qui alarment l'homme, et pour la conservation de ses richesses et pour la conservation de sa vie, le plus effrayant, quoique le moins destructif peut-être, c'est la foudre. Les nuages en feu, l'air mugissant, la terre comme ébranlée, les éclairs dont l'œil ne peut supporter la vivacité ; le tonnerre grondant en roulemens prolongés; ou, tout-à-coup, un éclat déchirant, présage certain de la chute du feu céleste, et que redoublent, en le répétant au loin, les échos des montagnes ; tout ce spectacle offre un ensemble si propre à frapper d'épouvante, que sa fréquente répétition ne familiarisera point avec lui la timidité des peuples : réalisant tout ce que l'imagination poétique et les menaces sacerdotales ont introduit de plus imposant dans les signes du courroux divin, il leur présentera toujours, dans le sens le plus direct, le ciel armé contre la terre.

L'homme tremblant suppliera les dieux, il suppliera les mortels privilégiés que les dieux ont daigné instruire, de détourner loin de sa tête cet appareil de terreur.... Le miracle qu'il demande et qu'a opéré le génie du dix-huitième siècle, l'antiquité l'a-t-elle jamais connu ?

Au premier aspect, il semble absurde de le supposer : ne sait-on pas combien les anciens, en général, étaient peu familiarisés avec les moindres phénomènes de l'électricité? Le cheval qu'avait Tibère, à Rhodes, étincelait sous la main qui le frottait fortement; on citait un autre cheval doué de la même faculté; le père de Théodoric, et quelques autres hommes l'avaient observée sur leur propre corps (1); et des faits si simples n'en étaient pas moins mis au rang des prodiges! On se rappelle aussi quels préjugés superstitieux étaient jadis réveillés par le feu Saint-Elme, brillant sur les mâts des vaisseaux; et quelle place tiennent, dans l'histoire des événemens surnaturels, les apparitions de lumières évidemment électriques.

A ces preuves d'ignorance, ajoutons les croyances absurdes sur de prétendus préservatifs de la foudre. Tarchon, pour se garantir des coups du tonnerre, enceignait sa de-

---

(1) *Damascius* in *Isidor. Vit. apud Phot. Biblioth.* cod. 242. — « En hiver, à Stockholm, l'accumulation de l'électricité « animale est sensible; il en reste une grande quantité qui « se décharge d'une manière visible, quand on se déshabille « dans une chambre chaude. » James. *Voyage en Allemagne et en Suède..... Nouvelles annales des voyages.* tome XXXV. page 13. — J'ai fait souvent, à Genève, la même observation.

meure de vignes-blanches (1)!... Ici toutefois s'élève un soupçon légitime. Tarchon, le disciple du mystérieux *Tagès*, Tarchon, le fondateur de la théurgie des anciens Étrusques, a pu alléguer l'efficacité de ce moyen ridicule pour mieux cacher le véritable secret qui préservait de la foudre son habitation et son temple : une ruse semblable a fait peut-être attribuer aux lauriers qui entouraient le temple d'Apollon, la vertu d'écarter la foudre ; vertu regardée comme réelle, malgré l'évidence contraire, dans toute l'antiquité, et consacrée presque jusqu'à nos jours dans notre langue poétique.

Et de même, dans les apparitions d'auréoles lumineuses dont nous entretiennent les anciennes histoires, tout peut n'être pas faux, tout peut n'être pas fortuit : nous produirions aujourd'hui ces brillans phénomènes ; est-il sage de nier qu'en d'autres temps on ait pu les produire ?

Aux raisons de doute qui proscrivent une

---

(1) *Columell.* lib. x. vers. 346-347. — Dans l'Hindoustan, l'on attribue aux plantes grasses, la propriété d'écarter la foudre : aussi voit-on de ces plantes sur toutes les maisons.

négation absolue, s'en joindra-t-il qui militent en faveur de l'affirmation? Nous n'arguerons pas des traditions partout répandues sur l'art de détourner la foudre. Nous ne rechercherons point l'origine du précepte religieux qui ordonne aux Esthoniens de fermer les portes et les fenêtres lorsque le tonnerre gronde, *de peur de laisser entrer le malin esprit que Dieu poursuit dans ce moment-là* (1); et toutefois, ce précepte rappelle la croyance, peut-être fondée, qu'un courant d'air, et surtout d'air chargé d'humidité, suffit pour attirer et diriger l'explosion fulminante. Mais pourquoi un autre précepte commande-t-il à ces peuples de placer deux couteaux sur la fenêtre, afin de détourner la foudre (2)? D'où est née, dans le district de Lesneven (3), l'habitude immémoriale de placer, quand il tonne, un morceau de fer dans le nid des poules qui couvent? Observées en un seul

---

(1) Debray. *Sur les préjugés et idées superstitieuses des Livoniens, Lettoniens et Esthoniens. — Nouvelles Annales des Voyages.* tome XVIII. page 123.
(2) *Ibid. ibid.*
(3) Département du Finistère. — Cambry. *Voyage dans le département du Finistère.* tome II. pages 16-17.

endroit, les pratiques de ce genre ont peu d'importance : mais retrouvées à des distances notables, chez des peuples qui n'ont point, entre eux, de communication, elles attestent, ce semble, que la science qui les a dictées, fut autrefois possédée par des hommes qui portèrent l'instruction chez ces peuples divers.

« Au château de Duino (dit le P. Impérati,
« écrivain du XVII° siècle, cité par Sigaud de
« la Fond), c'était une pratique très-ancienne,
« dans les temps d'orage, de *sonder la foudre.*
« La sentinelle approchait le fer d'une pique,
« d'une barre de fer élevée sur un mur ; et
« dès qu'à cette approche, elle apercevait
« une étincelle, elle sonnait l'alarme et aver-
« tissait les bergers de se retirer. » Au XV°
siècle, saint Bernardin de Sienne improuvait comme superstitieuse, la précaution, usitée de tout temps, de planter une épée nue sur le mât d'un vaisseau, afin d'écarter la tempête.

M. La Boëssière, dans un savant Mémoire où je puise ces deux dernières citations, et où il discute *les connaissances des anciens, dans l'art d'évoquer et d'absorber la foudre* (1),

---

(1) *Notice sur les Travaux de l'Académie du Gard, de*

rappelle plusieurs médailles qui paraissent se rapporter à son sujet. L'une, décrite par Duchoul, représente le temple de Junon, de la déesse de l'air : la toiture qui le recouvre est armée de tiges pointues. L'autre, décrite et gravée par **Pellerin**, porte pour légende *Jupiter Élicius;* le dieu y paraît la foudre en main ; en bas est un homme qui dirige un cerf volant : mais nous devons observer que l'authenticité de cette médaille est suspecte. D'autres médailles enfin, citées par Duchoul dans son ouvrage *sur la Religion des Romains,* présentent l'exergue : *XV. Viri Sacris faciundis;* et l'on y voit un poisson hérissé de pointes, placé sur un globe ou sur une patère : M. La Boëssière pense qu'un poisson ou un globe, ainsi armé de pointes, était le conducteur employé par Numa, pour soutirer des nuages le feu électrique. Et, rapprochant la figure de ce globe de celle d'une tête couverte de cheveux hérissés, il donne une explication ingénieuse et plausible du singulier

---

1812 à 1821. Nismes 1822. 1re partie. pages 304-319. Le Mémoire de M. La Boëssière, lu en 1811, n'a été publié qu'en 1822.

dialogue de Numa avec Jupiter, dialogue rapporté par Valerius Antias, et tourné en ridicule par Arnobe (1), sans que probablement ni l'un ni l'autre le comprît.

L'Histoire des connaissances physiques de Numa mérite un examen particulier.

Dans un temps où le tonnerre exerçait de continuels ravages, Numa, instruit par la nymphe Égérie, chercha le moyen d'*expier la foudre* (*Fulmen piare*); c'est-à-dire, en quittant le style figuré, le moyen de rendre ce météore moins malfaisant. Il parvint à enivrer *Faunus* et *Picus*, dont les noms ici ne désignent probablement que des prêtres de ces divinités étrusques; il apprit d'eux le secret de faire, sans danger, descendre sur la terre Jupiter foudroyant; et sur-le-champ il le mit à exécution. Depuis ce temps, on adora dans Rome *Jupiter Élicius*, Jupiter que *l'on fait descendre* (2).

Ici l'enveloppe du mystère est transparente : rendre la foudre moins malfaisante, la faire, sans danger, descendre du sein des

---

(1) *Arnob.* lib. v.
(2) *Ovid. Fast.* lib. iii. vers. 285-345. — *Arnob.* lib. v.

nuages ; et l'effet et le but sont communs à la belle découverte de Franklin, et à cette expérience religieuse que Numa répéta plusieurs fois avec succès. Tullus Hostilius fut moins heureux. « On rapporte, dit Tite-Live (1),
« que ce prince, en feuilletant les Mémoires
« laissés par Numa, y trouva quelques ren-
« seignemens sur les sacrifices secrets offerts
« à Jupiter *Élicius*. Il essaya de les répéter :
« mais dans les préparatifs ou dans la célébra-
« tion, il s'écarta du rite sacré.... En butte
« au courroux de Jupiter évoqué par une
« cérémonie défectueuse (*sollicitati pravâ*
« *religione*), il fut frappé de la foudre et
« consumé ainsi que son palais. »

Un ancien annaliste, cité par Pline, s'exprime, d'une manière encore plus explicite, et justifie la liberté que je prends de m'écarter du sens communément donné aux phrases de Tite-Live par ses traducteurs : « Guidé par
« les livres de Numa, Tullus entreprit d'évo-
« quer Jupiter à l'aide des mêmes cérémo-

---

1) *Tit.-Liv.* lib. 1. cap. 31. — *Plin. Hist. nat.* lib. 11 cap. 53.... lib. xxviii. cap. 4.

« nies qu'employait son prédécesseur. S'étant
« écarté du rite prescrit (*parum rite*), il
« périt frappé de la foudre (1). » Aux mots
rite et *cérémonies*, que l'on substitue, comme
nous avons prouvé qu'on devait le faire (2),
le mot *procédé physique*, on reconnaîtra que
le sort de Tullus fut celui du professeur Reichman. En 1753, ce savant tomba frappé de
la foudre, en répétant avec trop peu de précaution les expériences de Franklin.

Dans l'exposé des secrets scientifiques de
Numa, Pline se sert d'expressions qui sembleraient indiquer deux manières de procéder :
l'une *obtenait* le tonnerre (*impetrare*); l'autre
le *forçait* à éclater (*cogere*); l'une, sans doute,
était douce, sourde, exempte d'explosion
dangereuse ; l'autre violente, bruyante, et
en forme de décharge électrique. C'est par la
seconde que Pline explique l'histoire de Porsenna, foudroyant le monstre qui désolait le
territoire de Volsinium (3); explication peu

---

(1) Lucius Piso. *Plin. Hist. nat.* lib. xxviii. cap. 2.
(2) Ci-dessus chap. vi.
(3) *Plin. Hist. nat.* lib. ii. cap. 53.

admissible : faire parvenir à un point éloigné une très-forte détonation électrique, cela n'est pas absolument impossible, mais bien difficile et bien dangereux ; et il reste encore l'embarras d'attirer sur ce point unique l'être que la commotion magique doit renverser. Nous proposerons ailleurs une autre explication du miracle étrusque : mais dans le procédé *coactif* indiqué par Pline, et dans la possibilité bien prouvée aujourd'hui, d'obtenir, soit d'un paratonnere isolé, soit d'une immense batterie électrique, une *décharge* dont l'éclat lumineux, le fracas et la force meurtrière, rappelleront fidèlement les effets de la foudre, n'entrevoit-on pas déjà le secret de ces imitateurs du tonnerre, si souvent victimes de leurs succès, et tombant sous les coups du dieu dont ils osaient usurper les armes?

Nous ne citerons point, dans le nombre, Caligula qui, si l'on en croit Dion Cassius et Jean d'Antioche, opposait des éclairs aux éclairs, au bruit du tonnerre un bruit non moins effrayant, et lançait une pierre vers le ciel, à l'instant où tombait la foudre : une machine peu compliquée suffisait pour produire ces effets, assez bien assortis à la vanité d'un tyran, toujours tremblant devant les dieux, à qui toujours il voulait s'égaler.

Ce n'est point en des temps si modernes qu'il faut chercher une notion mystérieuse qui déjà avait dû s'éteindre dans presque tous les temples.

Remontons, au contraire, dans l'antiquité : nous remarquons d'abord Sylvius Alladas (ou Rémulus), onzième roi d'Albe, depuis Énée. Suivant Eusèbe (1), il contrefaisait le bruit du tonnerre en ordonnant à ses soldats de frapper leurs boucliers de leurs épées ; fable d'autant plus ridicule que, plus haut, Eusèbe a parlé des *machines* dont le roi d'Albe se servait pour imiter la foudre. « Méprisant les dieux, disent Ovide et Denys d'Halicarnasse,
« ce prince avait inventé un moyen de contre-
« faire les effets de la foudre et le fracas du
« tonnerre, afin de passer pour une divinité
« dans l'esprit des hommes qu'il frappait de
« terreur : mais,

(1) *Euseb.* Chronic. Canon. lib. 1. cap. 45. 46.

« En imitant la foudre, il périt foudroyé (1); »

victime de son impiété, suivant les prêtres de ce temps-là; et, suivant nous, de son imprudence.

Voilà donc le secret de Numa et de Tullus Hostilius, connu plus d'un siècle avant eux. Nous n'essayerons pas de fixer l'époque où commencèrent à le posséder les divinités, ou plutôt les prêtres étrusques dont les successeurs l'enseignèrent au second roi de Rome, et ceux de qui les rois d'Albe devaient l'avoir reçu : mais la tradition relative à Tarchon, qui savait préserver sa demeure de la foudre, nous invite à remonter à ce théurgiste, très-antérieur à la guerre de Troie.

C'est par-delà les temps historiques que nous reporte le mythe de Salmonée. Salmonée, disaient les prêtres, fut un impie que les Dieux foudroyèrent, pour le punir d'avoir voulu imiter la foudre. Mais que d'invraisemblance dans leur récit ! Quelle imitation mesquine du tonnerre, que le vain bruit d'un char roulant

---

(1) « Fulmineo periit imitator fulminis ictu. » *Ovid. Métamorphos.* lib XIV. vers. 617-618. *Fast.* lib. IV. vers. 60. — *Dionys. Halic.* lib. I. cap. 15.

sur un pont d'airain, et des torches lancées sur des infortunés dont on ordonne aussitôt la mort (1)! Comment le pont, qui ne pouvait être que médiocrement étendu, suffisait-il pour étonner, par son fracas, *les peuples de la Grèce* (2)? Eustathius (3) met en avant des idées moins puériles : il peint Salmonée comme un savant, habile à imiter le bruit, l'éclat et la flamme du tonnerre, et qui périt victime de ses dangereuses expériences. Dans cette imitation trop parfaite, nous croyons retrouver le procédé *coactif* de Pline, l'acte de soutirer des nuages la matière électrique et de l'amasser, au point de déterminer bientôt une effrayante explosion.

Ce qui confirme notre conjecture, c'est qu'en Elide, théâtre des succès de Salmonée et de la catastrophe qui y mit un terme, on voyait, auprès du grand autel du temple d'Olympie, un autre autel (4), entouré d'une balustrade, et consacré à Jupiter *Cataibatès*

---

(1) *Hygin.* lib. i. fab. lxj. — *Servius in Aeneid.* lib. vi. vers. 508.
(2) *Virgil. Aeneid.* lib. vi. vers. 585 et seq.
(3) *Eustath. in Odyss.* lib. ii. vers 234.
(4) *Pausanias. Eliac.* lib. i. cap. xiv.

(*qui descend*) : « Or ce surnom fut donné à
« Jupiter, pour marquer qu'il faisait sentir
« sa présence sur la terre *par le bruit du
tonnerre, par la foudre, par les éclairs*,
« ou par de véritables apparitions (1). » En
effet, plusieurs médailles de la ville de Cyrrhus en Syrie, représentent Jupiter armé
de la foudre ; au-dessous on lit le mot *Cataibatès* : il est difficile de marquer plus fortement la liaison qui existait entre cette épithète et la *descente* de la foudre. Mais dans
le temple d'Olympie, on révérait aussi l'autel
de Jupiter *foudroyant* (Keraunios) élevé
en mémoire du tonnerre qui avait détruit le
palais d'Oenomaüs (2). Ce surnom et celui de
Cataibatès présentaient donc à la piété des
idées différentes. Il devient dès-lors difficile
de ne point rapprocher Jupiter *Cataibatès*
de Jupiter *Élicius*, la foudre *qui descend*,
de la foudre *que l'on contraint à descendre*.
Nous sommes, on le voit, forcés de raisonner
par analogie, à défaut de traditions positives :
mais l'analogie prend une grande force,

---

(1) *Encyclop. méthod. Antiquités.* tome I. art. *Cataibates*.
(2) *Pausanias.* loc. cit.

quand on se rappelle que Jupiter *Cataibatès* était adoré aux lieux où régna Salmonée, prince dont l'histoire est si semblable à celle des deux rois qui furent victimes à Albe et à Rome, du culte de Jupiter *Élicius*.

Rien n'annonce, il est vrai, qu'en des temps postérieurs, la Grèce possédât encore quelques notions sur l'expérience de physique qui devint funeste à Salmonée : mais le culte de Jupiter *Élicius* subsistait à Rome, lorsqu'on avait depuis long-temps cessé d'employer et même de connaître le procédé mystérieux de Numa. Un oubli pareil ne dut pas empêcher le culte de Jupiter *Cataibatès* de se maintenir en Élide.

C'est toujours en remontant dans le passé que nous avons trouvé des vestiges plus certains de l'existence des sciences anciennes.

Servius nous transporte à l'enfance du genre humain. « Les premiers habitans de « la terre, dit-il, n'apportaient point de feu « sur les autels ; mais, par leurs prières, « ils y faisaient descendre (eliciebant) *un* « *feu divin* (1). » Comme il rappelle cette

---

(1) *Servius* in *Aeneid.* lib. xii. vers. 20.

tradition, en commentant un vers où Virgile peint Jupiter ratifiant par l'explosion de la foudre les pactes des nations (1), il semblerait que les prêtres faisaient, de cette merveille, une preuve solennelle de la garantie donnée aux traités par les Dieux (2).

De qui en avaient-ils reçu le secret? « Pro-
« méthée, dit Servius (3) découvrit et ré-
« véla aux hommes l'art de *faire descendre*
« *la foudre :* (eliciendorum fulminum).....
« Par le procédé qu'il leur avait enseigné,
« ils *faisaient descendre le feu* de la région
« supérieure (*supernus ignis eliciebatur*). »
Entre les adeptes possesseurs de ce secret, Servius compte Numa, qui n'*employa le feu*

---

(1) « Audiat haec genitor qui fulmine foedera sancit. »
Virgil. Aeneid. lib. XII. vers. 200.

(2) Cet usage du procédé *coactif* pourrait expliquer la merveille plus d'une fois rappelée dans les poëtes, de coups de tonnerre entendus par un temps serein. Voyez cependant ci-après, pages 179-182.

(3) *Servius* in *Virgil.* eclog. VI. vers. 42. — Ce passage, qui a échappé à tant d'écrivains modernes, avait frappé, il y a près de trois siècles, un auteur qu'on ne lit guère que pour s'amuser, et qu'on pourrait lire quelquefois pour s'instruire. « Qu'est devenu, dit Rabelais, l'art d'évoquer des
« cieux la foudre et le feu céleste, jadis inventé par le sage
« Prometheus?... » (*Rabelais.* livre v. chap. 47.)

céleste qu'à des usages sacrés; et Tullus Hostilius, qui *fut puni pour l'avoir profané.*

Le souvenir du Caucase, sur les rochers duquel dût être expiée, pendant des siècles, la divulgation partielle d'un art si précieux, nous appelle vers l'Asie où le secret dut s'en répandre avant de pénétrer en Europe. On retrouve, comme nous l'avons observé, la légende de Jupiter *Cataibatès* sur les médailles de la ville de Cyrrhus. Or il est peu croyable que les Grecs aient porté ce culte dans une ville lointaine, dont la fondation ne peut être postérieure au temps de Cyrus. Il est donc permis de soupçonner que la légende citée n'était que la traduction grecque d'un nom national de la divinité foudroyante, et que le secret auquel elle fait allusion n'a point été anciennement ignoré en Syrie.

Les Hébreux, au moins, paraissent l'avoir connu. Ben-David avait avancé que Moïse possédait quelques notions sur les phénomènes de l'électricité : un savant de Berlin (1) a tenté d'appuyer cette conjecture d'argumens

---

(1) M. Hirt. *Magazin encyclop.* année 1813. tome IV. page 415.

plausibles. Michaëlis (1) est allé plus loin. Il remarque 1° que rien n'indique que la foudre, pendant le laps de mille ans, ait jamais frappé le temple de Jérusalem. 2° Qu'au rapport de Josèphe (2), une forêt de piques à pointes d'or ou dorées, et très-aiguës, couvrait la toiture de ce temple ; trait de ressemblance remarquable avec le temple de Junon, figuré sur les médailles romaines. 3° Que cette toiture communiquait avec les souterrains de la colline du temple, par le moyen de tuyaux métalliques, placés en connexion avec la dorure épaisse qui couvrait tout l'extérieur du bâtiment : les pointes des piques produisaient donc nécessairement l'effet de paratonnerres.... Comment supposer qu'elles ne remplissaient que par hasard une fonction si importante, que l'avantage que l'on en recevait n'avait point été calculé ; qu'on n'avait dressé des piques en si grand nombre, que pour empêcher les oiseaux de s'abattre sur la couver-

---

(1) *De l'effet des pointes placées sur le temple de Salomon. Magazin scientifique de Gottingue.* IIIᵉ année. 5ᵉ cahier. 1783.

(2) *Fl. Joseph. Bell. Jud. adv. Roman.* lib. v. cap. 14.

ture du temple et de la salir? C'est pourtant là la seule utilité que leur assigne l'historien Josèphe. Son ignorance est une preuve de plus de la facilité avec laquelle ont dû se perdre de hautes connaissances, tant que les hommes, au lieu d'en composer une science raisonnée, n'y ont cherché qu'un art empirique d'opérer des merveilles.

Le même secret ne paraît pas avoir survécu à la destruction de l'empire de Cyrus; et toutefois, de fortes probabilités indiquent que ce grand instrument de miracle ne manqua point à Zoroastre et à ses successeurs.

Khondémir (1) rapporte que le démon apparaissait à Zoroastre, *au milieu du feu;* et qu'il lui imprima sur le corps une marque lumineuse. Suivant Dion Chrysostôme (2), lorsque le prophète quitta la montagne où il avait long-temps vécu dans la solitude, il parut tout brillant d'une flamme inextinguible, *qu'il avait fait descendre du ciel;* prodige analogue à l'expérience de la *béatification électrique,* et facile à opérer à l'entrée

---

(1) D'Herbelot. *Biblioth. orientale.* art. *Zerdascht.*
(2) *Dion Chrysost. Orat. Borysthen.*

d'une grotte sombre. L'auteur des *Récogni-tions* attribuées à saint Clément d'Alexandrie(1) et Grégoire de Tours(2) affirment que, sous le nom de Zoroastre, les Perses révéraient un fils de Cham, qui, par un prestige magique, faisait *descendre le feu du ciel*, ou persuadait aux hommes qu'il avait ce miraculeux pouvoir. Les auteurs cités indiqueraient-ils en d'autres termes, des expériences sur l'électricité atmosphérique, dont un Thaumaturge se serait prévalu pour apparaître, étincelant de lumière, aux yeux d'une multitude frappée d'admiration?

Nous avons, dans un autre ouvrage (3), essayé de distinguer le fondateur de la religion des mages, des princes et des prêtres qui, pour s'assurer le respect des peuples, ont pris, après lui, le nom de Zoroastre. Nous ne rappellerons point cette distinction, en rapportant ce qu'ont écrit de Zoroastre, des auteurs qui n'en ont point soupçonné la

---

(1) *Recog.* lib. IV.
(2) *Greg. Turon. Hist. Franç.* lib. I. cap. 5.
(3) Eusèbe Salverte. *Essai historique et philosophique sur les noms d'hommes, de peuples et de lieux.* Note B. tome II. pages 427-454.

nécessité : en la supposant aussi bien fondée qu'elle nous paraît l'être, ces écrivains n'auront fait qu'attribuer au prophète, ce qui a appartenu à ses disciples, aux héritiers de sa science miraculeuse. Zoroastre, disent-ils, périt, brûlé par le démon qu'il importunait trop souvent pour répéter son brillant prestige. En d'autres termes, ils désignent un physicien qui, dans la répétition fréquente d'une expérience dangereuse, finit par négliger des précautions nécessaires, et tombe victime d'un moment d'oubli. Suidas (1) Cédrénus, et la chronique d'Alexandrie, disent que Zoroastre, roi de la Bactriane, assiégé dans sa capitale par Ninus, demanda aux dieux d'être frappé de la foudre, et qu'il vit son vœu s'accomplir, après qu'il eût recommandé à ses disciples de garder ses cendres comme un gage de la durée de leur puissance. Les cendres de Zoroastre, dit l'auteur des *Récognitions*, furent recueillies et portées aux Perses, pour être conservées et adorées *comme un feu divinement descendu du ciel.* Il y a ici une évidente confusion d'idées : on

---

1) *Suidas.* verbo *Zoroastrès.* — *Glycas. Annal.* pag. 129.

applique aux cendres du prophète, le culte que ses sectateurs ne rendirent jamais qu'au feu sacré qu'ils avaient reçu de lui. La confusion ne serait-elle pas née de l'origine prétendue de ce feu sacré, allumé, disait-on, par la foudre. « Les mages, dit Ammien Marcellin, « conservent dans des foyers perpétuels, *un* « *feu miraculeusement tombé des cieux* (1). » Les Grecs qui donnaient au premier chef des Perses le nom de la nation même, racontaient aussi qu'au temps *où Perséus* instruisit quelques Perses dans les mystères de *Gorgone, un globe enflammé tomba du ciel;* Perséus en prit le feu sacré qu'il confia aux mages ; c'est le nom qu'il avait imposé à ses disciples (2). Ici nous nous rappelons ce qu'a dit Servius, du feu céleste que les anciens habitans de la terre faisaient descendre sur leurs autels, et qu'on ne devait employer qu'à des usages sacrés : le rapprochement des deux traditions nous indique l'origine de *ce feu tombé des*

---

(1) *Ammian. Marcell.* lib. XXIII. cap. 6.
(2) *Suidas.* verbo *Perseus.*—Dans le *Chah-namah* de Ferdousi, Hou-cheng, père de *Djah-Muras*, comme Perséus l'est de *Merrhus*, recueille aussi d'une manière miraculeuse le feu sacré..... *Annales des Voyages.*

cieux, à la voix de l'instituteur des mages ; et destiné à brûler éternellement sur les *Pyrées*, en l'honneur du Dieu qui l'avait accordé à la terre.

De la question qui nous occupe, rapprochons deux des *Oracles magiques* que Pléthon (1) a conservés et commentés. On attribue ces oracles aux premiers disciples de Zoroastre, ou à Zoroastre lui-même ; ce qui n'a rien d'improbable, puisque l'antiquité possédait deux millions de vers dont ce prophète passait pour être l'auteur (2).

Vers 39 43.

« O homme ! ouvrage de la nature dans toute sa témérité !
« Si tu m'invoques à plusieurs reprises, tu verras partout
   « (uniquement) celui que tu auras invoqué ;
« Car, ni le ciel et sa concavité penchée (vers la terre) ne
   « t'apparaissent ;
« Les étoiles ne brillent pas ; la lumière de la lune est voilée ;
« La terre tremble... et tout ce que tu vois *sont des foudres.* »

Pléthon, après avoir observé que l'homme est appelé l'*ouvrage d'une nature très-téméraire,* parce qu'il entreprend les choses les

---

(1) *Oracula magica*, edente *Joanne Opsopoeo.* 1589.
(2) *Plin. Hist. nat.* lib. xxx. cap. 1.

plus hardies, ajoute : « L'oracle parle comme
« ferait Dieu lui-même à l'homme que l'on
« initie. Si tu m'invoques à plusieurs repri-
« ses...., tu verras partout.... *Moi* que tu au-
« ras invoqué ; car tu ne verras plus rien que
« que *toutes les foudres*, c'est-à-dire, le feu
« *voltigeant* (se répandant) çà et là dans tout
« l'Univers. »

Ce commentaire qui nous apprend que le
premier oracle se rapporte aux initiations,
nous renvoie, par une de ses expressions,
au second oracle, duquel elle est empruntée.

Vers 46-48.

« Quand tu verras le feu saint et sacré dénué de figure,
« Brillant en *voltigeant* (en se répandant) partout dans les
    « profondeurs de l'univers !
« Écoute la voix du Feu !

« Quand tu verras, dit Pléthon, le feu di-
« vin qui ne peut être représenté par aucune
« figure (on sait que la loi de Zoroastre proscrit les images.)..., « rends grâce ! et plein de
« joie, écoute la voix du feu qui t'apporte
« une *prénotion* (une connaissance de l'avenir)
« très-vraie et très-certaine. »

A travers l'obscurité du texte et des explications, nous saisissons un trait important de l'initiation zoroastrienne. Si l'initié est intrépide, il invoquera le Dieu qu'il adore, et bientôt il ne verra plus que ce Dieu. Tous les autres objets disparaissent; il est environné d'éclairs et de foudres; un feu qu'aucune image ne peut ni ne doit peindre remplit son horizon; et du sein du feu, une voix éclatante se fait entendre, et prononce des oracles infaillibles.

De ce qui a précédé, on pouvait déjà conclure avec vraisemblance que Zoroastre avait des notions sur l'électricité et sur le moyen de faire descendre la foudre ; qu'il s'en servit pour opérer les premiers miracles destinés à prouver sa mission prophétique, et surtout pour allumer le feu sacré qu'il offrit à l'adoration de ses sectateurs : maintenant ne sommes-nous pas en droit d'ajouter que, dans ses mains, dans les mains de ses disciples, le feu céleste devint un instrument destiné à éprouver le courage des initiés, à confirmer leur foi, et à éblouir leurs yeux de cette splendeur immense, impossible à soutenir par des regards mortels, qui est à la fois l'attribut et l'image de la divinité.

Une tradition (le lecteur en a sûrement fait la remarque) semble attribuer la mort de Zoroastre à ce défaut de précaution dont nous avons déjà signalé plusieurs victimes. Un autre récit présente sous un aspect plus noble, le prophète, ou le roi de la Bactriane : décidé à mourir, pour ne point tomber au pouvoir d'un vainqueur, ce fut sur lui-même qu'il dirigea la foudre; et, par un dernier miracle de son art, il se donna une mort extraordinaire, digne de l'envoyé du ciel, et du pontife ou de l'instituteur du culte du feu.

Ainsi remonte ce grand secret au temps où commence pour nous l'histoire; et peut-être au-delà.

Les Chaldéens qui, dans la guerre contre la Bactriane, secondaient Ninus de toute la puissance de leurs arts magiques, durent posséder, relativement à la foudre, les mêmes connaissances que leur émule : mais le fait n'est établi par aucun document historique. Il n'est pas impossible que ces prêtres les aient de bonne heure laissé se perdre, peut-être faute d'occasions fréquentes de les employer ; tandis qu'elles se conservèrent dans les contrées montueuses de la Haute-Asie et de l'Étrurie, bien plus exposées que la Babylonie aux ravages de la foudre. Voici ce qui autorise notre conjecture. Les *Oracles magiques* que Pléthon attribue à Zoroastre ou à ses disciples, Psellus les a commentés sous le nom d'*Oracles chaldaïques* (1), les regardant comme émanés des prêtres chaldéens : et l'explication qu'il donne de ceux que nous avons cités, est toute astrologique et allégorique. Les Sages de Babylone et le prophète de l'Ariéma avaient, nous le verrons, puisé probablement à la même source. Serait-ce que le secret auquel les oracles font allusion, ayant été conservé long-temps par les successeurs de Zoroastre, des traces en ont subsisté dans la doctrine des mages, à qui Pléthon a emprunté les notions que développe son commentaire? Les Chaldéens, au contraire,

---

(1) Le Recueil de Psellus diffère de celui de Pléthon par l'ordre dans lequel les oracles sont disposés; on y remarque aussi quelques variantes et des additions considérables. Enfin les vers grecs y sont beaucoup plus corrects, ce qui semble indiquer une traduction moins fidèle, ou faite sur un original moins ancien.

se seraient jetés dans l'allégorie et y auraient entraîné après eux leur scholiaste, en voulant deviner une énigme, dont ce secret, perdu pour eux, pouvait seul leur donner la solution.

Quelle est cette source où nous soupçonnons que, de part et d'autre, les oracles ont été puisés? L'habitude nous fait tourner les yeux vers l'Hindoustan, le berceau de la civilisation du monde; et nous retrouvons en effet la substance et quelques expressions saillantes des deux oracles, dans cette stance de l'*Yadjour-Véda*: « Là, le soleil ne brille pas, « non plus que la lune et les étoiles; les lu- « mières ne *voltigent* pas (en ce lieu) : Dieu « inonde de lumière toute cette substance « brillante, et l'Univers est éclairé de sa « splendeur (1) ». Zoroastre qui a fait à l'Inde antique tant d'autres emprunts, aurait pu sans doute, dans celui-ci, détourner le sens des mots, et appliquer à la cérémonie magique de l'initiation, une peinture métaphorique de la splendeur divine. Mais, d'abord, W. Jones penche à croire que « cette stance est une « paraphrase moderne de quelque texte des

(1) *Recherches asiatiques*, tome 1, pages 375-376.

anciens livres sacrés (1). » Cela explique pourquoi ses termes ne correspondent pas exactement à ceux des *Oracles magiques*, et s'appliquent d'une manière moins explicite au secret de gouverner la foudre : la paraphrase aura été faite à une époque où l'on avait oublié ce secret, et perdu de vue le sens propre du texte sacré. D'ailleurs, ce passage de l'*Oupnek-hat* « connaître le feu, le soleil, la lune « et *la foudre*, est le troisième quart de la « science de Dieu (1) », prouve que la science sacrée ne négligeait point d'étudier la nature du tonnerre, et qu'elle pouvait dès-lors indiquer les moyens de le détourner. Enfin ces inductions sont fortifiées par un fait historique. Au temps de Ktésias, l'Inde connaissait encore l'usage des paratonnerres. Suivant cet historien (2), le fer recueilli au fond de la *fontaine d'or liquide* (c'est-à-dire du *lavage d'or*) et fabriqué en forme d'épée, de tige pointue, jouissait, dès qu'on l'enfonçait en terre, de la propriété de détourner les nuages, la grêle et la foudre. Ktésias, qui en vit

---

(1) *Recherches asiatiques*, tome 1, pages 373-376.
(2) *Oupnek'-hat. Brahmen* xi.
(3) *Ktésias* in *Indic.* ap. *Photium. Bibl. Cod.* LXXII.

faire deux fois l'expérience sous les yeux du roi de Perse, attribuait seulement à la qualité du fer ce qui appartenait surtout à sa forme et à sa position. Peut-être aussi employait-on de préférence ce fer, allié naturellement d'un peu d'or, comme moins susceptible de se rouiller, et par le même motif qui, chez les modernes, fait dorer les pointes des paratonnerres. Quoi qu'il en soit, le fait principal reste constant : et il n'est pas inutile de remarquer comment, dès-lors, on avait cru apercevoir des rapports intimes entre l'état électrique de l'atmosphère, et la production, non-seulement de la foudre, mais aussi de la grêle et des autres météores.

Renouvellera-t-on la question tant de fois résolue : comment, de connaissances si anciennes, ne se retrouve-t-il, en Europe, aucun vestige, depuis Tullus Hostilius, depuis au plus vingt-quatre siècles ? Nous répondrons qu'elles étaient si peu répandues que ce fut par hasard et d'une manière imparfaite, que Tullus les découvrit en parcourant les Mémoires qu'avait laissés Numa. Ne suffisait-il pas d'ailleurs des dangers attachés à la moindre erreur, dangers prouvés plusieurs fois par une terrible expérience, pour que la crainte fît tomber en désuétude, en Italie et en Grèce, les cérémonies du culte secret de Jupiter *Élicius* et de Jupiter *Cataibatès?* La destruction de l'empire Persan par les Grecs, et antérieurement le massacre presque général des mages après la mort de Smerdis, purent causer cette importante lacune dans la science occulte des disciples de Zoroastre. Dans l'Inde, tant de fois en proie à des conquérans, des causes analogues ont pu exercer une action également destructive. Dans tous les pays enfin, sur quel sujet, plus que sur celui-là, le mystère religieux aurait-il redoublé l'épaisseur de ses voiles, et préparé la voie à l'ignorance et à l'oubli?

D'autres questions s'élèvent, plus importantes et plus difficiles. L'électricité, avec quelque art que l'on en maniât les ressources, pouvait-elle suffire aux miracles brillans de l'initiation zoroastrienne? Explique-t-elle assez ce qu'Ovide décrit si nettement, dans le détail du culte rendu par Numa à Jupiter *Élicius*, l'art de faire voir et entendre les feux et le bruit de la foudre par un ciel serein (1)? Explique-t-elle surtout le talent redoutable de lancer la foudre sur ses ennemis, tel que l'antiquité le supposait à Porsenna, et tel que deux magiciens étrusques prétendirent le posséder encore au temps d'Attila? Non; au moins dans la mesure actuelle de nos connaissances; mesure que les anciens n'ont probablement pas dépassée. Pour suppléer à notre insuffisance, ne pourrions-nous recourir à un hasard heureux, supposer que le Thaumaturge profitât de l'explosion d'un météore lumineux pour en attribuer les effets à son art, ou que l'enthousiasme voulût voir un miracle dans un effet naturel; ne pourrions-nous, par exemple, rappeler que, suivant un historien, lorsqu'une pluie miraculeuse désaltérait l'armée de Marc-Aurèle, l'empereur, en même temps, *arracha du ciel*, par ses prières, la foudre qui tomba sur les machines guerrières de ses ennemis (1). Mieux encore, nous pourrions transporter les

---

(1) *Ovid. Fast.* lib. III. vers. 367-370.

(2) « Fulmen de coelo, *precibus suis*, contra hostium ma-
« chinamentum extorsit. » *Julius Capitolinus* in *Marc-Aurel.*

merveilles d'un pays dans un autre ; et retrouver aujourd'hui dans un lieu de tout temps consacré par la religion, un secret équivalent au miracle de Numa. Le naphte, dissous dans l'air atmosphérique, produit les mêmes effets qu'un mélange d'oxigène et d'hydrogène. Près de Bakhou, au-dessus d'un puits dont l'eau est saturée de naphte, on tient un manteau étendu pendant quelques minutes ; puis on jette dans le puits une paille enflammée : soudain, dit le voyageur dont je rapporte les paroles (1), il se fait une détonnation semblable à celle d'un caisson d'artillerie et accompagnée d'une flamme brillante... Rendez à l'*Atesch-gah* sa majesté antique ; à ce petit nombre de pénitens et de pélerins qu'y attire encore un souvenir religieux ; substituez un collége de prêtres, habiles à faire tourner à la gloire de la divinité, des phénomènes dont la cause est soustraite soigneusement aux regards des profanes : et par le ciel le plus serein, des puits de Bakhou,

---

(1) *Voyage de George Keppel de l'Inde en Angleterre par Bassora*, etc. — *Nouvelles Annales des Voyages.* 11ᵉ série, tome v. page 349.

sortiront à leur voix, les feux et les éclats de la foudre. Admettons, ce qui n'a rien d'absurde, que des substances qui s'offrent en abondance dans certaines contrées, aient pu être transportées par les Thaumaturges en des pays où leur action, absolument ignorée, devait paraître plus merveilleuse : et le Tibre aura vu, au temps où Numa évoquait Jupiter *Élicius*, le miracle qui éclate encore aujourd'hui aux bords de la mer Caspienne ; et la tradition qui, de deux secrets n'en faisant qu'un seul, attribuait aux cérémonies du même culte magique, les effets d'une composition de naphte et ceux des paratonnerres et de l'électricité, sera née de l'artifice du Thaumaturge, soigneux de rendre ainsi plus difficiles à pénétrer et plus respectables, les trésors de sa science.

Mais, d'après le principe que nous avons suivi jusqu'ici, nous n'admettons qu'à regret des explications partielles ou locales, et applicables seulement à quelques faits isolés. Nous leur préférons des faits généraux, mais tels que la connaissance en ait pu, pendant un temps, rester circonscrite dans l'enceinte des temples. En rappelant les effets brillans ou destructeurs des diverses compositions pyriques dont ces faits nous dévoileront l'existence, nous mesurerons l'étendue des ressources qui s'offraient aux possesseurs de la science sacrée, pour rendre rivaux des feux du ciel, les miracles du feu terrestre.

CHAPITRE XXV.

Substances phosphorescentes. Apparition subite de flammes. Chaleur développée par l'extinction de la chaux. Substances qui s'embrasent par le contact de l'air et de l'eau. Le pyrophore et le phosphore, le naphte et les liqueurs alcooliques, employés dans divers miracles. Feu descendu d'en haut : plusieurs causes expliquent cette merveille. Moïse fait consumer par le feu les profanes qui touchent aux choses saintes. Le *Sang de Nessus* était un phosphure de soufre ; et le poison que Médée employa contre Créuse, un véritable feu grégeois. Ce feu, retrouvé à plusieurs reprises, a été mis en œuvre très-anciennement : on faisait usage d'un feu inextinguible en Perse et dans l'Hindoustan.

Rien ne frappe plus le vulgaire qu'une production soudaine de lumière, de chaleur et de flamme sans cause apparente, ou avec le concours de causes qui semblent s'y opposer.

L'art sait préparer des substances qui émettent de la lumière, sans laisser échapper de chaleur sensible. Le phosphore de Bologne, le phosphore de Balduinus sont connus des savans ; mais ils ne figurent plus dans les livres que parmi les amusemens de la physique. Les anciens ont connu des corps doués d'une propriété semblable : Isidore (1) cite une pierre brune que l'on rendait lumineuse en l'arrosant d'huile.

Les rabbins, livrés à l'étude de la *cabale*, parlent d'une lumière propre aux saints, aux prédestinés, sur le visage desquels elle éclate miraculeusement dès leur naissance, ou quand ils ont mérité que Dieu leur accorde ce signe de gloire (2). Arnobe, sur l'autorité d'Hermippe, donne au *magicien* (3) Zoroastre une

---

(1) *Savinius lapis, oleo addito. etiam lucere fertur*. Isid. Hispal. Origin. lib. xvi. cap. 4.

(2) Gaulmyn. *De vitâ et morte Mosis*. not. lib. II. pag. 323-325.

(3) *Nunc veniat quis, super* igneam zonam, *magus interiore ab orbe Zoroaster*.... Arnob. lib 1. C'est à tort que quelques commentateurs ont voulu lire : *Quin Azonaces magus*, etc.

ceinture de feu, ornement convenable à l'instituteur du culte de feu. Un physicien serait peu embarrassé pour produire ces brillantes merveilles, surtout si la durée n'en devait pas être trop prolongée.

Les druïdes étendaient plus loin les ressources de la science. La renommée, qui dans le poëme de Lucain, publie leur pouvoir magique, vante beaucoup le secret de faire paraître en feu une forêt qui ne brûle pas (1). Ossian peint des vieillards, mêlés aux *fils de Loda*, et faisant, dans la nuit, des conjurations autour d'un *Cromlech* ou cercle de pierres : à leur voix s'élèvent des météores enflammés qui épouvantent les guerriers de Fingal, et à la lueur desquels Ossian distingue le chef des guerriers ennemis (2). Un traducteur anglais d'Ossian observe que toute lueur vive, subite et semblable à l'éclair, s'appelle en gaëlique, *flamme des druïdes* (3). Rapprochée du récit du barde, cette expression

---

(1) Et non ardentis fulgere incendia sylvae. *Lucan. Phars.* lib. III. vers 420

(2) Poëmes d'Ossian, etc. publiés par John Smith. 1780. traduction française. Paris an III. tome III. pages 6-8.

(3) *Ibid. ibid.* pages 39-40.

indique que les druïdes possédaient l'art de faire apparaître des flammes pour épouvanter leurs ennemis.

Aux traits de ressemblance déjà remarqués entre les Celtes et les anciens habitans de l'Italie, nous joindrons le mythe de *Caeculus*, fondateur de la ville de Préneste. Voulant se faire reconnaître pour fils du dieu Vulcain, il enveloppa soudainement de flammes un peuple assemblé qui refusait d'admettre sa brillante origine, et dont l'effroi subjugua aussitôt l'incrédulité (1).

Observons que *Caeculus* avait choisi le lieu de l'assemblée, et que les druïdes n'exerçaient leur pouvoir que dans des enceintes sacrées, interdites aux profanes : comme certaines illusions d'optique (2) où le feu a souvent aussi joué un rôle, ces merveilles avaient donc besoin d'un théâtre propre à celui qui les opérait ; et en d'autres lieux, malgré l'urgence du besoin, on aurait difficilement essayé de les produire.

Le développement instantané d'une chaleur

---

(1) *Servius* in *Aeneid*. lib. vii. vers 678-681.
(2) Ci-dessus chap. xiii.

latente n'est pas moins propre à exciter l'admiration, surtout si c'est l'eau qui allume l'incendie. Les substances susceptibles de s'échauffer ou de s'enflammer, en absorbant ou en décomposant l'eau, sont pourtant nombreuses; et trop souvent, elles ont occasioné des incendies que l'on attribuait jadis à la négligence ou à la méchanceté. Des tas de foin humides, des ardoises pyriteuses mouillées par une pluie chaude, produisent ce phénomène redouté.

Les Thaumaturges ont-ils connu des phénomènes analogues à ceux-là? Oui sans doute. Et d'abord la chaleur prodigieuse qu'émet la chaux vive arrosée d'eau, n'a pu échapper à leurs regards. Supposez que l'on cache, au fond d'un four, une suffisante quantité de chaux, et qu'ensuite on remplisse le four avec de la neige; l'eau de neige absorbée disparaîtra, la température intérieure du four s'élèvera d'autant plus, qu'étant soigneusement fermé, il aura moins laissé perdre du calorique mis en expansion : on criera au miracle, et un légendaire qui aura entendu parler du tour de physique, en ornera l'histoire de saint Patrice, et racontera comment l'apôtre d'Irlande a chauffé un four avec de la neige.

Théophraste (1) nomme *Spinon* une pierre que l'on rencontre dans certaines mines: concassée, puis exposée au soleil, elle s'enflamme d'elle-même, surtout si l'on a d'abord eu soin de la mouiller. La pierre *Gagatès* (2) (véritable jayet pyriteux) est noire, poreuse, légère, friable, semblable à du bois brûlé. Elle exhale une odeur désagréable : quand elle est échauffée, elle retient les corps qui la touchent, comme ferait le succin ; sa flamme soulage dans les vapeurs hystériques ; elle s'enflamme par le moyen de l'eau, et s'éteint dans l'huile. Cette dernière particularité semble la distinguer d'une pierre qui, suivant Elien et Dioscoride (3), s'allume également quand elle est arrosée d'eau, et répand en brûlant une forte odeur de bitume; mais qu'on éteint

(1) *Theophrast. De lapidibus.* — On a raconté, en décembre 1828, qu'un droguiste, pilant de la mine arsénicale de cobalt, avait jeté de l'eau dessus, et qu'aussitôt la matière s'était enflammée. Si le fait est vrai, on peut croire que le *Spinon* de Théophraste était une mine de cobalt.

(2) *Plin. Hist. nat.* lib. xxxvi. cap. 19. — *Solin.* cap. xxv. — *Isid. Hipsal. Origin.* lib. xvi. cap. 4.

(3) *Aelian. De Nat. animal.* lib. ix, cap. 28. — *Dioscorid.* lib. v. cap. 47.

en soufflant dessus, ce qui semble annoncer que sa combustion dépend du dégagement d'une vapeur gazéifiée.

Ces trois substances, qu'elles fussent les produits de l'art ou de la nature, ont dû suffire pour opérer des inflammations miraculeuses. Mais Pline et Isidore de Séville nous en indiquent une quatrième encore plus énergique : c'est une pierre noire que l'on trouve en Perse ; écrasée entre les doigts, elle les brûle (1). Voilà précisément l'effet d'un morceau de pyrophore ou de phosphore ; cette pierre merveilleuse n'était probablement pas autre chose. On sait que le phosphore fondu par la chaleur, devient noir et solide ; et le mot de *pierre* ne doit point ici nous en imposer, pas plus que les mots *lac* et *fontaine*, quand il s'agit d'un liquide. L'usage n'a-t-il pas consacré, dans notre langue, pour deux préparations pharmaceutiques, les mots de *pierre infernale* et de *pierre à cautère ?*

Mais les anciens connaissaient-ils le phos-

---

(1) « Pyrites; nigra quidem, sed attrita digitos adurit. » *Plin. Hist. nat.* lib. xxxvii. cap. 11.... « Pyrites; persicus lapis.... tenentis manum, si vehementius prematur, adurit. » *Isidor. Hipsal. Origin.* lib. xvi. cap. 4.

phore et le pyrophore? Oui, puisqu'ils racontent des merveilles que l'on n'a pu produire que par l'emploi de ces substances ou de réactifs doués de propriétés analogues. Bientôt d'ailleurs, nous citerons une description ancienne des effets d'une combinaison du phosphore, description aussi exacte que si elle était faite aujourd'hui par un chimiste. Quant au pyrophore, la science possède tant de substances qui s'enflamment après quelques instants d'exposition à l'air, que l'on peut, sans invraisemblance, penser que toutes n'ont pas été inconnues aux anciens. Sans parler des bitumes éminemment inflammables, du pétrole, du naphte enfin, qui prend feu à la seule approche d'un flambeau allumé; combien ne compte-t-on pas de résidus de distillations qui s'embrasent spontanément dans un air humide! Cette propriété à laquelle on ne fait plus attention que pour l'expliquer par un principe général, n'était sûrement point négligée par des artisans de miracles, pour qui l'art de distiller formait une partie importante de la science sacrée.

Nous ne refuserons donc plus de croire, mais bien de nous étonner, quand l'histoire racontera qu'une vestale, menacée du supplice promis à celle qui laissait éteindre le feu sacré, n'eut besoin que d'étendre son voile sur l'autel, pour que, soudain rallumée, la flamme brillât plus éclatante (1). Sous le voile officieux, nous voyons un grain de phosphore ou de pyrophore tomber sur les cendres chaudes, et tenir lieu de l'intervention de la divinité.

Nous cessons également de partager l'incrédulité d'Horace, sur le miracle qui s'opérait dans le sanctuaire de *Gnatia*, où l'encens, de lui-même, s'enflammait en l'honneur des dieux (2). Nous ne nierons point que le théurgiste Maximus, offrant de l'encens à Hécate, ait pu annoncer que les flambeaux que portait la déesse allaient s'allumer spontanément ; et que sa prédiction se soit accomplie (3)

Malgré les précautions qu'inspirait l'amour du mystère, et que secondait l'enthousiasme de l'admiration, l'action de la science se montrait quelquefois à découvert dans ces mer-

(1) *Valer. Maxim.* lib. 1. cap. 1. § 8.
(2) *Horat. Serm.* lib. 1. sat. v. vers. 97-100. — *Plin. Hist. nat.* lib. 11. cap. 7.
(3) *Eunapius* in *Maxim.*

veilles. Écoutons Pausanias raconter ce qu'il a vu dans deux villes de Lydie, dont les habitans, tombés sous le joug des Perses, avaient embrassé la religion des mages. « Dans une « chapelle, dit-il, est un autel sur lequel il y « a toujours de *la cendre qui, pour sa cou-* « *leur, ne ressemble à aucune autre.* Le mage « met du bois sur l'autel, invoque je ne sais « quel Dieu, par des oraisons tirées d'un livre « écrit dans une langue barbare et inconnue « aux Grecs : le bois s'allume bientôt de lui- « même sans feu, et la flamme en est très- « claire. » (1)

La couleur extraordinaire de la cendre que l'on conservait toujours sur l'autel, cachait sans doute une composition inflammable ; peut-être simplement de la terre imbibée de pétrole ou de naphte, genre de combustible employé encore en Perse, et partout où ces bitumes sont communs. Le mage, en disposant le bois, y jetait, sans qu'on pût le voir, un grain de pyrophore, ou de cette pierre qu'on trouvait en Perse, et qu'une légère pression enflammait. Pendant la durée des

(1) *Pausanias. Eliac.* lib. 1. cap. 27.

oraisons, l'action de l'une ou de l'autre substance avait le temps de se développer.

Les sarmens qu'un prêtre plaçait sur un autel, près d'Agrigente, s'allumaient de même spontanément. Solin (1) ajoute que, de l'autel, la flamme se portait vers les assistans sans les incommoder. Cette circonstance annonce qu'entre les sarmens se dégageait, de dessous l'autel, et s'enflammait un gaz semblable à celui qui, au mont Érice, entretenait sur l'autel de Vénus une flamme perpétuelle (2). La vapeur d'une liqueur spiritueuse aurait produit le même phénomène. Aussi peut-on expliquer, par l'inflammation d'une liqueur éthérée, le pouvoir que Frommann attribue aux *Zingari*, de faire apparaître le feu sur une seule botte de paille au milieu de plusieurs autres, et de l'éteindre à volonté (3) : c'est ainsi que les écoliers s'amusent à faire brûler dans leurs mains une liqueur spiritueuse ; un souffle fait disparaître la flamme, à l'instant où ils commencent à en ressentir la chaleur.

(1) *Solin.* cap. v.
(2) Ci-dessus, chap. iv, pages 87-88.
(3) Frommann. *Tract. de Fascinatione.* p. 263 et 527-528.

Ce fut par une manœuvre plus hardie et basée sur une connaissance plus approfondie de la nature, qu'Élie se signala dans sa lutte contre les prophètes de Baal.

Élie indique lui-même, sur le mont Carmel, le lieu du combat. Enflammer, sans le secours du feu, une victime offerte en sacrifice, tel est le défi qu'il porte à ses adversaires; l'issue doit décider de la supériorité du Dieu d'Israël sur le Dieu qu'ils adorent. Les prêtres acceptent la proposition; sans doute avec l'espoir de réussir. Mais l'œil d'Élie est sur eux; et ils travaillent sur un théâtre qui n'est point de leur choix : en vain ont-ils recours aux ressources accoutumées, pour distraire l'attention des spectateurs; sautant par-dessus l'autel, poussant de grands cris, ensanglantant leurs bras par de nombreuses incisions; éclairés de trop près, le temps prescrit s'écoule sans qu'ils aient atteint le but. Élie choisit alors une place où fut jadis un autel élevé au Seigneur, et où, par conséquent, avait pu déjà s'opérer plus d'un miracle; c'est là que lui-même il reconstruit l'autel, dispose le bois, et place la victime. Puis, sachant combien l'abondante addition d'une substance regardée comme l'irréconciliable ennemie du feu, ajoutera à l'éclat du miracle, il ordonne qu'à trois reprises on répande de l'eau sur la victime et sur le bûcher destiné à la consumer : soudain un feu céleste descend, et réduit en cendres et le bûcher et la victime (1).

« On a observé, dit Buffon (2), que les
« matières rejetées par l'Etna, après avoir
« été refroidies pendant plusieurs années et
« ensuite humectées avec de l'eau des pluies,
« se sont rallumées et ont jeté des flammes
« avec une explosion assez violente, qui pro-
« duisait même une espèce de petit tremble-
« ment. » L'art pouvait imiter la composition de ces produits volcaniques ; ou le Thaumaturge recueillir et conserver avec soin ceux qu'avait formés la nature. L'une des quatre pierres inflammables par l'eau, dont nous venons de parler, en aurait d'ailleurs tenu lieu.

Pour proposer une seconde explication, il suffit d'emprunter à nos représentations dra-

---

(1) *Reg.* lib. III. cap. XVIII. vers. 19-40.
(2) *Théorie de la terre. Preuves.* § XVI.

matiques, le procédé qui, en faisant partir une batterie de pistolet, dérobée aux regards du spectateur, enflamme subitement un mélange d'éther et d'esprit-de-vin (1).

Une expérience facile à répéter, fournira une autre solution du problème. Au-dessus de la cheminée d'une lampe à courant d'air, exposez un corps combustible : bientôt il s'allumera, et la flamme descendra sur lui, parce que la chaleur commencera par allumer le gaz hydrogène carbonné, qu'elle en fait sortir sous la forme de fumée. Supposez que la lampe soit d'une grande dimension, et que le bûcher la cache aux yeux des spectateurs, la flamme *descendra visiblement* d'en haut sur le corps combustible.

Enfin, avec un homme que la patrie et les sciences ont également regretté (2), nous observerons que la chaux vive arrosée d'eau, détermine, par la chaleur qu'elle émet, la fusion, puis la combustion de la fleur de

---

(1) Dans l'opéra comique *de la Clochette*.
(2) Cadet-Gassicourt. *De l'extinction de la chaux*, etc. Thèse soutenue devant la Faculté des sciences. *août* 1812.

soufre ; qu'elle embrase rapidement un mélange de soufre et de chlorate de potasse, et subitement la poudre à canon et surtout le phosphore ; et que, dans ce dernier cas, il existe un moyen physique de fixer le moment précis où la chaleur développée produira l'inflammation.

De ces diverses explications, la dernière convient peut-être le mieux au miracle d'Élie, la seconde à la merveille de l'autel d'Agrigente. Toutes, plus ou moins, peuvent s'appliquer à ces miracles fréquemment célébrés dans toutes les religions ; à ces sacrifices, où la flamme, pour dévorer les victimes, n'attendait pas qu'elle fût allumée par la main des hommes, et éclatant spontanément, donnait une marque brillante du pouvoir et de la faveur d'une divinité propice.

Long-temps avant Élie, Moïse avait frappé les Hébreux d'une terreur religieuse, en leur montrant plus d'une fois les victimes qu'il offrait au Seigneur, embrasées et consumées sur l'autel, sans qu'une main mortelle en eût approché la flamme. Mais cet homme si supérieur, que jusqu'à l'avénement du Messie, nul prophète semblable à lui ne devait s'élever en Israël (1); ce législateur que les Actes des Apôtres, saint Clément d'Alexandrie et le docte Philon s'accordent à peindre comme profondément versé dans toutes les sciences égyptiennes (2), possédait certainement des secrets plus étendus. La facilité avec laquelle il renouvelait à volonté ce miracle, dans son tabernacle ambulant, suffirait pour le prouver. Les conséquences fatales d'un oubli dans l'exécution d'un de ses procédés, le prouvent encore davantage.

Les deux fils ainés du grand-prêtre, disent les livres saints, voulant offrir l'encens, mirent dans leurs encensoirs un feu profane.... ils furent tués sur le champ par une flamme qui sortit de l'autel du Seigneur. Moïse fit jeter leurs cadavres hors du camp ; il défendit à leur père et à leurs frères d'accorder à leur mort aucun signe de deuil et de douleur (3). Immédiatement après un récit très-succinct de cette punition effrayante, est placée la défense faite à Aaron et à ses enfans de rien

---

(1) *Deuteronom.* cap. 34. verset 10.
(2) *Act. Apost.* cap. vii. vers. 22. *S. Clement. Alex. Stromat.* lib. 1. *Phil. Jud. De vitâ Mosis.*
(3) *Levitic.* cap. x. vers. 1-8. *Numer.* cap. iii. vers. 4.

boire de ce qui peut enivrer quand ils devront entrer dans le tabernacle, *afin qu'ils ne meurent point*, et qu'ils sachent distinguer le saint et le pur de l'impur et du profane (1). De là est née l'opinion très-plausible, reçue chez les Hébreux, que Nadab et Abiu avaient péché par suite de l'ivresse. Quelle était leur faute ? Si elle se fût borné à se servir d'un feu qu'ils n'avaient point pris sur l'autel, le miracle serait inexplicable ; mais Josèphe dit qu'en disposant les victimes sur l'autel, ils suivirent la méthode ancienne, et non les nouvelles prescriptions de Moïse (2). Une flamme élancée de l'autel, leur brûla la poitrine et le visage ; ils moururent sans pouvoir être secourus.... Ils moururent, victimes d'un secret que leur ignorance présomptueuse bravait sans le connaître. Le sévère législateur couvrit du voile de la vengeance céleste les conséquences de leur impéritie ; ou plutôt, suivant le principe que nous avons établi, il la présenta justement à la croyance de son peuple comme un sacrilége soudainement puni par la colère du Dieu vivant.

(1) *Levitic.* cap. x. vers. 8-11.
(2) *Joseph. Ant. Jud.* lib. III. cap. 9.

Cette expérience ne fut point perdue pour lui. Où les fils de son frère avaient, sans sa participation, trouvé le châtiment terrible d'une négligence, ses adversaires rencontreront un piége inévitable. C'était peu d'avoir frappé, dans Abiron et Dathan, les chefs d'une des séditions les plus redoutables qui aient fait éclater la supériorité du législateur : deux cent cinquante de leurs partisans restaient encore, conduits et animés par Corè; ils exerçaient sur l'esprit du peuple une influence proportionnée à la considération que méritaient leurs vertus. Moïse les invite à se présenter, en même temps qu'Aaron et ses enfans, l'encensoir à la main, devant le tabernacle du Seigneur. Soudain, une flamme miraculeuse les enveloppe, ils périssent, ils disparaissent (1). Étrangers à la science occulte du législateur, à l'instant où ils ont fait fumer l'encens devant l'autel, ils ont, comme Nadab et Abiu, donné le signal de leur mort.

Transportons-nous chez un peuple, dont

---

(1) *Numer.* cap. v. vers. 7. 17. 18-35. *Joseph. Ant. Jud.* lib. iv. cap. iii. *Ecclesiastic.* cap. xlv. vers. 24.

les premiers siècles historiques, grâce aux récits merveilleux qui les remplissent, sont volontiers rejetés dans les âges indéfinis de la mythologie.

Que le lecteur impartial suive avec nous la marche d'un de ces récits; qu'il pèse toutes les expressions avec lesquelles Déjanire peint les premiers effets du *Sang de Nessus*, *philtre* merveilleux, dont elle a imprégné la tunique précieuse qui doit ramener vers elle le cœur de son volage époux (1). « Nessus me recom-
« manda de garder cette liqueur dans un lieu
« ténébreux, jusqu'au moment où je voudrais
« m'en servir : c'est ce que j'ai fait.... Aujour-
« d'hui, *dans les ténèbres*, j'ai, avec un flocon
« de laine, teint de cette liqueur la tunique,
« que j'ai envoyée après l'avoir enfermée dans
« une boîte *sans qu'elle ait vu le jour*... Le
« flocon de laine, exposé au soleil, sur une
« pierre, s'est consumé de lui-même, et sans
« que personne y ait touché. Il était réduit

---

(1) *Sophocl. Trachin.* Act. iv. sc. 1. Pour être plus concis j'ai fondu ensemble deux passages très-rapprochés. Sénèque (*Hercules OEtoeus.* act. iii. sc. 1.) retrace les mêmes détails, et particulièrement l'effervescence produite partout où le *philtre* a touché la terre.

« en cendre, en poussière semblable à celle
« que la scie fait tomber du bois. J'ai observé
« qu'il s'élevait, de dessus la pierre où je
« l'avais placé, des bouillons d'écume, tels
« que ceux que produit, en automne, du vin
« versé d'en haut. »

Qu'un chimiste lise ces détails dépouillés de tout souvenir mythologiste ; que reconnaîtra-t-il dans ce prétendu *philtre*, donné par la main de la vengeance, et auquel sa consistance, sa couleur ou quelque autre propriété apparente ont mérité le nom de *sang ?* un phosphore liquide de soufre (1) que la proportion de ses élémens détermine à s'enflammer spontanément, dès qu'il est exposé à l'éclat et à l'ardeur du soleil. L'acide phosphorique, produit de sa combustion, fait sur la pierre la vive effervescence qui a frappé les yeux de Déjanire, et la cendre de la laine est réduite à un phosphate sec et insoluble.

Hercule revêt la fatale tunique ; puis il immole douze taureaux : mais à peine le feu

---

(1) Une partie de phosphore combinée à une partie de soufre compose un phosphure qui reste liquide à la température de 10°, et s'enflamme à celle de 25°.

a-t-il pris au bûcher sur lequel sont disposées les victimes, que l'effet délétère du *philtre* se fait sentir (1)... Le voisinage de la flamme, dira le chimiste, et la chaleur humide de la peau d'un homme qui agit avec force et vivacité devant un bûcher embrasé, détermineront infailliblement, quoique sans inflammation visible au jour, la décomposition du phosphore répandu sur le vêtement. L'acide, formé à sec, et d'autant plus caustique, agira sur tous les points du corps, désorganisera la peau et les chairs, et par des douleurs inexprimables, conduira l'infortuné à la mort. Il serait difficile de l'en garantir et d'arrêter l'action, une fois commencée, de ces substances dévorantes, aujourd'hui même que leur nature n'est point ignorée : autrefois, cela eût été impossible.

En découvrant une conformité si parfaite, entre le tableau peint par Sophocle et les explications de la science, peut-on, de bonne foi, supposer que cela n'a tenu qu'au hasard qui s'est plu à faire coïncider exactement avec les

---

(1) *Sophocl. Trachin.* Act. IV. sc. 2.

opérations de la nature, les rêves de l'imagination d'un poëte? Il est plus sage d'admettre que les détails de ces faits merveilleux s'étaient conservés dans la mémoire des hommes ; que le poëte pouvait d'autant moins s'écarter de la tradition reçue, qu'il n'en connaissait pas l'origine ; et que cette origine appartenait à la science occulte, à la magie, cultivée en Thessalie, dans la partie de Nessûs, dès le temps du siége de Troie (1).

Persuadé que le tragique grec a décrit les effets d'un secret physique qui, de son temps, existait peut-être encore dans les temples, j'ai conservé au *Sang de Nessus* la propriété de s'enflammer spontanément au jour, quoique ce ne soit point une condition essentielle du phénomène qu'il devait produire. Tout cautère potentiel, répandu en dose suffisante sur la surface du corps, y exercerait la même action ; il y déterminerait les mêmes douleurs, et bientôt la même impossibilité d'arracher le vêtement qui en serait enduit, sans déchirer et la peau et la chair, et sans redoubler au

(1) *Plin. Hist. nat.* lib. xxx. cap. 1.

lieu de les diminuer les souffrances de la victime irrévocablement vouée à la mort (1).

Le poison versé par Médée sur la robe qu'elle envoya à sa rivale, ressemble, pour ses effets, à celui que, sans en connaître la malfaisance, employa Déjanire. Mais ce mythe présente de plus une circonstance importante. Du bandeau d'or, offert avec la robe à la malheureuse Créuse, s'élancent des flammes inextinguibles (2). Comme on ne peut supposer ici ni une élévation de température, ni l'action d'un soleil ardent, l'inflammation spontanée décèle l'emploi du naphte qui prend feu à la seule approche d'un corps embrasé. Plusieurs auteurs rapportent qu'en effet Médée frotta de naphte la robe et la couronne destinées à Créuse (3); Procope

---

(1) Vers la fin du dernier siècle, un pharmacien de Paris, M. Steinacher, fut appelé dans une maison, sous prétexte de venir soulager un malade. Des personnes, qui prétendaient avoir à se plaindre de lui, se firent un jeu barbare de le couvrir de vésicatoires, et de le retenir en cet état pendant plusieurs heures. Quand il recouvra la liberté, les soins les plus actifs et les mieux dirigés furent inutiles; il languit quelque temps, et mourut dans des tourmens affreux; les auteurs de ce crime restèrent inconnus et impunis.

(2) *Euripid. Medea.* act. VI. sc. 1.

(3) *Plutarch. Vit. Alexandr.*

fortifie cette tradition, en observant à deux reprises, que la liqueur appelée naphte par les Mèdes, reçoit des Grecs le nom d'*huile de Médée* (1); Pline, enfin, dit que Médée, ayant frotté de naphte la couronne de la rivale qu'elle voulait faire périr, le feu y prit, à l'instant où l'infortunée s'approcha de l'autel pour y offrir un sacrifice (2).

Dans la tragédie de Sénèque, Médée, après avoir annoncé que « le bandeau d'or envoyé « à Créuse renferme un feu obscur dont Pro- « méthée lui a appris la composition, ajoute « que Vulcain aussi lui a donné des feux ca- « chés sous un soufre léger, et qu'elle a « emprunté de Phaéton les éclairs d'une « flamme inextinguible (3). » En soulevant le voile des expressions figurées, il est difficile de ne point voir là un véritable feu *grégeois*, qu'un grain de pyrophore ou qu'un peu de

---

(1) *Procope. Histoire mêlée*. chap. XI.
(2) *Plin. Hist. nat.* lib. II, cap. 105.
(3) « Ignis fulvo.... clausus in auro.... latet obscurus.... « quem mihi coeli.... qui furta luit.... viscere foeto.... dedit « et docuit.... condere vires.... arte Prometheus.... dedit et « tenui.... sulfure tectos.... Mulciber ignes.... Et vivacis.... « fulgura flammae... De cognato.... Phaetonte tuli. » *Senec. Medea.* act. IV. sc. 2.

naphte embrasait, dès que le fatal mélange y était disposé par le contact de l'air, ou le voisinage de la flamme, telle que celle qui brûlait sur l'autel dont s'approcha l'épouse de Jason.

Ce n'est point par inadvertance qu'au nombre des armes de Médée nous plaçons le feu grégeois. Quel était, selon toutes les probabilités, la base du feu grégeois? Le naphte, *l'huile de Médée*. Et ces *taureaux* qui vomissaient la flamme pour défendre la toison d'or que l'amour de Médée livra à Jason, ces taureaux, dont les pieds et la bouche étaient d'airain et que Vulcain avait fabriqués (2), qu'étaient-ils, sinon des machines propres à lancer le feu grégeois.

Fidèles à la méthode qui nous a dirigés, nous suivrons l'histoire de cette arme autrefois si redoutée, depuis les derniers temps où l'on en a fait usage, jusqu'aux plus anciens, où rien n'annonce encore que la découverte en fût récente.

Deux troubadours, dont l'un florissait dans les premières années du XIIIe siècle, font

---

1) *Apollon. Rhod. Argonaut.* lib. III.

mention du feu grégeois; l'un d'eux dit qu'on l'éteint à force de vinaigre (1). Joinville entre dans un détail curieux sur l'emploi de ce feu que les Sarrasins lançaient sur les Croisés (2). Les Arabes ont fait, de tout temps, un grand usage de traits enflammés, pour l'attaque et la défense des places ; tellement que le cheik de Barnou, qui tient de ce peuple toutes ses connaissances, fut fort étonné d'apprendre, il y a quelques années, que les Anglais n'employaient point à la guerre ce moyen de destruction (3).

Manuel Comnène employa du feu grégeois sur les galères qu'il armait pour combattre Roger de Sicile ; et l'historien remarque qu'il en renouvela l'usage, interrompu *depuis long-temps* (4). Cependant Alexis Comnène l'avait employé contre les Pisans : sur la proue de ses vaisseaux étaient des *lions* en bronze, qui vomissaient des flammes dans toutes les

(1) Millot. *Histoire littéraire des Troubadours.* tome I. page 380. tome II. pag. 393-394.
(2) *Mémoires de Joinville.* Edition *in-folio* de 1761. p. 44.
(3) *Voyages de Denham, Oudney et Clapperton.* tome I. pages 115 et 238.
(4) «Ignis graecus qui longo jam tempore abditus latuerat.»

directions qu'on voulait leur imprimer (1). Anne Comnène (2) parle de feux que des soldats, armés de tubes assez semblables à nos canons de fusil, lançaient sur l'ennemi. Mais, suivant elle, on les préparait avec un mélange de soufre et de résine réduite en poudre : indication mensongère ; une pareille composition fondrait avant de s'enflammer, et ne s'élancerait point au dehors avec explosion.

Ici se présentent trois observations. 1° Les *lions* en bronze, employés par Alexis Comnène, rappellent les *taureaux ignivomes*, fabriqués en bronze par Vulcain : ce sont évidemment les mêmes armes. 2° Entre l'expédition maritime d'Alexis et celle de Manuel Comnène, il s'était à peine écoulé soixante ans. Un si court laps de temps avait suffi pour faire presque entièrement oublier le feu grégeois : combien d'autres procédés de la science occulte ont dû périr par une désuétude plus long-temps prolongée ! 3° La recette trompeuse que donne Anne Comnène pour la com-

---

(1) *Ann. Comnen.* Hist. lib. xi. cap. 9.
(2) *Ibid. ibidem.* Hist. lib. xiii. cap. 2.

position des feux grégeois, est une preuve de plus du soin avec lequel on enveloppait ces procédés du double voile du mystère et du mensonge.

Constantin Porphyrogénète recommande, en effet, à son fils de ne jamais découvrir aux barbares le secret de la composition du feu grégeois; de leur dire qu'il a été apporté du ciel par un ange, et que ce serait un sacrilége de le leur révéler (1). Léon le philosophe (2) prescrit de placer sur les vaisseaux des tubes d'airain, et de mettre entre les mains des soldats des tubes de moindre dimension; les uns et les autres doivent servir à lancer sur l'ennemi des feux qui éclatent avec un bruit semblable à celui du tonnerre : mais ces feux, l'empereur seul en dirige la fabrication.

Callinique, d'Héliopolis en Syrie, inventa dit-on, le feu grégeois, au VII° siècle de notre ère : il ne fit que retrouver ou divulguer un procédé, dont l'origine s'est perdue, comme tant d'autres, dans la nuit des initiations. Les

---

(1) *Constantin. Porphyr. De administ. imper.*
(2) *Léon le philosophe. Institutions militaires...* inst. xix. tome II. page 137 de la traduction française.

initiés, découverts et punis à Rome, l'an 186 avant J.-C., en possédaient la recette : ils plongeaient dans l'eau, sans les éteindre, leurs torches allumées, « à cause, dit Tite-Live, « de la chaux et du soufre qui en-« traient dans leur composition (1). » Probablement ils ajoutaient à ces ingrédiens un bitume, tel que le naphte ou le pétrole.

Et Callinique, et les initiés, avaient dû emprunter leur feu inextinguible de quelque initiation asiatique. Les Perses en possédaient aussi le secret : mais ils en réservaient l'usage pour les combats. « Ils composaient une huile, « et en frottaient des flèches qui, lancées « avec une force modérée, portaient, partout « où elles s'attachaient, des flammes dévo-« rantes : l'eau ne faisait qu'irriter l'incendie ; « on ne l'éteignait qu'en l'étouffant sous un « amas de poussière (2). »

---

(1) *Tit. Liv.* lib. xxix. cap. 13.
(2) *Ammian. Marcell.* lib. xxiii. cap. 6. Pline (Hist. nat. lib. ii. cap. 104.) peint des mêmes traits les effets d'une substance nommée *Maltha*, dont les habitans de Samosate se servirent contre les soldats de Lucullus. On trouvait sur les bords d'un étang la *Maltha*, c'est-à-dire, le naphte ou le pétrole qui en formait la base.

Les traditions ramènent presque toujours vers l'Hindoustan, dès que l'on remonte dans l'antiquité, pour découvrir, s'il se peut, les premiers inventeurs.

De plusieurs écrivains, qui ont transformé en roman l'histoire d'Alexandre, les uns racontent que le Macédonien, parvenu dans l'Inde, opposa aux éléphans de ses ennemis des machines de bronze ou de fer qui vomissaient du feu, et qui assurèrent sa victoire (1); les autres peignent, au contraire, « de vastes « flocons de flamme qu'Alexandre vit pleu- « voir sur son armée dans les plaines brû- « lantes de l'Inde (2). » Ces différens récits ont une base commune : la tradition que, dans l'Inde, on employait, à la guerre, une composition analogue au feu grégeois. C'est une composition pareille dont se lancent des

---

(1) *J. Valerius. Vit. Alexand.* (découverte et publiée par A. Maï.).... *Biblioth. univ. Littérature.* tome VII. pages 225-226. — Extrait du roman *d'Alexandre-le-Grand*, d'après un manuscrit persan, etc.... *Bibliothèque des Romans.* octobre 1775. tome I.

(2) Cette tradition, consignée dans une *lettre* apocryphe *d'Alexandre à Aristote*, a été adoptée par Dante. *Inferno.* cant. XIV.

jets enflammés, un magicien et une magicienne, dans des narrations merveilleuses d'origine hindoue : les spectateurs du combat et les combattans eux-mêmes en ressentent les funestes effets (1). Les fictions de ce genre manquent rarement de prendre leur source dans la réalité. Le *feu qui brûle et pétille au sein de l'onde*, au lieu de s'y éteindre, le feu *grégeois*, en un mot, est anciennement connu, dans l'Hindoustan, sous le nom de feu de *Barrawa* (2). Il était mis en œuvre contre les villes assiégés. « Aux « bords de l'Hyphasis, on composait une « huile qui, renfermée dans des pots de terre, « et lancée contre des ouvrages en bois, « contre les portes d'une ville, les embrasait « soudain d'une flamme inextinguible. Tout « ce que l'on fabriquait de cette substance « dangereuse était livré au roi; personne « autre n'avait la permission d'en conserver « même une goutte (3). » On a rejeté ce récit de Ktésias, parce qu'on a trouvé peu vrai-

---

(1) *Les mille et une nuits.* LVe nuit. tome 1. pages 320-322.
(2) *Sacountala* ou *l'Anneau fatal*. act. III. sc. 2.
(3) *Ktésias* in *Indic*.

semblable ce qu'ajoute l'historien, sur la manière de composer l'huile inextinguible ; on lui avait assuré qu'on la retirait d'un *serpent d'eau* fort dangereux. Cette circonstance ne paraît pas absolument dénuée de vérité. Philostrate (1) dit qu'on extrait l'huile inextinguible d'un animal *fluviatile*, semblable à un *ver*. Au Japon, l'*inari*, lézard *aquatique*, noir et *venimeux*, fournit une huile que l'on brûle dans les temples (2). En supposant d'ailleurs que Ktésias ait mal compris et mal traduit le renseignement qu'il recevait, ou qu'on lui ait, à dessein, donné un renseignement erroné, le fait même n'en reste pas moins très-vraisemblable. Il faut encore le redire : nous nous pressons trop d'accuser d'absurdité les récits des anciens. Pour confirmer ce qu'ils ont dit du feu grégeois, Cardan avait indiqué le moyen de préparer des

---

(1) *Philostrat. Vit. Apollon.* lib. III. cap. 1. — Elien (*De Nat. animal.* lib. v. cap. 3.), citant Ktésias, se sert aussi de l'expression Σκωληξ, *ver* ; mais ce *ver*, qui naît dans le fleuve Indus, a sept coudées de longueur et une grosseur proportionnée. Des expressions d'Elien, on peut induire que l'huile, ainsi préparée, s'embrasait sans feu et par le seul contact du corps combustible.

(2) Koempfer. *Histoire du Japon.* liv. III. cha. v. page 53.

artifices doués des mêmes propriétés (1) : prompt à réfuter Cardan, Scaliger (2), homme plus érudit que savant, et plus présomptueux qu'érudit, se moqua hautement de ceux qui promettaient que leurs compositions physiques s'enflammeraient, exposées aux rayons du soleil, ou arrosées d'eau ; un écolier de physique se moquerait aujourd'hui de Scaliger, en opérant sous ses yeux les deux merveilles qu'il déclarait impossibles.

(1) H. Cardan. *De Subtilitate*. lib. II.
(2) J. C. Scaliger. *Exoteric. exercit. ad. Cardan.* XIII. n°. 3.

CHAPITRE XXVI.

Compositions analogues à la poudre à canon. Mines pratiquées par Samuel ; par les prêtres hébreux sous Osias et sous Hérode ; par les prêtres chrétiens, à Jérusalem sous l'empereur Julien, et en Syrie sous le khalife Motassem ; par les prêtres de Delphes, pour repousser les Perses et les Gaulois. Antiquité de l'invention de la poudre ; vraisemblablement originaire de l'Hindoustan, elle a été connue de tout temps à la Chine. Ses effets, décrits poétiquement, ont paru fabuleux. Armée tatare repoussée par l'artillerie. Prêtres de l'Inde, employant le même moyen pour lancer la foudre sur leurs ennemis. La foudre de Jupiter comparée à nos armes à feu. Divers miracles expliqués par l'emploi de ces armes. La poudre à canon a été connue dans le Bas-Empire, et probablement jusqu'au douzième siècle.

Les phénomènes physiques et les services que sait en tirer la science s'enchaînent les uns aux autres. L'examen des miracles brillans qu'opéraient des inflammations spontanées, nous a conduits à la discussion des ressources que le Thaumaturge déployait dans la guerre, pour transformer le feu en arme d'attaque ou de défense. Des faits que nous avons cités, il en est qui font déjà pressentir que l'on a connu très-anciennement des compositions pyriques plus ou moins analogues à la poudre à canon; et que ces tubes qui lançaient un feu éclatant avec un bruit semblable à celui du tonnerre, ont pu devenir les premières ébauches de nos canons et de nos fusils. Ce ne serait donc point à tort que nous aurions annoncé que les anciens possédaient le moyen d'imiter, de cette manière, les fléaux les plus redoutables de la nature : soit lorsque, ébranlant la terre par des mines, ils l'entr'ouvraient en abîmes sous les pieds de leurs ennemis; soit lorsqu'ils lançaient au loin des traits, aussi bruyans, aussi prompts, aussi inévitables que les coups de la foudre.

Plus explicite que l'auteur du *livre des Nombres*, Josèphe met un jour d'intervalle entre la sédition excitée parmi les Hébreux, par Coré, Dathan et Abiron, et la punition de ces deux derniers. On sait que la terre les engloutit..... En se ménageant un délai de vingt-quatre heures, Moïse prit-il le temps nécessaire pour pratiquer, sous les tentes de ses ennemis, une mine, telle que celles dont les guerriers européens faisaient usage avant l'invention de la poudre; une profonde excavation, soutenue par des étais que le feu consuma à un signal donné? Ce qui ajoute à la probabilité de cette explication, c'est la prolixité du discours que l'historien met dans la bouche de Moïse; c'est l'annonce précise que, dans le livre saint, Moïse fait du genre de mort qui va, tout à la fois, le venger et prouver la vérité de sa mission (1).

Cependant la difficulté de terminer, en une nuit, un travail aussi considérable que celui qu'aurait exigé la confection de cette mine; le mouvement de la terre, *ébranlée comme les flots de la mer par un violent orage;* le bruit épouvantable *qui signale*

(1) *Fl. Joseph. Ant. jud.* lib. IV. cap. 3. — *Numer.* cap. XVI, vers. 25-30.

l'ouverture de l'abîme ; la promptitude avec laquelle le gouffre se referme sur les victimes qu'il vient de dévorer (1), ces circonstances réunies semblent plutôt indiquer l'explosion d'une mine, telle que l'on en pratique aujourd'hui dans les siéges, où l'on remplit une excavation peu considérable, d'une composition fulminante, propre à soulever le sol et à ensevelir sous ses débris tout ce qui était à la surface.

Que la mine fut chargée d'un mélange de soufre et de limaille de fer, comme celui dont se compose le *volcan de Lémery*, on ne peut le supposer. En s'enflammant, ce mélange ne donnerait à la terre qu'un ébranlement beaucoup trop léger. Était-ce donc une composition analogue à celle de la poudre à canon? Admettons l'affirmative ; supposons que les successeurs de Moïse se soient après lui transmis ce secret de main en main ; nous trouvons l'explication la plus claire, et peut-être la seule admissible, de la défaite des Philistins, sous la judicature de Samuel. Le livre des Rois se borne à dire que le Seigneur

---

(1) *Fl. Joseph. Ant. jud.* lib. iv. cad. 3.

fit, avec fracas, gronder son tonnerre sur les ennemis d'Israël, qui s'enfuirent frappés de terreur (1). Josèphe (2) peint les Philistins attaquant le peuple de Dieu, dans le lieu même où il s'était réuni pour offrir un sacrifice solennel ; dans le lieu où Samuel, si l'on en juge par la longueur de la cérémonie et par la publicité du rassemblement qui l'avait précédée, a sans doute eu dessein de les attirer : ils chancellent, ils tombent dans des gouffres subitement ouverts; de toutes parts, au bruit de la foudre, des flammes brillantes éblouissent leurs yeux, dévorent leurs mains ; incapables de supporter plus long-temps le poids de leurs armes, vaincus sans combat, la fuite n'en dérobe qu'un petit nombre à la vengeance.

Ces circonstances rappellent trop bien celles de la mort de Dathan et d'Abiron, pour que les deux miracles n'aient pas été produits par la même cause. Mais, objectera-t-on, l'emploi d'un tel secret, si les Juifs l'eussent dèslors possédé, se serait renouvelé dans les

(1) *Reg.* lib. 1. cap. 7. vers. 10.
(2) *Fl. Joseph. Ant. jud.* lib. vi. cap. 2.

guerres désastreuses qui désolèrent les royaumes d'Israël et de Juda... Non : les prêtres, qui en étaient les dépositaires, ne s'empressèrent point d'en faire part à des rois dont ils s'indignaient de n'être point les égaux ou plutôt les maîtres. Mais un indice révèle que le même secret subsistait entre leurs mains, trois cent cinquante ans plus tard. A l'instant où Ozias, sourd aux représentations du grand-prêtre, fut miraculeusement frappé de lèpre, la terre trembla, à l'ouest de la ville, une portion de montagne s'écroula, et, de ses débris, ferma le grand chemin et couvrit le jardin du roi (1). De la coïncidence des deux événemens, j'induis que, par un tremblement de terre artificiel, par l'effet d'une mine, on prit soin de distraire l'attention du roi et des personnes qui l'accompagnaient, en sorte qu'ils ne pussent apercevoir les moyens dont on se servait pour opérer le miracle principal.

Sept siècles et demi séparent cette époque de celle où Hérode descendit dans le monument de David, avec l'espérance d'y déterrer

---

(1) *Fl. Joseph. Ant. jud.* lib. ix. cap. 11.

des trésors. Son avidité n'étant point satisfaite des richesses qu'il en avait tirées, il poussa plus loin ses recherches, et fit ouvrir les souterrains où reposaient les restes de David et de Salomon. Une flamme impétueuse en sortit subitement : deux des gardes du roi périrent, suffoqués et brûlés (1). Michaëlis attribue ce prodige aux gaz qui s'échappèrent du souterrain, et qu'enflammèrent les torches destinées à éclairer les ouvriers qui en déblayaient l'entrée (2). Mais ceux-ci, en ce cas, auraient été les premières victimes, l'expansion des gaz ne pouvant manquer d'avoir lieu, dès qu'une ouverture aurait été pratiquée dans le souterrain. Nous croirons plutôt que les prêtres qui avaient plus d'un motif de haïr Hérode, les prêtres qui regardaient les richesses renfermées dans le monument de David comme la propriété du gouvernement théocratique, et qu'indignait justement le pillage sacrilége que venait d'y commettre le prince iduméen, cherchèrent, en aiguillonnant sa cupidité, à

---

(1) *Fl. Joseph. Ant. jud.* lib. XVI. cap. 11.
(2) *Magazin scientifique de Gottingue.* IIIe année. 6e cahier. 1783.

l'attirer dans le souterrain intérieur; et qu'ils y avaient préparé des moyens sûrs de le faire périr, si, comme on pouvait s'y attendre, il y voulait pénétrer le premier.

Michaëlis (1) attribue de même à l'inflammation des gaz souterrains, le miracle qui interrompit les travaux ordonnés par l'empereur Julien pour la restauration du temple de Jérusalem, et dont les chrétiens se réjouirent assez hautement, pour qu'on les en ait crus les auteurs. Cette explication nous semble moins plausible encore que la première : dans les globes de feu qui s'élancèrent du milieu des décombres, blessèrent et mirent en fuite les ouvriers, dans l'ébranlement du sol qui renversa plusieurs bâtimens, si l'on ne veut point reconnaître l'effet d'une mine, nous demandons à quels signes on le reconnaîtra ?

Observons que ce miracle ne convertit au christianisme ni les Juifs de Jérusalem, ni l'empereur Julien, ni Ammien Marcellin, qui nous en a transmis l'histoire. Cela confirme ce que nous avons dit de l'opinion reçue géné-

---

(1) *Magazin scientifique de Gottingue.* loc. cit.

ralement sur la nature des miracles : celui-ci, comme tant d'autres, ne parut qu'une opération brillante de la science occulte.

Près de cinq cents ans après, le huitième des khalifes abassides, Motassem, prescrivit impérativement aux chrétiens de Syrie, d'embrasser l'islamisme, à moins qu'ils ne pussent, par l'efficacité de leurs prières, *faire marcher une montagne*. Ils obtinrent un délai de dix jours, à l'expiration duquel, à la voix du plus saint d'entre eux et sous les yeux du khalife, *la montagne s'émut, et la terre trembla d'une manière singulière* (1). Ici encore il est difficile de méconnaître le jeu d'une mine que, pendant un intervalle de dix jours, on a préparée, en creusant assez profondément pour qu'elle n'éclate point au dehors, et que son effet se borne à ébranler au loin le sol qui la recouvre.

Consultons maintenant les annales de la Grèce. Les prêtres d'Apollon, à Delphes, après avoir fait annoncer, par la voix de l'oracle, que leur Dieu saurait bien lui-même

---

(1) *Voyages de Marco Polo*. liv. I. chap. 5. — *Nouvelles Annales des Voyages*. tome II. page 165.

sauver son temple, le préservèrent, en effet, de l'invasion des Perses, puis de celle des Gaulois, par l'explosion de mines placées dans les rochers qui l'environnaient. Les assaillans furent écrasés par la chute de blocs innombrables, qu'au milieu de flammes dévorantes, une main invisible faisait pleuvoir sur eux (1).

Pausanias attribue la défaite des Gaulois à un tremblement de terre et à *un orage miraculeux*; il en décrit ainsi l'effet : « La foudre « ne tuait pas seulement celui qui en était « frappé; une exhalaison enflammée se com- « muniquait à ceux qui étaient auprès, et les « réduisait en poudre (2). »

Mais l'explosion de plusieurs mines, quelque violente qu'on la suppose, n'aurait pas produit la destruction totale des assaillans, telle que la peignent les historiens? Non : aussi voit-on les mêmes Gaulois faire ensuite, avec succès, une incursion en Asie; ils avaient été repoussés à Delphes, et non pas exterminés.

---

(1) *Herodot.* lib. viii. cap. 37-39. — *Justin.* lib. xxiv. cap. 8.
(2) *Pausanias. Phoc.* cap. 23.

Les miracles opérés à Jérusalem, et celui qui sauva momentanément de l'oppression les chrétiens de Syrie, concentrés sur un point unique, purent être l'ouvrage d'un petit nombre de fidèles, déterminés au silence par l'intérêt de leur religion. Mais les travaux de mines considérables, creusées dans les rochers de Delphes, n'auraient-ils pas exigé le concours de trop de coopérateurs pour que le secret en fût long-temps gardé? On pourrait répondre que les détails les plus simples et les plus pénibles étaient confiés à des ouvriers grossiers, qui ne songeaient ni à en deviner le but, ni à le divulguer ; que probablement même les excavations étaient pratiquées long-temps d'avance, comme elles le sont dans les travaux de défense de nos places fortes, en sorte que l'on n'a besoin que d'y déposer la composition fulminante. Une réponse plus décisive nous est fournie par la tradition historique. Tous les Grecs, de Delphes aux Thermopyles, étaient initiés aux mystères du temple de Delphes (1). Leur silence, sur tout ce qu'on leur ordonnait de

---

(1) *Plutarch. De Oracul. defect.*

taire, était donc garanti, et par la crainte des peines promises à une révélation parjure, et par la confession générale exigée des aspirans à l'initiation, confession qui les mettait dans le cas de redouter plus l'indiscrétion du prêtre, que de lui faire redouter leur propre indiscrétion.

Remarquez enfin que le dieu de Delphes, si puissant pour préserver son temple de l'avidité des étrangers, n'essaya point d'en soustraire les richesses aux mains des Phocidiens. Quand ceux-ci y puisèrent des ressources pour défendre leur patrie contre l'ambition hypocrite de Philippe, ils avaient probablement obtenu ou arraché le consentement des prêtres, et ne redoutaient point un miracle destructeur qu'on ne pouvait guère opérer que du consentement de leurs chefs, et avec leur concours.

Telle est l'habitude de croire très-moderne l'usage de la poudre à canon, que des faits si marquans sont restés inaperçus, ou que du moins ils n'ont pas conduit à conclure que les peuples anciens ont connu quelque composition presque aussi meurtrière. Toutefois « ce « qu'a écrit, sur les machines de guerre em-

« ployées à la fin du XIIIe siècle, *Egidio*
« *Colonna* (1), fait soupçonner, dit M. Na-
« pione, que l'invention de la poudre est
« beaucoup plus ancienne que l'on ne pense,
« et que cette composition redoutable n'é-
« tait peut-être qu'une modification, un
« perfectionnement du feu grégeois, que
« l'on connaissait plusieurs siècles avant la
« poudre. »

Nous croyons avoir établi que l'invention du feu grégeois remonte à une haute antiquité : nous pensons donc que Langlès a eu raison de reculer également l'époque de l'invention de la poudre à canon. Voici, en substance, les faits dont il appuye son opinion (2). Les Maures ont fait usage, en Espagne, de la poudre à canon, au commencement du XIVe siècle. Dès 1292, un poëte de Grenade avait célébré, dans ses vers, ce moyen de destruction : tout annonce que les Arabes s'en

---

(1) Moine romain qui prit part à l'éducation de Philippe-le-Bel. — *Memorie della reale Accademia delle Scienze di Torino*. tome XXIX. — *Revue encyclopédique*. tome XXX. page 42.

(2) Langlès. *Dissertation* insérée dans le *Magasin encyclopédique*. IVe année. tome I. pages 333-338.

servirent, contre la flotte des Croisés, au temps de Saint Louis ; en 690, ils l'avaient employé dans l'attaque de la Mecque. Les missionnaires ont constaté que la poudre à canon est connue à la Chine depuis un temps immémorial. Elle l'est également au Thibet, et dans l'Hindoustan, où l'on s'est toujours servi de feux d'artifice et de balles à feu dans la guerre et dans les réjouissances publiques. Dans les contrées de ce vaste pays que n'avaient jamais visitées les Européens ni les Musulmans, on a trouvé l'usage de fusées de fer attachées à un dard, que l'effort de la poudre porte dans les rangs ennemis. Les lois rassemblées dans le *Code des Gentous*, et dont l'antiquité se perd dans la nuit des temps, défendent les *armes* à feu (prohibition qui sans doute les a empêchées de devenir communes). Les lois distinguent les *traits de feu*, et les traits qui *tuent cent hommes à la fois;* ceux-ci rappellent l'effet de nos canons. Les Hindous, ne connaissant point l'usage des mortiers, creusaient des trous dans les rochers, et les remplissaient de poudre pour faire pleuvoir les pierres sur leurs ennemis (précisément comme les prêtres de Delphes en lancèrent une grêle sur les Perses et sur les Gaulois). Enfin un commentaire des *Védas* attribue l'invention de la poudre à *Visvacarma* (1), à l'artiste-Dieu, qui fabriqua les traits dont se servirent les dieux pour combattre les mauvais génies.

Serait-ce dans ce trait de la mythologie Hindoue, que quelque voyageur avait pu lui apprendre, que Milton aurait puisé l'idée d'attribuer aux anges rebelles l'invention de la poudre et des armes à feu ? Langlès a omis ce rapprochement : le droit que les poëtes ont de feindre lui a paru sans doute affaiblir trop l'autorité de leurs récits. Mais il lui était aisé de trouver, dans l'autorité moins récusable des faits physiques, la confirmation de ses conjectures. Il pouvait observer que, dans l'Hindoustan et à la Chine, le sel est tellement imprégné de salpêtre, que ce sel s'effleurit souvent à la surface de la terre.

Ce phénomène, qui a dû y faire imaginer

---

(1) Ce nom, s'il doit fournir, comme on serait tenté de le croire, l'étymologie peu connue du mot français *vacarme*, ne serait peut-être pas traduit inexactement par *force bruyante*.

de bonne heure, et faciliter la confection des compositions pyriques, l'y a en même temps rendue vulgaire, malgré son importance qui l'appelait à faire partie des sciences occultes et sacrées. C'est lui aussi qui a donné à la pyrotechnie asiatique, sur la pyrotechnie européenne, une antériorité si grande et une supériorité à peine encore contestée. L'un et l'autre avantages ont souvent excité notre incrédulité ; le moyen de reconnaître que l'on sait ailleurs faire ce que nous ne savons pas ! Fontenelle dit qu'à la Chine, suivant les annales de cet empire, « on voit des mille étoiles à « la fois qui tombent du ciel dans la mer « avec un grand fracas, ou qui se dissolvent « et s'en vont en pluie.... Une étoile qui s'en « va crever vers l'Orient comme une *fusée*, « et toujours avec grand bruit (1)... » Comment l'ingénieux philosophe n'a-t-il pas, dans cette description, reconnu les effets des *fusées* et des *bombes d'artifice?* On savait pourtant que les Chinois excellaient à composer les unes et les autres : Fontenelle aima mieux

---

(1) Fontenelle. *De la pluralité des mondes.* Sixième soir (vers la fin).

plaisanter sur la prétendue science astronomique des Chinois.

A plus forte raison, l'on a tourné en ridicule un passage remarquable du voyage de Plancarpin. Les Tatars racontèrent à ce moine, que le *Prétre-Jean*, roi des chrétiens de la Grande-Inde (probablement un chef du Thibet, ou de quelque peuplade professant la religion Lamique), attaqué par Tossuch, fils de Tchinggis-Khan, conduisit contre les assaillans des figures de bronze, montées sur des chevaux. Dans l'intérieur des figures était du feu, et derrière, un homme qui *jeta dedans quelque chose*, ce qui produisit sur-le-champ une grande fumée, et donna aux ennemis des Tatars le temps de les massacrer (1). Il est difficile de croire qu'une fumée violente suffit pour mettre en déroute, comme un essaim d'abeilles, les compagnons d'armes de Tchinggis. On répugne moins à reconnaître, dans les figures de bronze, soit de petits pierriers, soit des canons semblables à ceux de la Chine qui, *se démontant en plusieurs parties, pouvaient être facilement transpor-*

(1) *Voyage de Plancarpin*. art. v. page 42.

tés par des chevaux (1); des pièces d'artillerie enfin qui vomissaient, à coup sûr, autre chose que de la fumée. Les soldats de Tossuch, ne connaissant point ces armes, et ayant abandonné, dans leur fuite, leurs morts et leurs blessés, ne purent parler à Plancarpin que de ce qu'ils avaient vu, de la fumée et de la flamme : mais pour nous, la véritable cause de leur défaite n'est ni obscure ni miraculeuse. Nous savons quelles relations le Thibet et les peuples qui suivent la religion Lamique, ont eues de tous temps avec la Chine : or, un petit-fils de Tchinggis-Khan, en 1254, avait, dans son armée, un corps d'artilleurs chinois ; et, dès le Xe siècle, on connaissait en Chine les *chars à foudre* qui produisaient les mêmes effets que nos canons, et par les mêmes procédés (2). Ne pouvant fixer l'époque où a commencé, dans cet empire, l'usage de la poudre, des armes à feu, et de l'artillerie (3), la tradition nationale

---

(1) P. Maffei. *Hist. Indic.* lib. vi. pag. 256.

(2) Abel Remusat. *Mémoire sur les relations politiques des rois de France avec les empereurs mongols. — Journal asiatique.* tome 1, page 137.

(3) P. Maffei. *Hist. Indic.* loc. cit.

en attribue l'invention au premier roi du pays. Ce prince était *très-versé dans les arts magiques* (1) : ce n'est donc point sans raison que nous avons rangé la découverte dont on lui fait honneur, au nombre des moyens dont ces arts se servaient pour opérer des miracles.

Ces rapprochemens fortifient, loin de la contrarier, l'opinion de Langlès qui attribue aux Hindous l'invention de la poudre à canon; aux Hindous, dont la Chine a sans doute reçu sa civilisation et ses arts, comme elle en a reçu sa religion populaire.

Les Grecs n'ont point ignoré le pouvoir redoutable des armes que, dans l'Inde, préparait une science cachée. Philostrate peint les sages qui habitaient entre l'Hyphasis et le Gange, lançant à coups redoublés la foudre sur leurs ennemis, et repoussant ainsi l'agression de Bacchus et de l'Hercule Égyptien (2).

On se rappelle de quels traits les dieux de l'Hindoustan étaient armés pour combattre

---

(1) *Voyage de Linschott à la Chine.* 3ᵉ édit. page 53.
(2) *Philostrat. vit. Apollon.* lib. ii. cap. 14. lib. iii. cap. 3.
— *Themist. Orat.* xxvii.

les mauvais génies. Dans la mythologie grecque, dérivation éloignée, mais toujours reconnaissable, de la mythologie hindoue, les dieux ont aussi à combattre les Titans rebelles ; et des armes foudroyantes assurent aussi leur victoire. Des traits nombreux de ressemblance, dans le récit de ce combat, rapprochent de l'artillerie moderne, l'arme du roi des dieux et des hommes. Les Cyclopes, disait l'historien Castor (1), avec des éclairs et des foudres éclatantes, portèrent du secours à Jupiter combattant les Titans. Dans la guerre des Dieux contre les Géants, suivant Apollodore (2), Vulcain tua Clytius en lui lançant des *pierres enflammées;* Typhon, que la terre avait enfanté pour venger les Géants, faisait voler contre le ciel des *pierres enflammées*, tandis que sa bouche vomissait des torrens de feu. Les frères de Saturne, dit Hésiode (3), délivrés de leurs liens par Jupiter, lui donnèrent le tonnerre, la foudre

---

(1) *Euseb. Chronic. canon.* lib. 1. cap. 13. — *Nota*. Ce passage important ne se trouve que dans la version arménienne publiée par Zorhab et Maï.

(2) *Apollodor. Bibliothec.* lib. 1. cap. 5.

(3) *Hesiod. Theogon.* vers. 502-507.

éblouissante et les éclairs que *la terre tenait renfermés dans son sein;* armes qui assurent à ce dieu l'empire sur les hommes et sur les immortels.... C'est du sein de la terre que l'on tire le salpêtre, le soufre et le bitume, dont se composait probablement la matière fulminante des anciens. Seule enfin, entre toutes les divinités, Minerve sait où repose la foudre (1); les Cyclopes seuls savent la fabriquer; et Jupiter punit sévèrement son fils d'avoir attenté à la vie de ces artistes précieux.... Oublions les idées mythologiques attachées à tous ces noms; et nous croirons lire l'histoire d'un prince à qui la reconnaissance a livré le secret de fabriquer la poudre à canon, et qui est aussi jaloux de le posséder exclusivement que le furent les empereurs de Byzance de se réserver le secret de la composition du feu grégeois.

La ressemblance des effets de la foudre et de ceux des compositions pyriques est si frappante, qu'elle a été consacrée dans tous les récits historiques et mythologiques : elle n'échappa même point aux indigènes du Conti-

---

(1) *Aeschyl. Eumenid.* vers. 829-831.

nent découvert par Christophe Colomb, et dévasté par les Cortès et les Pizarre; les infortunés prirent leurs vainqueurs pour des dieux armés du tonnerre, jusqu'à ce qu'ils eussent payé bien cher le droit de voir en eux des génies malfaisans et ennemis de l'humanité.

Cette ressemblance semble suffire pour expliquer le miracle d'Élie, quand deux fois il fit tomber la foudre sur les soldats envoyés pour le saisir sur la montagne où il s'était retiré (1).

Elle explique un passage que Pline a emprunté probablement à quelque poëte ancien, et qui a fait le tourment des commentateurs. En traitant de l'origine de la magie, Pline s'étonne que cet art fût répandu en Thessalie dès le temps du siége de Troie, et *lorsque Mars seul lançait la foudre (solo Marte fulminante)* (2). N'y a-t-il point là une allusion visible au pouvoir que possédait la science sacrée, et que la magie sortie des temples tendait à s'arroger, au pouvoir de s'armer

---

(1) *Reg.* lib. IV. cap. I. vers. 9-12.
(2) *Plin. Hist. nat.* lib. XXX. cap. I.

de la foudre dans les combats, et de produire des explosions rivales des éclats du tonnerre?

Elle explique enfin et la mort des soldats d'Alexandre, qui, ayant pénétré dans le temple des Cabires, près de Thèbes, y périrent tous frappés par les éclairs et par la foudre (1); et l'histoire de Porsenna (2) tuant d'un coup de foudre un monstre qui ravageait les terres de ses sujets; et celles des magiciens étrusques qui, lorsque Rome était menacée d'un siége par Alaric, offrirent de repousser l'ennemi en lançant sur lui la foudre et le tonnerre; ils se vantaient d'avoir opéré ce prodige à *Narnia*, ville qui, en effet, ne tomba point au pouvoir du Roi des Goths (3).

Mais, objectera-t-on, cet art, connu des chrétiens du IV° siècle et des magiciens étrusques à la fin du V°, et conservé encore au IX° siècle en Syrie, comment est-il tombé dans l'oubli? Pourquoi, par exemple, l'historien Ducas décrit-il comme une invention tout-à-fait nouvelle et ignorée de ses compa-

---

(1) *Pausanias. Boeotic.* cap. XXV.
(2) *Plin. Hist. nat.* lib. II. cap. 53.
(3) *Sozomen. Hist. Eccles.* lib. IX. cap. 6.

triotes, les *fauconneaux* dont se servirent contre Amurath second, les défenseurs de Belgrade (1)? Et comment, répondrai-je, ont péri tant d'autres arts plus répandus et plus immédiatement utiles? Et d'ailleurs, le secret imposé par des lois sévères, sur la composition du feu grégeois, n'a-t-il pas dû exister, et plus profond encore, pour des compositions plus importantes?

Mais j'ose affirmer que cet art ne s'est perdu que fort tard dans le Bas-Empire. Au ve siècle, Claudien décrivait en beaux vers les feux d'artifice et particulièrement les *soleils tournans* (2). L'architecte qui, sous Justinien, traça les dessins et dirigea la construction de l'église de Sainte-Sophie (3), Anthême de Tralles, lança sur la maison voisine de la sienne les éclairs et le tonnerre (4). Un autre

---

(1) *Ducas. Hist. imp. Joann.* etc. cap. 30.
(2) « Inque chori speciem spargentes ardua flammas
 « Scena rotet : varios effingat Mulciber orbes,
 « Per tabulas impunè vagus; pictaeque citato
 « Ludent igne trabes; et non permissa morari,
 « Fida per innocuas errent incendia turres. »
  (*Claudian. de Mall. Theodos. consulat.* vers 325-329.)
(3) *Procop. De aedific. Justiniani.* lib. I. cap. 22.
(4) *Agathias. De rebus Justiniani.* lib. v. cap. 4.

savant indique, pour la fabrication de feux propres à être lancés sur l'ennemi, un procédé qui rappelle la composition de notre poudre à canon (1). Enfin, cette composition même, et dans les proportions usitées aujourd'hui, est décrite par *Marcus Graecus* (2), auteur qui n'a pas vécu plus tard qu'au xiie siècle, et que l'on a cru même antérieur au neuvième. Il serait curieux sans doute de suivre ces inventions, depuis l'époque où elles existaient encore dans le Bas-Empire, jusqu'à celle qui les vit se répandre en Europe. Un obstacle difficile à vaincre s'y oppose ; l'ignorance, avide de merveilles et dédaigneuse de la simple vérité, a tantôt transformé en miracles et tantôt rejeté comme des fables, les récits qui auraient pu nous instruire.

(1) *Julius Africanus.* cap. 44. — *Veter. Mathem.* edit. Paris. pag. 303.

(2) *Marcus Graecus. Liber Ignium ad comburendos hostes* édition de La Porte du Theil. Paris. 1804).

CHAPITRE XXVII.

Les Thaumaturges pouvaient encore opérer des merveilles avec le fusil à vent, la force de la vapeur de l'eau échauffée, et les propriétés de l'aimant. La boussole a pu être connue des Phéaciens, comme des navigateurs de Phénicie. La *Flèche* d'Abaris était peut-être une boussole. Les Finnois ont une boussole qui leur est propre ; et l'on fait usage de la boussole, à la Chine, depuis la fondation de l'empire. Autres moyens d'opérer des miracles. Phénomènes du galvanisme. Action du vinaigre sur la chaux. Amusemens de la physique ; larmes bataviques, etc.

Nous touchons au terme de notre carrière : quelques brillantes que soient les promesses que nous avons placées dans la bouche du Thaumaturge, nous croyons avoir prouvé qu'il ne lui serait pas impossible de les remplir.

Le sujet n'est point épuisé : nous pourrions, dans les connaissances que les anciens ont possédées, trouver plus d'un moyen encore de produire des merveilles.

En parlant des armes de jet, nous n'avons point cité celles qu'anime le ressort de l'air comprimé. Aujourd'hui encore, pour les hommes médiocrement instruits, le jeu d'un fusil à vent qui lance sans bruit, sans explosion, un projectile meurtrier, aurait quelque chose de miraculeux. Philon de Byzance (1), qui a dû fleurir dans le troisième siècle avant notre ère, a laissé une description exacte du fusil à vent. Il ne s'en attribue pas l'invention : à quel point celle-ci peut-elle être ancienne ; c'est ce que personne n'osera décider. Plusieurs histoires parlent d'aiguilles empoisonnées qu'on lançait avec le souffle ; l'abréviateur de Dion Cassius (2) cite deux exemples de ce crime impunément commis ; nous répéterons ce que nous avons eu tant de fois occasion de dire : combien, avec un pareil secret, n'est-il pas aisé d'opérer des miracles !

---

(1) *Revue encyclopédique*. tome XXIII, pages 529 et suiv.
(2) *Xiphilin.* in *Domitian...* in *Commod.*

La force de l'eau, vaporisée par la chaleur, est un agent dont l'emploi a, de nos jours, changé la face des arts mécaniques, et qui, imprimant à leur action un progrès toujours croissant, prépare, pour les générations qui nous suivront, une puissance d'industrie dont nous ne pouvons point mesurer les résultats. Cet agent a-t-il été absolument inconnu aux anciens ? Deux faits autorisent à en douter ; l'un appartient à un savant du Bas-Empire, Anthème de Tralles, que nous avons déjà cité. Agathias, son contemporain, raconte que, pour se venger de l'habitant d'une maison voisine de la sienne, il remplit d'eau plusieurs vases sur lesquels il fixa des tuyaux *de cuir* assez larges par le bas pour couvrir hermétiquement les vases, et fort étroits par le haut. Il en attacha les orifices supérieurs contre les solives qui soutenaient les planchers de la maison en butte à son courroux; puis il fit bouillir l'eau ; la vapeur bientôt se répandit dans les tuyaux, les enfla, et imprima une commotion violente aux solives qui s'opposaient à sa sortie (1).... Le cuir se serait

---

(1) *Agathias. De Rebus Justiniani*. lib. v. cap. 4.

déchiré cent fois avant qu'une solive fût légèrement ébranlée. Oui : mais ces tuyaux étaient-ils réellement de cuir? et le physicien de Tralles n'accrédita-t-il point cette erreur, pour mieux cacher un procédé dont il voulait se réserver la propriété? L'explication rapportée par le crédule Agathias (1), toute bizarre qu'elle est, indique qu'Anthème connaissait la force prodigieuse que développe l'eau réduite en vapeurs.

L'autre exemple nous conduit sur le bord du Wéser : là, *Bustèrich* recevait les hommages des Teutons. Son image, fabriquée en métal, était creuse; on la remplissait d'eau; on fermait, avec des coins de bois, les trous pratiqués aux yeux et à la bouche; puis on mettait des charbons embrasés sur la tête, jusqu'à ce que la vapeur de l'eau échauffée fît sauter les coins avec fracas, et se répandît

(1) **Le même historien avait également adopté** (*loc. citat.*) une explication trompeuse de la merveille que nous avons citée à la fin du chap. XXVI. Suivant lui, Anthème l'opérait avec des machines bruyantes, et un miroir concave dont le mouvement faisait voltiger çà et là des images éblouissantes du soleil : un si faible artifice n'aurait pas persuadé à un homme un peu instruit, comme était l'ennemi d'Anthème, qu'on lançait sur sa maison les feux du tonnerre.

au dehors en torrens de fumée (1), signes de la colère du Dieu aux yeux de ses grossiers adorateurs.

Si, d'un peuple peu civilisé, on descend jusque dans l'enfance de la société, on rapprochera de l'image miraculeuse du dieu Teuton, les armes de jet des indigènes de la nouvelle Guinée ; leur explosion est accompagnée de fumée, *quoique ce ne soient point des mousquets* (2) ; ce fait semble indiquer un moteur analogue à la vapeur de l'eau. Il serait au moins curieux de s'en éclaircir.

Savons-nous aussi jusqu'à quel point les Thaumaturges anciens faisaient usage de l'aimant ? Sa propriété attractive leur était assez connue, pour avoir servi, dit-on, à suspendre miraculeusement, à la voûte d'un temple d'Alexandrie, la statue de Sérapis (3), et celle de

---

(1) *Tollii Epistolae itinerariae.* pages 34-35.

(2) *Nouvelles Annales des Voyages.* tome 1. page 73.

(3) Suivant Suidas (verbo *Magnès*), la statue suspendue à la voûte du temple d'Alexandrie était d'airain. Un fort clou placé dans la tête suffisait pour que l'aimant la soutînt. Cet auteur s'exprime même comme si la statue avait été suspendue en l'air, entre la voûte et le sol. Après avoir fait, sur ce point, la part de l'exagération, nous observerons qu'il pouvait y

Cupidon, dans le temple de Diane (1). Sa propriété répulsive n'était pas ignorée ; mais suivant l'usage adopté pour redoubler les voiles du mystère, on disait, on voulait faire croire qu'elle n'appartenait qu'à une sorte d'aimant, l'aimant d'Ethiopie (2). Nous savons combien sont actives aujourd'hui, dans les jeux de la physique expérimentale, l'attraction et la répulsion magnétiques : rappelons nous que ces jeux furent des miracles dans les temples.

L'Europe moderne réclame la découverte de la propriété qui anime la boussole : cette prétention est contestable, si elle est exclusive. Un passage remarquable de l'Odyssée a inspiré à un savant anglais une conjecture ingénieuse : Alcinoüs (3) dit à Ulysse que les

---

avoir des moyens de laisser difficilement apercevoir le point de contact du clou de fer avec la voûte.

(1) Cassiodore (*Varior.* lib. I. *Epist.* 45) ne parle point de l'aimant; mais il en indique assez l'effet, en disant que la statue suspendue en l'air, sans aucun lien, était de fer. Isidore de Séville (*Origin.* lib. XVI. cap. 4.) ne nomme point le temple; mais il dit qu'on y voyait une statue de fer suspendue en l'air par la vertu de l'aimant.

(2) *Isid. Hispal. Origin.* lib. XVI. cap. 4.

(3) *Homer. Odyss.* lib. VIII. vers. 553-563.

navires phéaciens sont animés et conduits par une intelligence ; qu'ils n'ont point, comme les bâtimens vulgaires, besoin de pilote et de gouvernail ; qu'ils traversent les flots avec la plus grande vitesse, malgré l'obscurité profonde de la nuit et des brumes, sans courir jamais le risque de se perdre. M. William Cooke explique ce passage, en supposant que les Phéaciens connaissaient l'usage de la boussole, et qu'ils avaient pu l'apprendre des Phéniciens (1).

Sur cette conjecture, nous ferons quelques observations :

1° Son auteur pouvait s'étayer de ce que dit Homère, à plusieurs reprises, sur la rapidité de la marche des vaisseaux phéaciens (2). Dirigés au large par la boussole, leur vitesse devait, en effet, paraître prodigieuse à des navigateurs que la crainte de perdre trop long-temps la terre de vue, forçait à longer presque toujours les côtes.

2° Le style figuré qui caractérise le passage

---

(1) William Cooke. *An Enquiry in to the Patriarchal and Druidical religion*, etc. in-4°. London 1754 page 22.

(2) *Homer Odyss.* lib. VII. lib. VIII. lib. XIII.

cité, convient à un secret que le poète ne connaissait que par ses résultats. Homère transforme ainsi en miracle un fait naturel ; et quand il raconte que Neptune changea en rocher le navire qui ramena Ulysse dans sa patrie, afin que les Phéaciens ne sauvassent plus les étrangers des dangers de la mer, il adopte cette opinion dont nous avons déjà indiqué l'origine (1), pour exprimer que le secret qui rendait si sûre la navigation, s'était perdu chez les sujets d'Alcinoüs.

3° Que les Phéniciens aient connu l'usage de la boussole, c'est ce qu'il est difficile de ne point admettre, quand on se rappelle les fréquens voyages que leurs navigateurs faisaient aux Iles Britanniques : mais qu'ils eussent communiqué ce secret aux habitans de Corcyre, c'est ce que rien ne prouve. Homère, si exact à recueillir toutes les traditions relatives aux communications des anciens Grecs avec l'Orient, ne nous fournit à cet égard aucun renseignement. Mais il nous apprend que les Phéaciens avaient habité long-temps dans le voisinage des Cyclopes, et s'en étaient ré-

(1) Ci-dessus, chap. 3. pages 22-24.

cemment éloignés. En même temps, il donne aux Cyclopes le titre d'hommes *très-ingénieux* (1) : titre bien dû à des artistes versés dans la docimasje et la pyrotechnie, et qui, depuis plus de trente siècles, ont laissé leurs noms à des monumens gigantesques d'architecture, en Italie, en Grèce et en Asie. Nous avons établi ailleurs(2), et peut-être avec quelque probabilité, que les Cyclopes, comme les Curètes, appartenaient à une caste savante, venue d'Asie en Grèce, pour civiliser et gouverner quelques peuplades pélasgiennes. Il serait peu surprenant que les Phéaciens eussent profité de l'instruction de cette caste, avant d'être assez fatigués de son despotisme pour s'en séparer sans retour. On voit même que leur habileté ou leur bonheur dans les voyages sur mer, cessa bientôt après cette séparation. Le père d'Alcinoüs l'avait déterminée ; et sous Alcinoüs, les Phéaciens renoncèrent à la navigation. Ne serait-ce point parce que les instrumens qu'ils tenaient de la libéralité de

---

(1) *Homer. Odyss.* lib. vii. vers 4-8.

(2) *Essai historique et philosophique sur les noms d'hommes, de peuples et de lieux.* § 81. tome ii. pages 161-172.

leurs anciens maîtres avaient péri, et qu'ils ne savaient point en fabriquer d'autres?

Il reste à établir que les Cyclopes possédaient une connaissance si précieuse ; et cela est à peu près impossible.

On sait seulement qu'ils étaient venus de Lycie en Grèce ; mais peut-être n'avaient-ils fait que traverser la Lycie, et venaient-ils d'une contrée plus intérieure de l'Asie, comme l'hyperboréen Olen, lorsqu'il apporta en Grèce, avec un culte religieux et des hymnes, les élémens de la civilisation.

Il vint aussi des extrémités de l'Asie, dans la Grèce et dans l'Italie, cet Abaris, hyperboréen ou scythe, doté par le Dieu qu'il adorait d'*une flèche à l'aide de laquelle il parcourait l'univers*. On a dit jadis poétiquement, et Suidas et Iamblique ont répété, que, grâce à ce don précieux, *Abaris traversait les airs* (1). On a pris à la rigueur cette expression figurée. Mais le même Iamblique raconte immédiatement après, que

---

(1) *Suidas.* verbo *Abaris.* — *Iamblich. vit. Pythagor.* cap. 28. — Voyez aussi *Herodot.* lib. IV. § 36. — *Diod. Sic.* lib. III. cap. 11.

« Pythagore déroba à Abaris la *flèche d'or*
« *avec laquelle il se dirigeait dans sa route*
« (*quâ se gubernabat*)... que, lui ayant ainsi
« ravi et caché la flèche d'or sans laquelle il
« ne pouvait discerner le chemin qu'il devait
« suivre, Pythagore le força à lui en décou-
« vrir la nature (1). » A la prétendue flèche, substituons une aiguille magnétique, de même forme, d'une grande dimension, et qu'on a dorée pour la préserver de la rouille : au lieu d'une fable absurde, le récit d'Iamblique contient un fait vrai, raconté par un homme qui n'en pénètre point le mystère scientifique.

Tout ceci néanmoins n'offre que des conjectures plus ou moins plausibles. Citons un fait : les Finnois possèdent une boussole qui ne leur a certainement pas été donnée par les Européens, et dont l'usage remonte, chez eux, à des temps inconnus. Elle offre cette particularité qu'elle désigne le levant et le couchant d'été et d'hiver, et qu'elle les place d'une manière qui ne peut convenir qu'à une

(1) *Iamblich.* loc. cit.

latitude de 49° 20'(1). Cette latitude traverse, en Asie, la Tatarie entière, la Scythie des anciens. C'est celle sous laquelle Bailly avait été conduit à placer le peuple inventeur des sciences (2); celle sous laquelle, comme l'a observé Volney (3), a été écrit le *Boundehesch*, le livre fondamental de la religion de Zoroastre. En la suivant, elle nous conduit, à l'est, dans cette portion de la Tatarie, dont les populations, tantôt conquérantes et tantôt sujettes, ont eu constamment des relations intimes avec l'empire chinois. Or, l'existence ancienne de la boussole, en Chine, n'est contestée par personne. On n'arguera même point de faux, la tradition (4) suivant laquelle, long-temps avant notre ère, un héros chinois se servit avec succès de la bous-

(1) *Nouvelles Annales des Voyages.* tome XVII. page 414.

(2) Bailly. *Lettres sur l'origine des sciences.... Lettres sur l'Atlantide.*

(3) Volney. *OEuvres complètes*, tome IV. pages 202-203.

(4) Abel Remusat. *Mémoire sur les relations politiques des rois de France avec les empereurs mongols (Journal asiatique,* tome I. page 137).

N. B. Les Hindous font usage de la boussole, et rien n'annonce qu'ils aient reçu des Européens l'usage de cet instrument.

sole, pour se frayer une route au milieu des ténèbres.

En retrouvant à la fois la boussole chez les Finnois et à la Chine, il est naturel de se souvenir que l'usage des noms de famille, inconnus si long-temps en Europe, mais existant de toute ancienneté à la Chine, paraît avoir passé de ce pays, chez les Samoïèdes, les Baschkirs et les Lapons (1). L'extension qu'en des temps inconnus a prise ainsi une institution utile et populaire, nous indique quel chemin a pu faire, mais seulement parmi les disciples de la Caste savante, un secret dont la possession opérait des merveilles aussi utiles et plus brillantes. Elle rend probable ce qui d'abord semblait chimérique, que de la latitude sous laquelle la religion de Zoroastre a pris naissance (2), la connaissance de la

---

(1) Eusèbe Salverte. *Essai historique et philosophique sur les noms d'hommes, de peuples et de lieux.* § 21. tome. 1. pages 35-44.

(2) Isidore de Séville (*Origin.* lib. XVI. cap. 4.) dit que l'aimant a d'abord été trouvé dans l'Inde, et a reçu en conséquence le nom de *Lapis indicus*. Mais ce renseignement vague et isolé ne nous a point paru suffire pour que nous dussions chercher dans l'Hindoustan l'origine de la boussole.

boussole a pu parvenir dans les contrées occidentales de l'Asie Mineure, où cette même religion était arrivée, et où elle avait naturalisé la pratique de miracles propres aux sectateurs du culte du feu (1).

Hâtons-nous de le dire, pour prévenir des objections où une partialité assez légitime se mêlerait à un juste amour de la vérité : l'existence de certaines connaissances dans l'antiquité et chez des peuples qui nous ont été long-temps inconnus, ne prouve point du tout que, dans les temps modernes, les Européens n'aient pas *inventé* véritablement les arts et les sciences qu'ils ont retrouvés. L'art de la typographie est aussi ancien à la Chine et au Thibet que l'histoire même de ces contrées : c'est depuis moins de quatre siècles que le génie de Faust, Schoeffer et Guttemberg en a enrichi la civilisation européenne. C'est depuis quinze ou seize lustres que le progrès des sciences nous a conduits à reconnaître, dans les récits de l'antiquité, l'art retrouvé par Franklin de commander à la foudre. Les savans, embarrassés pour fixer

(1) Voyez ci-dessus, chap. xxv.

l'époque de la *réinvention* de la boussole et de la poudre à canon, le sont moins pour déclarer que l'usage ne s'en est répandu en Europe que depuis cinq à six cents ans. Les secrets de la Thaumaturgie devaient être fort multipliés ; puisque la caste savante n'étudiait guère la physique que pour y trouver, avec de nouveaux miracles, de nouveaux moyens d'étonner, d'effrayer et de dominer. Si donc, dans le nombre de ces secrets, plusieurs ont péri sans retour avec les prêtres et les temples, il peut en être d'autres dont la mémoire, ensevelie sous une enveloppe fabuleuse dans quelques documens anciens, sortira un jour de cette espèce de tombeau, réveillée par des découvertes heureuses qui, sans honorer moins leurs auteurs et l'esprit humain, ne seront pourtant que des *réinventions*.

On pourrait tenter quelques essais en ce genre.

Le hasard avait révélé à Cotugno les premiers phénomènes du galvanisme ; comme il les révéla ensuite à Galvani, qui a mérité le titre d'inventeur, en perfectionnant par l'examen et le raisonnement, une connaissance d'abord fortuite. Si le hasard eût enrichi de la même découverte un ancien Thaumaturge, de quels miracles n'eût-il pas effrayé ses admirateurs, en se bornant aux premières notions du galvanisme, et aux expériences qu'elles le mettaient à portée d'exécuter sur le corps d'un animal récemment privé de la vie !

Des notions moins relevées serviraient encore, dans plus d'une occasion, les desseins du Thaumaturge.

Au mois d'août 1808, on trouva sur l'autel de l'église patriarchale de Lisbonne, un œuf qui, n'offrant d'ailleurs la trace d'aucune opération faite de main d'homme, portait, sur sa coque, l'arrêt de mort de tous les Français. Ce miracle causa une fermentation inquiétante parmi les Portugais, jusqu'à ce que les Français eussent placé dans les églises, et distribué dans la ville, un grand nombre d'œufs qui portaient écrit, sur leur coque, le démenti de cette prédiction. Une proclamation, affichée avec profusion, expliqua en même temps le secret du miracle : il consiste à écrire sur la coque, avec un corps gras, et à tenir ensuite l'œuf, pendant un certain temps, plongé dans un acide (1).

Par le même procédé, on graverait des lettres, des hiéroglyphes, en creux ou en relief, sur une table de pierre calcaire, sans que rien ensuite décelât le travail d'une main mortelle. Or, les anciens connaissaient l'action énergique qu'exerce le vinaigre sur la plupart des pierres ; quoiqu'ils l'aient fort exagérée, en adoptant le conte dont on a chargé l'histoire du passage des Alpes par Annibal (2).

Descendons jusqu'aux *amusemens* de la physique expérimentale. Supposons que les Thaumaturges anciens aient connu des inventions dont les effets singuliers étonneront toujours le vulgaire ; les *larmes bataviques* (3),

---

(1) P. Thiébault, *Relation de l'expédition de Portugal.* pages 170-171.

(2) *Plin. Hist. nat.* lib. xxxiii. cap. 1 et 2. — *Dion. Cass.* lib. xxxvii. cap. 8. — Le conte dont il s'agit n'aurait-il pas pris sa source dans quelque manœuvre employée par Annibal, pour rendre à ses troupes, le courage que leur ôtait la multiplicité des obstacles qu'elles avaient à vaincre dans leur marche.

(3) Larmes de verre que l'on ne brise point, en frappant

par exemple, ou les *matras de Bologne* (1) ; des jouets d'enfant même, tels que le *kaleïdoscope* ou ces petites poupées (2) qui, placées sur la table d'harmonie d'un instrument de musique, se meuvent en mesure, et tournent, comme en walsant, l'une autour de l'autre. De tout ce que l'on pourrait opérer de merveilles avec des procédés si peu importans, n'est-on pas en droit de conclure qu'un grand nombre de miracles, dans l'antiquité, procédaient de semblables causes? Les procédés sont perdus ; le souvenir des effets est resté.

Nous pourrions multiplier les suppositions

avec un marteau leur surface sphérique, et qui tombent en poussière, dès qu'on rompt le fil qui forme leur queue.

(1) Petites bouteilles en forme de poires, de verre blanc non recuit. On peut faire rouler dedans, sans les endommager, une bille d'ivoire ou de marbre. Si l'on y laisse tomber un fragment de silex de la grosseur d'un grain de chenevis, le matras se brise dans la main en cinq ou six morceaux. Ces *matras* et les *larmes bataviques* n'intéressent que la curiosité ; on n'en fabrique presque plus : quand on n'en fabriquera plus du tout, le temps pourra venir où l'on refusera de croire à leurs propriétés miraculeuses ; elles paraîtront absurdes.

(2) Ce jouet était connu, il y a dix ans, sous le nom de *danso-musicomanes*.

du même genre : mais nous croyons en avoir assez dit pour atteindre le but. En mettant de côté ce qui a appartenu à l'escamotage, à l'imposture, au délire de l'imagination, il n'est point de miracles anciens qu'un homme versé dans les sciences modernes ne pût opérer, soit immédiatement, soit en s'appliquant à en percer le mystère et à en découvrir les causes; et les mêmes sciences donneraient la facilité d'opérer d'autres miracles, non moins nombreux et non moins brillans que ceux qui remplissent les histoires. L'exemple de ce que les modernes pourraient opérer en fait de magie, suffit à l'explication de la magie des anciens.

CHAPITRE XXVIII.

Conclusion. Principes suivis dans le cours de la discussion. Réponse à l'objection tirée de la perte des notions scientifiques des anciens. Démocrite seul, parmi eux, s'occupa d'observations et de physique expérimentale. Ce philosophe voyait comme nous, dans les œuvres magiques, les résultats d'une application scientifique des lois de la nature. Utilité dont il est d'étudier sous ce point de vue, les miracles des anciens. Les Thaumaturges ne liaient ensemble, par aucune théorie, leurs notions savantes : c'est un indice qu'ils les avaient reçues d'un peuple antérieur. Les premiers Thaumaturges ne peuvent être accusés d'imposture ; mais il serait dangereux de suivre aujourd'hui leurs traces, en cherchant à subjuguer le peuple par des miracles : l'obéissance volontaire aux lois est une conséquence assurée du bonheur que les lois procurent aux hommes.

Nous avons entrepris de rendre à l'histoire de l'antiquité entière, la grandeur que lui faisait perdre un mélange apparent de fables puériles, et de montrer, dans les miracles, dans les œuvres magiques des anciens, le résultat de connaissances scientifiques plus ou moins relevées, mais positives, que, pour la plupart, les Thaumaturges se transmettaient secrètement, en s'efforçant avec le plus grand soin d'en dérober la connaissance aux autres hommes.

Deux principes nous ont constamment guidés :

Il est absurde d'admirer, ou de refuser de croire, comme surnaturel, ce qui peut être expliqué naturellement ;

Il est raisonnable d'admettre que les connaissances physiques, propres à opérer un acte miraculeux, existaient, au moins pour quelques hommes, dans le temps et dans le pays où la tradition historique a placé le miracle.

Nous accusera-t-on de commettre ici une pétition de principe facile à renverser en niant le fait même du miracle ? Non : il faut un motif plausible pour nier ce qui a souvent été attesté par plusieurs auteurs, et répété à diverses époques ; ce motif n'existe plus, et le miracle rentre dans la classe des faits historiques, dès qu'une explication, tirée de la nature des choses, a dissipé l'apparence surnaturelle qui le faisait regarder comme chimérique.

Mais, encore une fois, comment des connaissances d'un si haut intérêt ne sont-elles point arrivées jusqu'à nous ? Comme se sont perdues, sur toute la terre, et les histoires de la plus grande partie des temps écoulés, et tant de lumières en tout genre, dont on ne dispute point la possession aux anciens. Aux causes générales de destruction qui ont opéré ces vides immenses dans le domaine de l'intelligence humaine, se sont jointes ici deux causes particulières dont nous avons signalé l'énergie : l'une est le mystère dont la religion et l'intérêt, à l'envi, enveloppaient les notions privilégiées; l'autre, le défaut d'une liaison systématique qu'aurait pu seule établir entre elles une théorie raisonnée ; liaison sans laquelle les faits isolés se perdent successivement, sans que ceux qui surnagent rendent possible de retrouver ceux qu'enfoncent peu à peu dans l'abîme de l'oubli, le laps du temps, la négligence, la crainte, la superstition et l'incapacité.

Ne jugeons point des connaissances anciennes par les nôtres. La physique expérimentale, considérée comme science, date du dernier siècle. Il n'existait auparavant qu'un empirisme capricieux, dirigé par le hasard, égaré par les rêves de l'alchimie. Plus anciennement, les Romains n'ont fait que copier les écrits des Grecs, qui eux-mêmes, sans tenter plus d'expériences, copiaient ce qu'ils trouvaient dans des livres plus anciens, ou dans les récits d'auteurs étrangers qu'ils ne comprenaient pas toujours. Démocrite semble seul avoir senti la nécessité d'observer, d'apprendre, de savoir par soi-même (1). Il consuma sa vie à faire des expériences, en notant exactement, dans un livre qui traitait *de la Nature*, les faits que lui-même avait vérifiés (2). Jusqu'où l'avait conduit des recherches dans lesquelles aucune théorie ne lui servit

---

(1) *Encyclop. méthod. Philosophie ancienne et moderne.* tome 1er. page 319.
(2) *Petron. Satyric.* — *Vitruv. De Architect.* lib. ix. cap. 3.

probablement de guide? Il est difficile de le deviner, ses ouvrages ayant péri depuis longtemps. Il est sûr, du moins, qu'elles lui avaient acquis, dans l'opinion générale, une très-grande autorité. Tel était, en physique et en histoire naturelle, le poids de son témoignage, que des faussaires publièrent, sous son nom, pour les faire circuler, de nombreux volumes remplis de fables ridicules sur les propriétés des minéraux, des animaux et des plantes (1). Pline, qui cite souvent ces prétendus ouvrages de Démocrite, a cru à leur authenticité : mais Aulu-Gelle nous a révélé l'imposture, et il s'indigne justement de l'outrage fait à la mémoire d'un grand homme.

Dans un passage malheureusement trop concis, Solin (2) semble présenter Démocrite comme engagé dans une lutte fréquente contre les mages, et opposant à leurs prestiges

---

(1) *Aul. Gell. Noct. attic.* lib. x. cap, 12. — *Columell. De Re rusticâ.* lib. vii. cap. 5. — *Diogen. Laërt.* in *Democrit. vit.* sub. finem.

(2) « *Accepimus Democritum Abderitem, ostentatione
« scrupuli hujus* (catochitis lapidis) *frequenter usum, ad
« probandam occultam naturae potentiam, in certaminibus
« quae contrà magos habuit.* » (*Solin.* cap. ix.)

des phénomènes en apparence prodigieux, et pourtant naturels, pour leur montrer jusqu'où va l'énergie des propriétés occultes des corps. Démocrite, dit Lucien (1), ne croyait à aucun miracle ; persuadé que ceux qui en font bornent leur succès à tromper, il s'appliquait à découvrir la manière dont ils pouvaient tromper ; en un mot, sa philosophie le conduisait à cette conclusion, que la magie (cet art bien connu de lui, puisque des mages (2) avaient été ses instituteurs), *se renfermait toute entière dans l'application et l'imitation des lois et des créations de la nature.*

Ce sentiment, professé par le premier philosophe connu qui ait étudié la science comme elle le doit être, est précisément celui que nous nous sommes efforcés d'établir. Si nous n'avons pas travaillé en vain, nous sommes en droit de déduire de ce théorème quelques conséquences sur les progrès possibles de la connaissance de la nature, sur l'histoire et sur les principes de la civilisation.

(1) *Lucian. Philopseud.*
(2) *Diogen. Laërt.* in *Democrit. vit.*

I. Les anciens, jusqu'à une époque à laquelle nous n'avons pas prétendu remonter, s'occupèrent trop de faits particuliers qu'ils ne cherchaient point à enchaîner ensemble. Les modernes ne tombent-ils point dans l'excès contraire ? Ne négligent-ils pas un peu trop tant de faits isolés, consignés dans les livres, reproduits même dans les laboratoires, mais que ne recommandent d'ailleurs à nos recherches, aucune application immédiate, aucun rapport de liaison ou d'opposition avec les théories existantes ?

L'histoire naturelle, nous l'avons vu, peut gagner quelque chose à l'examen et à la discussion des prodiges rapportés par les anciens. L'étude de leurs miracles et de leurs opérations magiques ne serait pas non plus sans avantage pour la physique et pour la chimie. En essayant de parvenir aux mêmes résultats que les Thaumaturges, par une route calculée d'après les moyens d'action qu'ils nous ont laissé entrevoir ou que nous pouvons leur supposer, on arriverait à des découvertes curieuses et même utiles dans leur application aux arts ; et l'on rendrait un grand service à l'histoire de l'esprit humain ; on retrouverait les débris de sciences importantes, dont la perte, chez les Romains et chez les Grecs, fut déterminée ou accélérée par le défaut absolu de méthode et de théorie.

II. C'est par une conséquence inévitable de ce défaut, que les magiciens, les Thaumaturges se montrent inséparables de leurs livres, esclaves de leurs formules, véritables apprentis qui ne connaissent que mécaniquement les procédés de leur art, et n'en distinguent même plus ce que la superstition, ou le besoin d'en imposer, y a mêlé de cérémonies superflues. Les plus anciens comme les plus nouveaux, offrent ce trait caractéristique. Ils n'avaient donc rien inventé. De qui tenaient-ils leurs secrets, leurs formules, leurs livres, leur art tout entier? Nous voici, pour cette branche de connaissances, comme pour toutes les autres, ramenés aux temps indéterminés où les sciences furent inventées ou perfectionnées, pour déchoir ensuite, et ne subsister que par lambeaux incohérens, dans l'esprit d'hommes qui en retenaient les oracles sans les comprendre. Nous voici replongés dans cette antiquité que l'histoire indique confusément, mais qui est de si loin antérieure à l'histoire.

III. En nous enfonçant, à l'aide de quelques conjectures probables, dans cette nuit que le cours des temps doit sans cesse rendre plus profonde, un trait marquant nous a frappés : l'opinion qui attribuait aux miracles et à la magie, une origine céleste, ne fut point, dans le principe, une imposture ; née de la piété qui voulait que toute espèce d'excellence émanât de la divinité, elle fut entretenue par le *style figuré*, qui se conformait naturellement à ces sentimens religieux. Ainsi, parmi les législateurs qui ont eu recours à cet agent vénéré, pour donner de la stabilité à leurs ouvrages, les plus anciens au moins ne se sont pas étayés d'un mensonge ; ils n'ont point professé l'exécrable doctrine *qu'il faut tromper les hommes*. Ce fut de bonne foi qu'ils se dirent inspirés, et qu'ils donnèrent leurs œuvres merveilleuses pour preuves de leur mission, parce qu'ils rapportaient humblement à la divinité leurs lumières, leurs vertus, leurs vues sublimes, et leurs connaissances au-dessus du vulgaire.

Ces grands hommes adopteraient aujourd'hui une marche bien différente. Aujourd'hui, celui qui chercherait, dans l'art d'opérer des miracles, un instrument pour agir sur la civilisation, échouerait bientôt, parce qu'il tromperait sciemment, parce que sa mauvaise foi, contraire à la morale, ne le serait pas moins à l'esprit de la *civilisation perfectible,* qui tend sans cesse à lever les voiles dont s'enveloppent la nature et la vérité.

Faut-il en conclure que, privés de ce levier énergique, la législation soit impuissante sur la volonté des hommes, et que, pour diriger leurs actions, elle ait besoin d'une force coactive toujours subsistante. Non! Quoi que l'on en ait dit de nos jours, il n'est pas besoin de tromper les hommes pour les conduire, quand on ne veut que les conduire au bonheur : l'homme qui trompe songe moins à servir ceux qu'il déçoit, qu'à satisfaire son orgueil, son ambition ou sa cupidité. Le besoin d'être gouvernés domine les hommes, dès qu'ils vivent en société; il s'accroît chez une nation, avec les lumières et le bien être, et en proportion du désir raisonné de jouir sans trouble des avantages que l'on possède. C'est dans ce sentiment que le politique dont les intentions sont droites, trouvera un appui non moins solide que celui qu'il chercherait dans l'intervention prétendue de la divinité ; un appui qui jamais ne le laissera exposé aux mêmes inconvéniens ni à des conséquences aussi graves, que la fiction religieuse, et jamais ne menacera de s'écrouler sur ses bases minées par la raison et le progrès des connaissances naturelles. Rois ! RÉGNEZ POUR VOS PEUPLES ! et bientôt à l'observateur surpris qui demandera à quels prestiges sont dues leur docilité et votre puissance, vous pourrez répondre, en lui révélant ce principe : « Voilà « toute notre magie ! voilà la source de tous « nos miracles ! »

NOTE A.

DES DRAGONS

ET DES

SERPENS MONSTRUEUX

QUI FIGURENT

DANS UN GRAND NOMBRE DE RÉCITS

FABULEUX OU HISTORIQUES.

Dans l'empire du merveilleux, il n'est peut-être pas de récits plus fréquemment reproduits que ceux qui nous montrent un dragon ailé, un serpent d'une dimension monstrueuse, dévorant les hommes et les animaux, jusqu'à ce qu'une valeur héroïque ou un pouvoir miraculeux en délivre la contrée exposée à ses ravages. Dupuis (1) et M. Alex. Lenoir (2) ont reconnu, dans ces récits, l'expression figurée des thèmes astronomiques de Persée, libérateur d'Andromède menacée par une baleine, d'Orion vainqueur du serpent, emblèmes eux-mêmes de la victoire que remporte la vertu sur le vice, le principe bienfaisant sur le principe du mal; et en laissant tomber tous les voiles allégoriques, de la victoire du soleil du printemps sur l'hiver, et de la lumière sur les ténèbres.

C'est sous un autre point de vue que nous nous proposons de traiter le même sujet : nous rechercherons comment l'emblème astronomique a été si fréquemment converti en histoire positive ; quelles causes ont, en divers lieux, introduit, dans la légende, des variations remarquables ; pourquoi, enfin, on a réuni ou ramené à cette légende d'autres *mythes* ou d'autres faits qui, originairement, lui étaient étrangers.

(1) Dupuis. *Origine de tous les cultes.*
(2) A. Lenoir. *Du Dragon de Metz, appelé* Graouilly, etc. *Mémoires de l'Académie celtique.* tome II. pages 1-20.

§ I.

Des reptiles parvenus à une croissance peu ordinaire ont fait naître ou ont accrédité plusieurs de ces récits.

A-t-il jamais existé des reptiles d'une proportion assez extraordinaire, des animaux d'une forme assez monstrueuse pour donner une origine naturelle aux récits que nous discutons ?

On a tué, près de Calcutta, en 1815, un crocodile de 17 à 18 pieds anglais de longueur, armé de griffes énormes. « A l'endroit où la tête est jointe au corps, on voyait un renflement d'où sortaient quatre saillies osseuses ; sur le dos étaient trois autres rangs de saillies semblables ; et quatre s'approchaient de la queue, dont le bout formait une sorte de scie, étant la continuation de ces rangs de saillies. » (1) Ces *renflemens*, ces *saillies osseuses*, regardées avec raison comme une arme défensive, on les retrouve

(1) *Bibliothèque universelle* (Genève). *Sciences*. tome IV. pages 222-223.

sur la fameuse *Tarasque* de Tarascon, et sur plusieurs dragons ou serpens, représentés dans les tableaux de diverses légendes. Ici encore, la fiction a pu commencer par la peinture et l'exagération d'un fait réellement observé.

Le bruit se répandit, il y a quelques années, que l'on avait tué, au pied du mont Salève, un reptile monstrueux. Déjà l'on commençait à lui attribuer des ravages proportionnés à sa taille. Sa dépouille fut examinée à Genève et ensuite à Paris, par des naturalistes : ce n'était qu'une couleuvre qui avait pris un accroissement remarquable, mais nullement prodigieux. Dans un siècle moins éclairé, en aurait-il fallu davantage, pour fournir, à la crédulité des montagnards de Savoie, un récit merveilleux, que la tradition aurait consacré et peut-être augmenté d'âge en âge ?

L'histoire a consacré le souvenir du serpent que Régulus combattit en Afrique avec des machines de guerre : c'était probablement un boa parvenu à son dernier degré de croissance. En accordant quelque chose à l'exagération, langage naturel de la surprise et de la crainte, il devient facile de réconcilier ici la tradition avec la vérité et la vraisemblance.

Souvent même il n'est pas nécessaire de supposer beaucoup d'exagération. Elien (1) cite des reptiles d'une grandeur extraordinaire. Rappelons-nous qu'un respect presque religieux pour la vie de certains animaux, dut jadis, et surtout dans l'Inde, permettre aux serpens d'atteindre, en vieillissant, des dimensions énormes. Ce respect fut secondé par la superstition qui consacra, dans les temples, plusieurs de ces reptiles. Alexandre, dans un temple de l'Inde, admira un serpent qui avait, dit-on, soixante-dix coudées de longueur (2). Nous savons qu'on révérait des dragons sacrés à Babylone (3), à Mélite en Egypte, en Phrygie, en Italie, en Épire (4), en Thessalie (5), et en Bœotie, dans la grotte de Trophonius (6).

Observons enfin que les progrès de la ci-

---

(1) *Aelian. De Nat. anim.* passim. et lib. XVI. cap. 39.
(2) *Ibid. ibidem.* lib. XV. cap. 12.
(3) *Daniel.* cap. XIV.
(4) *Aelian. De Nat. anim.* lib. XI. cap. 17. lib. XII. cap. 39 Cap., lib. XI. c. 216.
(5) *Aristotel. De mirabil Auscult.*
(6) *Suidas,* verbo *Trophonios.*

vilisation ont chassé ces grands reptiles des pays où ils vieillissaient en paix autrefois. Il n'existe plus de *boas* en Italie. Solin (1) place des boas en Calabre ; il décrit leurs habitudes avec assez d'exactitude pour qu'on ne puisse supposer qu'il ait voulu parler de couleuvres monstrueuses. Pline confirme son récit, en citant un boa dans le corps duquel on trouva un enfant ; il avait été tué au Vatican, sous le règne de Claude, trente ans au plus avant l'époque à laquelle Pline écrivait (2).

Ces faits positifs préparaient la crédulité à confondre avec l'histoire toutes les légendes où une autre cause faisait figurer des serpens monstrueux.

§ II.

D'autres ont eu pour base des expressions figurées que l'on a prises dans le sens physique.

―――

Il n'existe point de serpens ailés, de véri-

(1) *Solin.* cap. VIII.
(2) *Plin. Hist. nat.* lib. VIII. cap. 14.

tables *dragons* : l'union de deux natures si diverses a été originairement un *hiéroglyphe*, un emblème. Mais la poésie, qui vit de figures, n'a point hésité à s'emparer de l'image et de l'expression. Les reptiles qui déchirèrent les fils de Laocoon, sont appelés *dragons* par Q. Calaber (1); Virgile leur donne tour-à-tour le nom de *dragons* et celui de serpens (2). Les deux noms paraissent avoir été synonymes dans le langage poétique ; et les ailes dont on dotait les dragons, n'étaient que l'emblème de la promptitude avec laquelle le serpent s'élance sur sa proie ou s'élève, pour la saisir, jusqu'à la cime des arbres. Ici, comme dans beaucoup d'autres circonstances, les expressions figurées ont pris aisément de la réalité dans la croyance d'un vulgaire non moins ignorant qu'avide de merveilleux.

Le grec moderne donne le nom énergique de *serpens ailés* aux sauterelles dont les essaims, apportés par les vents, viennent dé-

---

(1) Q. Calaber. *De Bello trojano*. lib. XIII.
(2) « *Immensis orbibus*, angues (vers 204).
« Serpens *amplexus uterque* (vers 214).
« *Delubra ad summa* dracones » (vers 225).
          Virgil. *Aeneid*. lib. II.

vaster ses moissons (1). Cette métaphore est probablement ancienne ; elle peut avoir créé plusieurs récits sur l'existence des *serpens ailés*.

Mais ces explications, et celles qui se rattachent à des faits physiques, sont vagues, et d'ailleurs purement locales ; elles ne peuvent s'appliquer à un fait précis, que l'on retrouve dans tous les pays et dans tous les temps, avec le même fond et des variations légères dans les circonstances principales.

§ III.

Serpens monstrueux, emblèmes des ravages produits par le débordement des eaux.

Saint-Romain, en 720 (ou 628), délivra la ville de Rouen d'un dragon monstrueux. « Ce

---

(1) Pouqueville. *Voyage dans la Grèce*. tome III. pages 562-563.

miracle (est-il dit dans une *Dissertation sur le miracle de Saint-Romain et sur la Gargouille*) n'est que l'emblème d'un autre miracle de Saint-Romain, qui fit rentrer dans son lit la Seine qui était débordée et qui allait inonder la ville. Le nom donné par le peuple à ce serpent fabuleux en est lui-même une preuve : *gargouille* vient de *gurges*, etc. (1) ».

A l'appui de son opinion, l'auteur cite cette strophe d'un hymne de Santeuil :

> Tangit exundans aqua civitatem ;
> Voce Romanus jubet efficaci ;
> Audiunt fluctus, docilisque cedit
> Unda jubenti.

Il observe enfin qu'à Orléans, ville fréquemment exposée aux ravages des eaux qui baignent et fécondent son territoire, on célébrait une cérémonie semblable à celle qui rappelait à Rouen le miracle de Saint-Romain.

(1) *Histoire de la ville de Rouen*, par Servin. 1775. 2 vol in-12. tome II. page 147.

Il aurait pu citer encore un grand nombre de traditions propres à étayer sa conjecture.

L'île de Batz, près Saint-Pol de Léon, était désolée par un dragon épouvantable. Saint-Pol (mort en 594) précipita le monstre dans la mer, par la vertu de son étole et de son bâton. Cambry (1), qui rapporte cette tradition, nous apprend que la seule fontaine qui existe dans l'île de Batz, est alternativement couverte et découverte par le flux de la mer.

Il raconte ensuite que « près du château de la Roche-Maurice, près de l'ancienne *rivière* de Dordoun, un dragon dévorait les hommes et les animaux (2). »

Il semble assez naturel de voir dans ces deux récits l'emblème des ravages de la mer, et de ceux de la Dordoun.

Saint-Julien, premier évêque du Mans (en 59), détruisit un dragon horrible, au village d'Artins, près de Montoire (3). Ce

---

(1) Cambry. *Voyage dans le département du Finistère.* tome 1. pages 147-148.

(2) *Ibid. ibid.* page 57.

3) Moreri. *Dictionnaire historique,* art. *Saint Julien.* — M. Duchemin-La-Chenaye donne, au théâtre de cette vic-

dragon, dans le système que nous discutons, représentera les débordemens du Loir, qui coule dans le voisinage. Ils seront aussi figurés par le dragon de neuf ou dix toises de long, dont triompha, vers la fin du IVe siècle, saint Bié ou Bienheuré ermite, habitant près de Vendôme, dans une *caverne* à côté d'une *fontaine* (1). Les débordemens de la Moselle le seront par le *Graouilli*, serpent monstrueux que vainquit à Metz saint Clément (2); et ceux du Clain, par le dragon de Poitiers qui se cachait près de cette rivière, et dont la mort fut un bienfait de sainte Radegonde, vers le milieu du VIe siècle (3).

On expliquera de même, par les débordemens du Rhône, l'histoire du monstre de Tarascon, que sainte Marthe, au premier siècle attacha avec sa jarretière et fit mourir,

---

toire, le nom de la *Roche-Turpin. Mémoires de l'Académie celtique.* tome IV. page 311.

(1) M. Duchemin-La-Chenaye. *Ibid.* pages 308 et suivantes.

(2) A. Lenoir. *Du Dragon de Metz,* etc. *Mémoires de l'Académie celtique.* tome II. pages 1 et suivantes.

(3) M. Jouyneau-des-Loges. *Mémoires de l'Académie celtique.* tome v. page 57.

et dont la représentation, nommée *Tarasque*, est encore aujourd'hui portée en procession dans la ville, le lendemain de la Pentecôte (1). Les débordemens de la Garonne auront pour emblème le dragon de Bordeaux, cédant à la vertu de la verge de saint Martial (2) au XI° siècle, et le dragon de saint Bertrand de Comminges, subjugué par l'évêque saint Bertrand, en 1076 (3).

Ainsi le dragon dont saint Marcel délivra Paris (4), celui dont un monument attestait les ravages au village de Torcy, près de Lunéville (5), et le dragon ailé de l'abbaye de

---

(1) Rouvière. *Voyage du tour de la France.* in-12. 1713. pages 401-402. — Dulaure. *Description des principaux lieux de la France.* tome 1. page 16. art. *Tarascon.* — Millin *Voyage dans le midi de la France.* 4 vol. in-8°. tome III. page 451-553. La figure de la *Tarasque* se trouve dans l'atlas du Voyage, planche 63, mais elle est peu exacte.

(2) M. Decayla *Mémoires de l'Académie celtique.* tome IV. pages 272-284.

(3) M. Chaudruc. *Mémoires de l'Académie celtique* tome IV. page 313.

(4) *Les Vies des saints pour tous les jours de l'année.* 2 vol. in-4°. Paris, 1734. tome II. page 84. *Vie de saint Marcel*, 3 novembre. — Gregor. Turon. *De gloriâ confess.* cap. 89. — On croit que saint Marcel occupa le siége épiscopal de Paris vers la fin du IV° siècle.

(5) D. Calmet. *Journal de Verdun*, juin 1751. page 15.

Fleury (1) offriront les images de la Seine, de la Meurthe et de la Loire débordées.

Ainsi, à Lima, le jour de la fête de saint François d'Assise, si l'on voit figurer à la procession, un monstre idéal nommé *Terasque* (2) (dont le nom rappelle la *Tarasque* provençale), on se rappellera que Lima, peu éloignée de la mer, est arrosée par une rivière qui fournit de l'eau dans chaque maison.

Ainsi, M. Champollion explique avec vraisemblance l'hiéroglyphe des deux énormes serpens à tête humaine que l'on voit dans l'église de Saint-Laurent de Grenoble, par le proverbe : « *Serpens et draco devorabunt urbem*, transporté dans la langue vulgaire en ces deux vers :

« Lo serpein et lo dragon
Mettront Grenoble en savon, »

faisant allusion ainsi à l'emplacement de la

(1) Du Cange. *Glossar.* verbo *Draco.* 2..... tom. II. pag. 1645.
(2) *Tableau de l'état actuel du Pérou*, extrait du *Mercurio peruviano*. — *Annales des Voyages*, par M. Malte-Brun, tome I. page 92.

ville, située à l'embouchure du *Drac (Draco)*, dans l'*Isère*, représenté par le serpent, dont cette rivière imite assez, par son cours, les replis tortueux (1). » La comparaison des sinuosités d'un fleuve aux replis d'un serpent, se retrouve en effet dans le langage populaire et dans les noms qui en sont émanés, autant que dans les métaphores des poëtes. Près d'Héléno-Pole, ville de Bithynie, coulait le fleuve *Draco*, Dragon : ce nom, dit Procope (2) lui avait été donné à cause de ses nombreux détours qui obligeaient les voyageurs à le traverser vingt fois de suite.

Par une raison analogue, sans doute, une rivière qui sort du mont Vésuve, et arrose les murs de *Nuceria* (Nocera), portait aussi le nom de *Dragon* (3).

Cette explication est encore fortifiée par un aveu d'autant plus remarquable que l'écrivain à qui il est échappé a recueilli et présenté d'abord comme des faits certains, tous

---

(1) *Dissertation sur un monument souterrain existant à Grenoble.* in 4°. an XII. — *Magasin encyclopédique.* IX° année. tome v. pages 442-443.
(2) *Procop. De aedific. Justin.* lib. v. cap. 2
(3) *Procop. Hist. Misc.* lib. I. cap. 55.

les contes populaires sur les dragons et les serpens monstrueux, qu'au commencement du XVIII° siècle, on débitait dans l'intérieur de la Suisse. Scheuchzer (1) convient que l'on a donné souvent le nom de *Drach* (*Draco*) aux torrens impétueux qui se répandent tout d'un coup en avalanches. *Le dragon*, s'écrie-t-on alors, *a fait irruption*..... (*Erupit Draco!*). La cavité où le torrent prend sa source, et celle où s'engloutissent ses eaux durent s'appeler, en conséquence, *Trou du dragon*, *Marais du dragon*, noms que nous retrouverons dans plusieurs lieux rendus célèbres par quelqu'une des légendes qui nous occupent.

Malgré la vraisemblance que présentent plusieurs de ces rapprochemens, deux objections graves repoussent le système qu'ils sont destinés à établir.

1° S'il est aussi facile à un pouvoir surnaturel d'arrêter les débordemens de la mer ou d'un fleuve que de mettre à mort un ser-

---

(1) Scheuchzer. *Itinera per Helvetiae alpinas regiones*. etc. tom. III. pag. 377-397.... *Vide* pag. 396 et pag. 383. 384. 389. 390.

pent monstrueux, la parité n'existe pas pour les forces bornées d'un homme ordinaire. Or, nous verrons figurer, dans les légendes, des chevaliers, des soldats, des bannis, d'obscurs malfaiteurs qu'aucune grâce céleste n'appelait à opérer des miracles. A qui persuadera-t-on qu'un seul homme, quel que fût son zèle ou son pouvoir, soit parvenu à faire rentrer dans leur lit, la Loire ou la Garonne couvrant au loin la plaine sous leurs eaux débordées ?

2° La multitude des légendes ne permet pas de croire qu'en des lieux et des temps si divers, on se soit accordé à figurer par le même emblème des événemens semblables, mais particuliers à chaque époque. Un emblème constamment identique suppose un *fait*, ou plutôt une allégorie reçue dans tous les temps et dans tous les lieux. Telle est celle du triomphe que remporte le *vainqueur céleste*, le principe du bien et de la lumière, sur le principe des ténèbres et du mal, figuré par le *serpent*.

§ IV.

Légende du Serpent, transportée des tableaux astronomiques, dans la mythologie et dans l'histoire.

Nous ne retracerons point ici, dans ses détails, le tableau astronomique de ce triomphe éternellement renouvelé : observons seulement que trois objets accessoires s'y groupent, dans presque toutes les légendes, avec le sujet principal ; une *vierge*, une *jeune fille*, ou une *femme*; un *abîme*, une *caverne* ou une *grotte* ; et la *mer*, une *rivière*, une *fontaine* ou un *puits* (1). On retrouve même une partie de cette légende *mise en action*, si je puis m'exprimer ainsi, dans la manière dont recevaient leur nourriture les dragons sacrés d'Épire, de Phrygie et de Lanuvium : elle leur était portée dans leur *caverne* par une

(1) A. Lenoir. *Du Dragon de Metz*, etc. *Mémoires de l'Académie celtique.* tome II. pages 5-6.

vierge, qu'attendait une punition terrible, si elle avait usurpé son titre (1).

La mythologie grecque est trop connue pour que nous ayons besoin de rappeler Apollon, perçant de ses flèches le serpent Python, à l'entrée de la *grotte* où la *vierge* Thémis rendait ses oracles; Jason que, sur les bords du *fleuve* de la Colchide, le secours de Médée, *vierge* encore, rend vainqueur du dragon qui gardait la toison d'or; ou Hercule et Persée, délivrant *Hésione* et *Andromède*, prêtes à devenir la proie d'un monstre sorti de la *mer*.

Suivant une légende que la foi chrétienne ne consacre que dans le sens figuré, mais que les peintres et la foule des croyans ont adoptée dans le sens propre, saint Michel terrassa et perça de sa lance un dragon vomi par l'*abîme* infernal, le même, suivant Dupuis, qui, dans l'Apocalypse, poursuit la *vierge* céleste. A une demi-lieue du chemin de Baruth (l'ancienne Berythe), on voit la *caverne* où se retirait un dragon tué par saint Georges,

---

1) *Aelian. De Nat. anim.* lib. xi. cap. 2 et 16. lib. xii. cap. 39. — *Propert. Eleg.* lib. iv. eleg. 8.

à l'instant où il allait dévorer la *fille* d'un roi du pays (1).

Sainte Marguerite appartient, ainsi que saint Georges, à une époque que la chronologie n'a pas la prétention de fixer. Elle triomphe d'un dragon ; et de la tête du monstre, cette *vierge*, élevée depuis au séjour céleste, tire une *escarboucle*, un *rubis*, emblème de l'étoile brillante de la Couronne boréale (*Margarita*) placée, dans le ciel, près de la tête du *Serpent*.

Dans l'histoire de Dieudonné de Gozon, figure aussi « la *pierre* sortie de la tête du dragon tué à Rhodes par ce héros, et conservée, dit-on, dans sa famille. Elle était de la grosseur d'une olive, et de plusieurs couleurs éclatantes (2).

Elle remonte à une haute antiquité, l'erreur qui, transformant en fait physique une allégorie astronomique, décore d'une pierre brillante, la tête des serpens. « Quoiqu'un serpent ait un *rubis* sur la tête, néanmoins il

---

(1) Thévenot. *Relation d'un voyage fait au Levant*, etc. in-4°. Paris, 1665. page 442.

(2) *Dictionnaire de* Moréri, art. Gozon *(Dieudonné)*. Gozon mourut en 1353.

sera dommageable» dit un philosophe Hindou qui avait recueilli dans ses Proverbes les enseignemens des siècles les plus reculés (1).

Pline, Isidore et Solin parlent de la *pierre précieuse* que porte dans sa tête le Dragon (2). Deux traditions helvétiennes présentent un serpent donnant une *pierre précieuse* à un homme, en signe d'hommage ou de reconnaissance (3). Fidèle à ces vieilles croyances, la langue populaire du Jura désigne encore sous le nom de *Vouivre* (4) un serpent ailé, immortel, dont l'œil est un *diamant*.

Née de l'expression figurée de la position relative qu'occupent dans les cieux les constellations de Persée, de la Baleine, de la Couronne, du Serpent, etc., la légende, nous l'avons vu, a été ensuite rapportée à la vic-

---

(1) *Proverbes de Barthovherri*, etc. insérés dans l'ouvrage d'Abraham Roger. — *Le Théâtre de l'idolâtrie*, ou *la Porte ouverte*, etc. traduction française. 1 vol. in-4°. Amsterdam, 1760. p. 528.

(2) *Plin. Hist. nat.* lib. xxxvii. cap. 10. — *Isidor. Hispal. Origin.* lib. xvi. cap. 13. — *Solin.* cap 33.

(3) Scheuchzer. *Itinera per Helvetiae alpinas regiones*, etc. tom. iii. pag. 381 383.

(4) *Mémoires de la Société des Antiquaires de France.* tome vi page 217.

toire du soleil du printemps sur l'hiver et de la lumière sur les ténèbres. L'escarboucle ou *rubis* qui y tient sa place, et dont Ovide (1) décore le palais du soleil, était en effet consacré à cet astre, à cause de sa couleur d'un rouge flamboyant (2).

Presque toutes les mythologies reproduisent, avec quelques variétés, la même légende.

Sur un monument découvert à Thèbes, Anubis est représenté comme le sont, dans les peintures chrétiennes, saint Michel et saint Georges : il est armé d'une cuirasse ; dans sa main est une lance dont il perce un monstre qui a la tête et la queue d'un serpent (3).

(1) ..... *Flammasque imitante pyropo.*
              Ovid. *Metamorph.* lib. II. vers. 2.

(2) Le cardinal Dailly et Albert-le-Grand, évêque de Ratisbonne, dit Cartaud de la Villatte, distribuent les planètes aux religions. Le soleil est échu à la religion chrétienne ; c'est pour cela que nous avons le soleil en singulière vénération, que la ville de Rome est *ville solaire*, et que les cardinaux qui y résident sont habillés de *rouge*, qui est la couleur du soleil. » *Pensées critiques sur les mathématiques* 1 vol. in-12. Paris, 1753. page 38. avec approbation et privilege.

(3) A. Lenoir. *Du Dragon de Metz*, etc. *Mémoires de l'Académie celtique.* tome II. pages 11-12.

Dans une suite de narrations, dont les compilateurs ont emprunté à l'antique mythologie de l'Hindoustan la plupart de leurs récits merveilleux, on voit figurer jusqu'à trois fois des monstres, qui tantôt prennent la forme d'un énorme *serpent* (1), tantôt *dragons* gigantesques, battent de leur queue leurs flancs couverts d'écailles (2) : chaque année, de jeunes *vierges* ont assouvi leur voracité ; c'est à l'instant où la *fille* d'un roi doit en devenir la victime, qu'ils succombent sous les coups d'un guerrier aidé par des puissances surnaturelles.

Chéderles, héros révéré chez les Turcs, « tua, disent-ils, un dragon monstrueux, et sauva la vie à une *jeune fille*, exposée à sa fureur. Après avoir bu les eaux d'un *fleuve* qui l'ont rendu immortel, il court le monde sur un cheval immortel comme lui (3). » Le commencement du récit rappelle les mythes hindous et les fables d'Hercule et de Persée ;

---

(1) *Les Mille et une nuits*, traduction d'Ed. Gauthier .. 7 vol. in-8°. Paris, 1822-1823. tome v. pages 425-426.

(2) *Ibidem.* tome vi. pages 303-305. et tome v. pages 423-424.

(3) Noël. *Dictionnaire de la Fable.* art. *Chéderles.*

la fin offre l'emblème du soleil, voyageur immortel, qui ne cesse de faire le tour du monde.

Parmi les figures sculptées sur le granit, que l'on a découvertes dans la ville déserte de *Palenqui-Viejo*, l'on remarque un serpent, de la gueule duquel sort une tête de femme(1). On serait tenté de rapprocher cet emblème de la légende des dragons monstrueux : il est difficile au moins de ne pas supposer que la légende avait passé dans le Nouveau-Monde. Les Caribes croient que l'Être suprême fit descendre son fils du ciel pour tuer un serpent horrible qui désolait, par ses ravages, les nations de la Guiane (2). Le monstre succomba : les Caribes naquirent des vers que produisit son cadavre ; aussi, regardent-ils comme ennemies les nations à qui jadis il avait fait une guerre cruelle. Voilà bien d'abord le mythe du serpent Python. Mais, que penser de l'origine bizarre que s'attribuent les Caribes? On peut soupçonner qu'ils re-

---

(1) *Revue encyclopédique*. tome XXXI. page 850.
(2) Noël. *Dictionnaire de la Fable*. art. *Cosmogonie américaine*.

çurent jadis cette tradition d'un peuple supérieur en force, qui voulait les humilier et les dégrader; ils l'ont conservée par habitude, et parce qu'elle justifiait leurs haines nationales et leur soif de conquêtes.

§ V.

La même légende s'introduit dans les traditions du christianisme, surtout chez les peuples d'Occident.

Aussi long-temps que le christianisme opprimé lutta obscurément contre le polythéisme, son culte, non moins austère que les dogmes de sa morale, n'admit, dans ses cérémonies couvertes encore du voile du mystère, que des rites simples, dégagés de toute représentation. Les recherches des persécuteurs ne pouvaient arracher aux fidèles que les livres saints, les vases sacrés, et peu ou point d'images (1).

(1) *Encyclop. méthod. Théologie.* art. *Images.*

Mais, le culte public se passe difficilement de signes visibles et remarquables ; par eux, au milieu d'un rassemblement tel que la parole arriverait à peine aux oreilles de quelques hommes, il parle aux yeux de tous ; il parle à l'un des penchans les plus naturels, les plus universels. La multitude alors se complaît dans la magnificence de ses actes religieux, et ne croit pas pouvoir trop multiplier les images.

Cela dut arriver au christianisme, lorsque, sur les débris du polythéisme, il établit publiquement ses temples et son culte. Le progrès fut d'autant plus rapide que, succédant à une religion riche de pompe et d'emblèmes, la religion du Christ dut craindre de repousser, pour une simplicité trop sévère, des hommes habitués à voir, à toucher, ce qu'ils croyaient, ce qu'ils adoraient. Plutôt que de proscrire imprudemment les objets d'une vénération difficile à détruire, elle aima souvent mieux se les approprier : plus d'un temple fut changé en église ; plus d'un nom de divinité fut honoré comme le nom d'un saint ; et un grand nombre d'images et de légendes passèrent sans effort dans le nouveau culte, conservés par l'antique respect des nouveaux croyans.

La légende d'un être céleste, vainqueur du serpent, du principe du mal, était conforme au langage, à l'esprit et à l'origine du christianisme : elle y fut accueillie, et reproduite dans les peintures et les cérémonies religieuses ; saint Michel, le premier des archanges, parut aux yeux des fidèles, perçant le dragon infernal, l'antique ennemi du genre humain.

Au V⁰ siècle furent établies en France (1), et plus tard dans tout l'Occident, les processions, connues sous le nom de *Rogations*. Pendant trois jours, on y offrait aux regards des fidèles l'image d'un dragon, d'un serpent ailé, dont la défaite était figurée par la manière ignominieuse dont on le portait le troisième jour (2).

La célébration des Rogations a varié, sui-

---

(1) Saint Mammert, évêque de Vienne en Dauphiné, institua les *Rogations* en 468 ou 474. *Encyclop. méthod. Théologie.* art. *Rogations.*

(2) Guill. Durant. *Rationale divinorum officiorum.* in-fol. 1479. folio 226 recto.

vant les diocèses, des premiers jours de la semaine de l'Ascension aux derniers jours de la semaine de la Pentecôte : elle correspond au temps où, la première moitié du printemps étant écoulée, la victoire du soleil sur l'hiver est pleinement achevée, même dans nos climats froids et pluvieux. Il est difficile de ne point apercevoir une connexion intime entre la légende du dragon allégorique et l'époque qui, chaque année, ramenait son apparition.

D'autres rapprochemens ajoutent à la force de cet indice.

Au VIe siècle, saint Grégoire le Grand ordonna que l'on célébrerait annuellement, le jour de saint Marc (le 25 avril), une procession semblable à celle des Rogations. Voici l'origine de cette cérémonie. Rome était désolée par une inondation extraordinaire ; tel qu'une mer immense, le Tibre s'élevait jusqu'aux fenêtres supérieures des temples. Des eaux débordées du *fleuve* sortirent d'innombrables serpens, et enfin un *dragon* énorme (1), nouveau Python, né de ce nou-

___
(1) *Ibid.* folio 225 verso.

veau déluge (1). Son souffle infectait l'air; il engendra une maladie pestilentielle (2); les hommes étaient moissonnés par milliers..... Une procession annuelle consacra le souvenir de ce fléau, et de sa cessation obtenue par les prières du saint pape et de ses ouailles. La date du 25 avril, moins éloignée de l'équinoxe que celle des Rogations, convenait mieux à un pays où le printemps est plus hâtif que dans les Gaules.

Soit hasard, soit calcul, ceux qui ont transporté à Lima, sous l'hémisphère austral, la *Tarasque*, le *dragon* des peuples septentrionaux, le font paraître le 4 octobre, jour de la fête de saint François d'Assise. Cette époque se rapproche encore plus de l'équinoxe du printemps. Mais, dans les contrées équatoriales, sous le ciel tempéré de Lima,

---

(1) « *Ut Noë diluvium renovatum crederetur.* » Platina. *De vitis max. pontific....* in *Pelag. II.*

(2) « *Pestis inguinaria seu inflatura inguinum.* » Ce sont les termes dont se sert l'auteur du *Rationale* (loco citato); il ajoute que le pape Pélage II, successeur de saint Grégoire-le-Grand, mourut subitement de cette maladie, avec soixante-dix autres personnes, au milieu d'une procession.

la victoire du soleil ne demeure pas longtemps suspendue, comme dans nos régions septentrionales, où les premières semaines du printemps ne semblent qu'une prolongation de l'hiver.

Pline a parlé d'un *œuf* mystérieux (1) à la possession duquel les druides attachaient des vertus merveilleuses, et qui, disaient-ils, était formé par le concours de tous les *serpens* d'un pays. Écho des druides après deux mille ans, et sans se douter de l'antiquité du mythe qu'il répète, l'habitant de la Sologne affirme que, chaque année, tous les *serpens* du pays se réunissent pour produire un *diamant* énorme qui, mieux encore que la *pierre* de Rhodes, réfléchit les couleurs les plus vives de l'arc-en-ciel. Si le geai a su en enrichir son plumage, c'est à la possession d'un de ces diamans qu'il en est redevable. Le jour marqué pour leur production miraculeuse est le 13 mai (2), jour qui appartient

---

(1) *Plin. Hist. nat.* lib. xxix. cap. 3.
(2) Légier (du Loiret) *Traditions et usages de la Sologne. Mémoires de l'Académie celtique.* tome II. pages 215-216.

au commencement de la seconde moitié du printemps, comme les jours où l'on promenait le *serpent* des Rogations.

L'époque de cette apparition nous fournit une remarque qui n'est pas sans intérêt. Sa fixité suffit pour prouver, contre l'opinion que nous avons précédemment combattue, que le serpent n'était point l'emblème d'inondations, de débordemens de rivières, qui n'ont pu avoir lieu partout aux mêmes jours. Comment donc cette opinion s'est-elle établie? Lorsque l'on eut oublié le sens primitif de l'emblème, on s'arrêta volontiers à une circonstance qui, dans les légendes où on le reproduisait, faisait presque toujours placer le lieu de la scène aux bords de la *mer* ou d'un *fleuve*. L'idée que la cessation des ravages des eaux était ainsi représentée dut paraître d'autant plus naturelle, que la procession du *dragon* se célébrait régulièrement, à une époque de l'année où les rivières les plus enflées par la fonte des neiges ou les pluies de l'équinoxe, sont toutes rentrées dans leurs lits.

§ VI.

Explications allégoriques des emblèmes où figurait le Serpent.

Chaque église avait son *dragon* : l'émulation de la piété extérieure fit que, dans ces représentations, on enchérit à l'envi pour inspirer aux spectateurs l'admiration, l'étonnement et l'effroi. La partie visible du culte devient bientôt la partie la plus importante de la religion, pour des hommes uniquement attentifs à ce qui frappe leurs sens : le *dragon* de la procession des Rogations était trop remarquable pour ne pas attirer l'attention des peuples et usurper une grande place dans leur croyance. Chaque *dragon* eut bientôt sa légende particulière, et les légendes se multiplièrent à l'infini. A ceux qui révoqueraient en doute l'efficacité de cette cause, nous répondrons par un fait : les chrétiens d'Orient n'ont point adopté l'institution des

Rogations ; la victoire remportée par un être céleste sur un serpent, figure rarement dans l'histoire des saints qu'ils révèrent.

Le mot *dragon* contracté en celui de *drac*, a désigné des démons, des esprits malfaisans que le Provençal crédule plaçait sous les eaux du Rhône, et qui se nourrissaient de la chair des hommes; faire le *drac* était synonyme de faire autant de mal que l'on suppose au diable le désir d'en faire (1). Les personnes mordues par un *serpent* étaient guéries dès qu'elles approchaient du tombeau de saint Phocas, grâce à la victoire qu'en subissant le martyre, ce héros chrétien remporta sur le diable, l'antique *serpent* (2). Quand, au VIIIe siècle, on racontait qu'on avait trouvé un énorme *serpent* dans le tombeau de Charles-Martel (2), voulait-on insinuer autre chose, sinon que le démon avait fait sa proie de ce guerrier, qui sauva la France et peut-être l'Europe entière du joug des musulmans, mais qui eut le mal-

(1) Du Cange. *Glossar.* verbo *Dracus.* — Millin. *Voyage dans l'intérieur de la France.* tome III. pages 450-451.
(2) *Gregor. Turon. De Miracul.* lib. I. cap. 99.
(3) Mézerai. *Abrégé chronologique de l'Histoire de France.* année 741.

heur de contrarier l'ambition des chefs de l'église et la cupidité des moines?

Il semblait donc naturel de croire, comme l'enseigne expressément l'auteur du *Rationale* (1), que le *serpent* ou *dragon*, porté à la procession des Rogations, était l'emblème de l'esprit infernal, dont on demandait au ciel la défaite ; et d'attribuer cette défaite à l'intercession du saint que, dans chaque diocèse et dans chaque paroisse, révéraient plus particulièrement les fidèles.

Ce genre d'explication a été reproduit sous diverses formes, par des chrétiens sensés qui ne pouvaient admettre, dans le sens physique, des récits trop souvent renouvelés pour avoir jamais été vrais.

Le démon est le vice personnifié : les victoires remportées sur le vice, pouvaient donc être figurées par le même emblème. A Gênes, sur la petite place qui est près de l'église de Saint-Cyr, on voit un ancien *puits* où se cachait jadis un *dragon* dont le souffle faisait périr les troupeaux et les

---

(1) Guill. Durant. *Rationale divinorum officiorum.* folio 226 recto.

hommes. Saint-Cyr conjura le monstre, le força de sortir du puits et de se précipiter dans la *mer* (1). Des tableaux représentent encore ce miracle, que les érudits interprètent allégoriquement, par les victoires que remportait le saint prédicateur sur l'impiété et le libertinage. La même interprétation pouvait convenir au triomphe de saint Marcel sur le serpent qui désolait Paris, puisque, dit-on, « ce *serpent* parut hors de la ville, près du tombeau d'une *femme* de qualité qui avait vécu dans le désordre (2). »

M. Dulaure (3), cependant, pense que cette légende et un grand nombre d'autres ont figuré le triomphe de la religion chrétienne sur la religion des Romains et sur celle des druides. L'incrédulité, en effet, est le pire des vices, aux yeux des chefs d'une religion : on est souvent corrompu à la fois et supers-

---

(1) *Description des Beautés de Gênes*. in-8°. Gênes, 1781. pages 39-41. — Millin. *Voyage en Savoie et en Piémont*. tome II. page 239.

(2) *Les Vies des Saints pour tous les jours de l'année*. tome II. page 84.

(3) Dulaure. *Histoire physique, civile et morale de Paris*, 1re édit. pages 161-162 et 185-186.

titieux, et par conséquent soumis aux prêtres ; on n'est jamais soumis, quand on ne croit pas.

Le *dragon* que vainquit saint Julien (1), avait son repaire près d'un temple de Jupiter : sa chute a pu figurer celle du polythéisme, lorsqu'à la voix de l'apôtre du Mans, les adorateurs renversaient les autels du dieu détrôné et laissaient son temple désert.

Aux lieux où fut jadis Épidaure, on voit une *caverne* que la tradition a désigné quelquefois comme la retraite de Cadmus métamorphosé en *serpent ;* mais plus souvent comme le séjour du *serpent* d'Esculape. Quand saint Jérôme raconte comment, à Épidaure, saint Hilarion triompha d'un *serpent* dévastateur que recelait cette même *caverne*, les érudits semblent en droit de voir dans son récit, l'emblème de la victoire du prédicateur de l'évangile sur le culte d'Esculape (2). Ils expliqueront par une allégorie semblable le

---

(1) *Mémoires de l'Académie celtique.* tome iv. page 311.
(2) Appendini. *Notizie istorico-critiche sulle antichità*, etc. *de' Ragusei.* tom. 1. pag. 30. — Pouqueville. *Voyage dans la Grèce.* tome 1. pages 24-25.

miracle qui rendit saint Donat, évêque de Corinthe, vainqueur d'un serpent tellement énorme, que huit paires de bœufs avaient peine à traîner son corps privé de vie (1). La date du miracle, l'an 399, rappelle en effet l'époque où le paganisme succomba, sans retour, sous les coups redoublés que lui portaient à l'envi les deux fils de Théodose.

Un *dragon* monstrueux désolait les environs de Theil, près de la *Roche-aux-Fées* (département d'Ille-et-Vilaine) : saint Arnel, apôtre de cette contrée, le traîna avec son étole jusqu'au sommet d'un mont, et lui ordonna de se précipiter dans la *rivière* de Seiche. M. Noual de La Houssaye pense que ce miracle figure la victoire remportée par le saint sur les derniers restes de la religion druidique, dont la *Roche-aux-Fées* avait vu jusqu'alors se perpétuer les cérémonies. Il explique de même la répétition d'un miracle semblable dans la légende de saint Efflam, et dans celle de quelques autres saints (2). On étendra volontiers sa conjecture aux œuvres

---

(1) *Sigeberti Chronicon.* anno 399.
(2) *Mémoires de l'Académie celtique.* tome v. p. 377.

d'un Thaumaturge qui, devant une pierre probablement druïdique, et honorée encore aujourd'hui par des rites superstitieux, vainquit un *dragon* qui désolait le territoire de Neuilly-Saint-Front, dans l'arrondissement de Château-Thierry (1).

L'hérésie, non moins que les fausses religions, est réputée l'œuvre de l'esprit de ténèbres (2). Le *dragon* dont, jusqu'en 1728, les chanoines de Saint-Loup, à Troyes, ont porté, à la procession des Rogations, une image en bronze (3), passait pour l'emblème de la victoire remportée par saint Loup sur l'hérésie des Pélagiens.

(1) *Mémoires de la Société des Antiquaires de France.* tome 1. pages 426-427.
(2) Pour célébrer l'anathème porté dans le concile de Constance contre la doctrine de Jean Hus et de Jérôme de Prague, et le supplice de ces deux infortunés, l'empereur Sigismond institua l'ordre du *Dragon renversé* : le *Dragon* figurait l'hérésie vaincue. *Dictionnaire de Moreri.* art. *Dragon renversé.*
(3) Grosley. *Éphémérides.* 3e partie. chap. 91. tome 1er. pages 222-225.

§ VII.

Multiplicité des faits de ce genre, adoptés comme des faits réels.

Mais les allégories ne sont pas à la portée de la multitude ignorante et dressée à croire aveuglément. Le serpent promené aux jours des Rogations, fut généralement regardé comme la représentation d'un serpent réel, à l'existence duquel on ne craignit pas d'assigner une date certaine. En vain révélait-on aux superstitieux le sens de l'allégorie ; en vain, par exemple, montrait-on, dans un tableau, saint Véran chargeant de liens l'esprit infernal : on persista à croire et à raconter que le territoire d'Arles fut jadis délivré par saint Véran, des ravages d'un serpent monstrueux ; et un tableau placé à côté du premier, a perpétué le souvenir de cette victoire (1), remportée, conformément à l'origine de la légende, à l'entrée d'une *grotte*, auprès d'une *fontaine*.

Chaque paroisse ayant son dragon, l'histoire du monstre varia encore plus que ses formes : l'imagination et la crédulité lui attribuaient des œuvres surnaturelles. De l'effroi, on passa même au respect, et plus loin encore. Le dragon de Poitiers (2) était pieusement surnommé la *bonne sainte Vermine*; on le priait avec ferveur ; on s'empressait d'y faire toucher des chapelets : soit que, monument adoptif, il fût resté ce qu'il avait été jadis, une idole ; soit qu'il le fût devenu peu à peu, au milieu d'une population superstitieuse.

Plus communément, l'emblème du principe du mal fut environné de signes de haine et d'horreur. Son histoire justifiait ces sentimens : il avait été le fleau du pays dans lequel on promenait son image. Son venin

---

(1) J'ai vu ces peintures dans *la Majore*, église d'Arles, en 1813.

(2) *Mémoires de la Société des Antiquaires de France*. tome 1. page 464. — *Mémoires de l'Académie celtique*. tome v. page 54-55.

avait empoisonné les *fontaines*, et son souffle avait infecté l'air de maladies contagieuses. Il dévorait les troupeaux, déchirait les hommes, choisissait pour victimes de *jeunes filles*, des *vierges* consacrées au seigneur; les enfans disparaissaient engloutis dans l'abîme de sa gueule épouvantable.... A Provins, jusqu'en 1761, les paroisses de Notre-Dame et de Saint-Quiriace faisaient porter à la procession des Rogations, l'une, un *dragon* ailé, l'autre, un monstre nommé *Lézarde* : ces deux animaux avaient désolé autrefois la ville et ses environs (1). Saint Florent vint, par l'ordre de dieu, se fixer dans une *grotte* ou *caverne*, située sur la rive gauche de la Loire, et en chassa les serpens dont elle était remplie. Bientôt après il délivra les habitans de *Mur* (aujourd'hui Saumur) d'un énorme serpent qui dévorait les hommes et les animaux, et se cachait dans un bois, près des bords de la Vienne (2).

A Tonnerre, le saint abbé Jean fut vain-

---

(1) Ch. Opoix. *Histoire et description de Provins*. in-8°. Provins, 1823. pages 435-436.
(2) J.-J. Bodin. *Recherches historiques sur Saumur et le Haut-Anjou*. tome 1. pages 117-122.

queur d'un *basilic* qui infectait les eaux d'une *fontaine* (1). La *Vivre* de *Larré*, à laquelle un proverbe bourguignon assimile les femmes accusées d'avoir une mauvaise tête (2), était un serpent, caché près d'une *fontaine*, dans le voisinage d'un prieuré de l'ordre de Saint-Benoît, et qui, par ses ravages, fut long-temps l'objet de la terreur publique. A Aix, en Provence, la procession des Rogations va déposer sur un rocher, appelé le *Rocher-du-Dragon* et voisin d'une chapelle dédiée à saint André, la figure d'un *dragon* tué par l'intercession de ce saint apôtre (3). Non moins secourables que saint André et saint Georges, saint Victor, à Marseille, paraît vainqueur d'un reptile monstrueux (4) ; saint Théodore foule aux pieds un serpent (5), et saint Se-

---

(1) *Greg. Turon. De gloriâ confessor.* cap. 87.

(2) La Monnoye. *Noël borguignon.* in-12. 1729, page 399-400.— *Vivre, vouivre* ou *guivre*, vipère, serpent.. Le mot *guivre* a conservé ce sens dans le vocabulaire du blason.

(3) Fauris Saint-Vincent. *Mémoire sur l'ancienne cité d'Aix..... Magasin encyclopédique*, année 1812. tome VI. page 287.

(4) A l'abbaye de Saint-Victor, à Marseille.

(5) Dorbessan. *Essai sur les serpens sacrés. Mélanges historiques, critiques*, etc. tome II. page 138.

cond, patron d'Asti, est représenté à cheval, perçant un dragon de sa lance (1). Nous citerons encore plusieurs légendes semblables, sans avoir la prétention d'épuiser le sujet. Nous connaissons l'origine commune à toutes, et la cause qui, depuis le Ve siècle, a dû les multiplier dans l'occident : loin qu'on s'étonne de leur nombre, on pourra s'étonner de ce qu'il n'en subsiste pas d'avantage.

§ VIII.

Variantes dans les circonstances et les dates des récits ; nouveaux vestiges de la légende astronomique.

La coutume de porter aux processions des Rogations, l'image du serpent, n'a cessé que peu à peu ; et l'on peut dire que cet emblème du *prince des ténèbres* n'a reculé que lentement devant le progrès des lumières. Plu-

---

(1) Millin. *Voyage en Savoie et en Piémont*. tome 1, page 121.

sieurs églises de France n'en ont abandonné l'usage que pendant le XVIII° siècle ; Grosley, en 1771, le trouva en vigueur dans toutes les églises des Pays-Bas catholiques (1). Pendant un laps de temps si long, les récits ont dû varier, et après eux les explications.

Pour combattre la *Gargouille*, le *dragon* de Rouen, saint Romain se fit accompagner par un criminel condamné à mort, à qui le miracle du saint valut sa grâce.

Le clergé accrédita volontiers les récits de ce genre. Ils augmentaient son pouvoir, en faisant souvent attribuer à ses chefs le droit de faire grâce, ou du moins, comme à Rouen, de délivrer un prisonnier : ce n'était pas accorder trop au souvenir du miracle, dont, par la volonté de Dieu, un coupable, déjà condamné, était devenu l'instrument.

Plus volontiers encore le vulgaire accueillit cette variante de la légende universelle : des hommes, suivant lui, n'avaient pu se résoudre à un combat si périlleux que pour se soustraire à une mort infâme et cruelle. Alors,

---

(1) Grosley. *Voyage en Hollande*. *OEuvres inédites de Grosley*. 3 vol. in-8°. Paris, 1815. tome III. page 336.

un criminel condamné à mort, enleva à sainte Radegonde l'honneur d'avoir vaincu la *Grand-gueule*, ce terrible dragon de Poitiers, qui sortait chaque jour de sa *caverne*, située au bord de la *rivière* de Clain, pour venir dévorer les *vierges* du Seigneur, les religieuses du couvent de Sainte-Croix (1). Un autre condamné délivra, des ravages d'un serpent, la paroisse de Villiers, près Vendôme (2). Un troisième tua un dragon ou crocodile qui, caché sous les eaux du Rhône, était le fléau des marins et des habitans de la campagne (3). Un soldat déserteur, pour obtenir sa grâce, combattit un dragon qui répandait l'effroi aux environs de Niort (4); il en triompha; mais lui-même il perdit la vie.

En discutant son histoire, M. Éloi-Johanneau (5) remarque combien elle est rendue suspecte, et par un des noms donnés au

---

(1) *Mémoires de l'Académie celtique*. tome v. pages 52-53-55. — *Mémoires de la Société des Antiquaires de France*. tome i. page 464-465.
(2) *Mémoires de l'Académie celtique*. tome iv. page 311.
(3) *Ibid*. tome v. page 111.
(4) *Ibid. ibid*. pages 58-60 et 132-134.
(5) *Ibid. ibid*. pages 59 et 134-135.

prétendu soldat, nom qui signifie le vainqueur de la *bête*, du *monstre* ; et surtout par sa date, 1589 ou 1692, date beaucoup trop récente pour que l'histoire ne se fût pas chargée d'un fait si merveilleux. La date assignée par D. Calmet à l'apparition du serpent de Lunéville, est plus moderne encore ; il la place à un demi-siècle du temps où il écrivait (1).... De toutes les variations que le temps fait subir aux traditions populaires, la plus commune peut-être porte sur les dates. Pour ces récits, il n'existe point d'archives ; et il est dans la nature de l'homme de chercher sans cesse à rapprocher de lui les souvenirs que lui a légués le passé ; un trop grand intervalle entre eux et le présent, fatigue son imagination ; ne pouvant le combler, il tend à le rétrécir, à mesure que le laps du temps l'agrandit.

Ainsi, la destruction du dragon de Niort a été successivement placée en 1589, puis en 1692. Celle de la *Grand'gueule* de Poitiers, quand on l'a attribuée à un criminel condamné, s'est trouvée assez éloignée du

---

(1) *Journal de Verdun*, juin 1751. page 430.

temps où vivait sainte Radegonde, pour que l'on plaçât en 1280 l'apparition, dans cette ville, d'un *dragon volant* (1). Quoique saint Jérôme ait décrit le combat de saint Hilarion contre le serpent d'Épidaure, c'est à lui-même (2) que l'on attribue la défaite du monstre dont on montre aux voyageurs la caverne et la dépouille. La tradition qui attribue à sainte Marthe la destruction de la *Tarasque* est moderne, en comparaison de celle qui en assure l'honneur à seize braves, dont huit périrent victimes de leur courage ; les autres fondèrent les villes de Beaucaire et de Tarascon (3).

Nous pourrions signaler encore plusieurs dates que le temps a ainsi déplacées et rendues modernes. Mais c'est sous un autre rapport, que la mort des braves de Tarascon et celle du soldat de Niort méritent d'être

---

(1) *Mémoires de l'Académie celtique.* tome v. pages 61 62
(2) Pouqueville. *Voyage dans la Grèce.* tome 1. pages 24-25.
(3) *Mémoires de la Société des Antiquaires de France.* tome 1. page 423. La fondation de Tarascon (ou plus exactement l'établissement des Marseillais dans cette ville) paraît antérieure à la guerre de César contre Pompée. — Papon. *Voyage de Provence.* tome 1. page 228.

relevcés. Dans les mythes qui peignent le combat du principe de la lumière contre le principe des ténèbres, le premier achète souvent la victoire au prix de sa vie : c'est ce qu'on raconte d'Osiris, de Bacchus, d'Atys et d'Adonis. Et, dans la mythologie scandinave, au jour terrible qui détruira et renouvelera le monde, le dieu Thor, après avoir foudroyé le *grand serpent* engendré par le *principe du mal*, doit périr lui-même, étouffé dans les flots du venin que le monstre aura vomi. Ne nous étonnons pas de retrouver, dans une circonstance analogue, un nouveau débris de la légende solaire, et de voir plusieurs vainqueurs de serpens monstrueux succomber au milieu de leur triomphe, ou ne pas y survivre.

Vers la fin du XVe siècle, ou, suivant une tradition plus ancienne, en 1273 (car ici encore nous voyons la date varier pour se rapprocher de nous), les montagnes de Neufchâtel étaient désolées par un serpent dont plusieurs noms de lieu, aux environs du village de Sulpy, rappellent le souvenir (1) :

---

(1) *Roche à la vuivra, combe à la vuivra, fontaine à la*

Raymond, de Sulpy, combattit le monstre, le tua, et mourut deux jours après.

Tel fut aussi le sort d'un Belzunce qui délivra Bayonne d'un dragon à plusieurs têtes : Il périt, suffoqué par la flamme et la fumée que le monstre vomissait (1).

Le patriotisme célèbre avec enthousiasme le nom d'Arnold Strouthan de Winkelried qui, à la bataille de Sampach, en 1386, se dévoua pour le salut de ses compatriotes. Le nom d'un de ses ancêtres a un titre moins authentique, mais non moins populaire, à l'immortalité. Près d'Alpenach, dans le canton d'Underwald, sur les bords de la *rivière* de Meleh, parut, en 1250, un dragon dont on montre encore la *caverne*. Struth de Winkelried, qu'un duel avait fait condamner au bannissement, voulut acheter le droit de rentrer dans sa patrie, en la délivrant de ce fléau : il réussit ; mais il mourut de ses blessures, le lendemain de sa victoire (2). Péter-

---

vuivra *(vuivra, vivre, guivre, serpent). Description des montagnes de Neufchâtel*. Neufchâtel, 1766. in-12. pages 34-37.

(1) *Mercure de France*. 29 mars 1817. page 585.

(2) *Le Conservateur suisse*. 7 vol in-12. Lausanne, 1813-1815. tome VI. pages 440-441. — Mayer. *Voyage en Suisse*.

mann-Éterlin (qui, à la vérité écrivait deux cent cinquante ans plus tard)(1) a consigné le fait dans sa chronique. La peinture l'a retracé sur les murs d'une chapelle voisine du lieu du combat ; le lieu a gardé le nom de *Marais du dragon* (*Drakenried*), et la caverne, celui de *Trou du dragon* (*Drakenlok*)... Ces noms commémoratifs, et ceux du même genre qui subsistent près de Sulpy, indiquent peut-être, comme celui du *Rocher du dragon*, à Aix, les endroits où s'arrêtait la procession des Rogations, et où l'image du dragon allégorique était momentanément déposée. Peut-être aussi se rapportent-ils, comme nous l'avons déjà soupçonné, au cours d'un torrent dévastateur.

tome I. page 251, semble attribuer cette aventure à Arnold de Winkelried, et placer près de Stanz, la *caverne* du Dragon.

(1) W. Coxe. *Lettres sur la Suisse*. tome I. page 160 de la traduction de Ramond.

§ IX.

On applique cette légende à des personnages célèbres ; on altère l'histoire pour l'y retrouver.

L'historien de Struth de Winkelried, Eterlin, le premier aussi, a *transféré* à Guillaume Tell l'aventure de *la pomme* (1) que Saxo Grammaticus, qui écrivait plus d'un siècle avant la naissance de Tell, avait déjà racontée d'un archer danois, nommé *Toko* (2); aven-

---

(1) W. Coxe. *Lettres sur la Suisse*. tome 1. page 160. Voyez l'écrit intitulé : *Guillaume Tell, fable danoise*, par Uriel Freudenberger, ouvrage publié à Berne, en 1760, par de Haller fils. 1 vol. in-8°. — Uriel Freudenberger, pasteur de Glaresse, canton de Berne, est mort en 1768.

(2) *Saxo Gramm. Hist. Danic.* lib. x. in-folio. Francofurti. 1576. pag. 166-168. — Saxo est mort en 1204. — Harald, qui joue dans l'histoire le même rôle que Geisler, tomba sous les coups de Toko, en 981. Le fabliau de *la Pomme* étant beaucoup plus ancien, la haine publique le renouvela sous le nom de Harald, pour justifier le meurtre de ce prince, comme depuis elle le reproduisit en Suisse, sous le nom odieux de Geisler.

ture qu'une tradition encore plus ancienne racontait, et précisément avec les mêmes circonstances, d'*Égil*, père de l'habile forgeron *Wailand*, et lui-même habile archer (1). Eterlin semble avoir pris à tâche d'imprimer le caractère historique aux mythes religieux et aux traditions importées d'un autre pays dans sa patrie. Il écrivait sous la dictée des croyances populaires ; et rien n'est plus dans les habitudes du vulgaire, que d'appliquer à des personnages bien connus de lui, toutes les histoires et toutes les fables dont se compose son instruction. Winkelried et Tell étaient, pour les paysans suisses, ce qu'Alexandre a été et est encore dans l'Orient : au nom du roi de Macédoine, les Asiatiques rattachent mille souvenirs antérieurs à son existence, ou évidemment empruntés à la mythologie. Le paladin Roland a joui du même honneur en Occident, et plusieurs noms de lieux l'attestent encore (2). En chan-

---

(1) *Mémoires de la Société des Antiquaires de France.* tome v. page 229.

(2) La *Baume-Roland*, près Marseille ; la *Brèche-Roland*, dans les Pyrénées ; *il C.... d'Orlando*, à trois milles de Rimini, etc.

tant Roland, vainqueur de l'*Orca*, du *monstre marin* prêt à dévorer une jeune *femme* (1), l'Arioste n'a probablement fait, comme dans mille autres passages de son poëme, que copier et embellir une tradition des siècles précédens.

Un personnage dont l'existence et la gloire n'ont rien de fabuleux, est pourtant devenu, comme Roland, le héros d'un mythe qui le rend l'émule d'Hercule et de Persée : l'importance que son souvenir a acquise dans un pays qui fut long-temps son séjour, lui a sans doute valu cet honneur. Pétrarque suivait Laure à la chasse ; ils arrivent près d'une *caverne* où se retirait un *dragon*, la terreur de tout le pays. Moins affamé qu'amoureux, le dragon poursuit Laure ; Pétrarque vole au secours de sa maîtresse, combat le monstre et le *poignarde*. Le souverain pontife ne voulait point permettre que le tableau du triomphe de l'amour parût dans le lieu saint. Simon de Sienne, ami du poëte, éluda la défense, et peignit cette aventure sous le portail de l'église de *Notre dame du Don*

---

(1) *Orlando furioso*. canto xi.

(à Avignon); il donna à Laure l'attitude d'une *vierge* suppliante, et à Pétrarque le costume de saint Georges, en l'armant toutefois d'un *poignard* au lieu d'une lance. Le temps a dégradé son ouvrage, mais n'a point affaibli la tradition qu'il consacre, et qui m'a été répétée comme un fait historique (1).

Dans l'examen des traditions, on n'a pas toujours tenu assez de compte du penchant qui porte l'homme ignorant à retrouver partout les mythes qui occupent la première place dans sa croyance. Pour y parvenir, il dénaturera ses souvenirs, soit en attribuant à un personnage ce qui ne lui est jamais arrivé; soit en introduisant dans l'histoire, les merveilles de la fable. Le récit où Pétrarque est mis en scène, offre un exemple du premier genre d'altération : nous en trouverons un du second genre, sans sortir de notre sujet.

Un prince suédois (2) avait fait élever, près

---

(1) En 1813. J'observerai que, dans les récits dont la maîtresse de Pétrarque est l'objet, à Avignon ou à Vaucluse, elle est toujours appelée respectueusement *Madame Laure*.

(2) *Saxo Grammat. Hist. dan.* lib. ix. pag. 153. — *Olaus Magnus. Hist. sept. gentium. Brev.* lib. v. cap. 17.

de sa fille *Thora*, deux serpens qui devaient être les gardiens de sa virginité. Parvenus à une grandeur démesurée, ces monstres répandaient la mort autour d'eux par leur souffle empesté. Le roi désespéré promit la main de sa fille au héros qui tuerait les serpens. *Regner-Lodbrog*, prince, Scalde et guerrier, mit fin à cette périlleuse aventure et devint l'époux de la belle *Thora*. Voilà la fable ; voici l'histoire : selon la *Ragnara-Lodbrog's-Saga* (1), ce n'est point à deux serpens, mais à l'un de ses vassaux, possesseur d'un château fort, que le père de *Thora* confie la garde de sa fille ; le gardien, amoureux de la princesse, refuse de la rendre au roi qui, après de vains efforts pour l'y contraindre, promet que le libérateur de *Thora* deviendra son époux. *Regner-Lodbrog* fut cet heureux libérateur.

Dans une incursion sur les côtes de Northumberland, *Régner*, vaincu et fait prisonnier, fut jeté dans une fosse, dans un cachot

---

(1) Citée dans l'ouvrage de Biorner, intitulé *Koempedater* (Stockholm, 1737); et par Graberg de Hemsöe, *Saggio istorico sugli scaldi*. in-8°. Pisa, 1811. pag. 217.

souterrain rempli de serpens, dont les morsures terminèrent sa vie (vers l'an 866). Le fait est raconté par tous les historiens (1), et consigné dans le *Chant de mort* attribué à *Regner* lui-même. Je soupçonne néanmoins que, dans le genre de son supplice, l'amour du merveilleux chercha un rapprochement avec la légende dont le héros était déjà l'objet. Le même esprit qui avait altéré l'histoire de son hyménée, de manière à rappeler le combat où le principe du bien triomphe du principe du mal, voulut peut-être que le récit de sa fin tragique rappelât la mort que, dans le combat allégorique, souffre le principe du bien.... Le nom du vainqueur de *Regner*, *Hella*, favorisait cette tentative; les Scandinaves y retrouvaient le nom de *Héla*, déesse de la mort, née, comme le *grand serpent*, du principe du mal. Ce qui autorise ma conjecture, c'est la haute importance que la mythologie scandinave accorde au *grand serpent;* elle ne le fait périr qu'en entraînant avec lui dans le néant, le dieu qui l'a com-

---

(1 *Saxo Grammat. Hist. dan.* lib. ix. pag. 159. — *Olaus Magnus.* loc. cit. — *Ragnara-Lodbrog's saga.*

battu. Aussi, les serpens et les dragons reparaissent-ils plus d'une fois dans les annales scandinaves. Avant et après *Regner*, j'y trouve, à deux reprises, le mythe général transformé en histoire particulière. Manquant d'argent pour payer ses soldats, le neuvième roi de Danemark, *Frotho* Ier (1), va combattre, dans une île déserte, un *dragon* gardien d'un trésor, et le tue, à l'entrée même de sa *caverne*. Harald (2), exilé de Norvége, se réfugie à Byzance. Coupable d'homicide, il est exposé, dans une *caverne*, à la fureur d'un *dragon* monstrueux. Plus heureux que *Regner*, il en triomphe, et revient occuper le trône de Norvége, et inquiéter, sur le trône de Danemark, le neveu de Kanut-le-Grand.

---

(1) 761 ans avant J.-C. — *Saxo Grammat. Hist. dan.* lib. II. pag. 18-19.

(2) Au XIe siècle. — *Saxo Grammat. His. dan.* lib. XI. pag. 185-186. Je traduis par *caverne*, le mot *antrum*. La fosse où périt *Regner Lodbrog* me semble correspondre aussi à la *caverne*, qui se retrouve dans presque toutes les légendes citées.

§ X.

Objets physiques et monumens dans lesquels le vulgaire retrouve le tableau de la destruction d'un serpent monstrueux.

Ce qui frappe journellement les sens influe sur la croyance de l'homme peu instruit, autant au moins que les souvenirs confiés à sa mémoire : les objets physiques, les peintures, les sculptures, ont dû, comme l'histoire, aider l'imagination à retrouver partout une légende qui plaisait à la crédulité.

A l'abbaye Saint-Victor de Marseille, à l'hôpital de Lyon (1), et dans une église de Raguse, on montre aux voyageurs une dépouille de crocodile ; on la désigne comme une dépouille du monstre dont la légende s'applique à ces divers lieux : et pourtant, à Raguse,

---

(1) *Mémoires de l'Académie celtique.* tome v. page 111.

par exemple, on n'ignore pas que celle que l'on y voit, a été apportée d'Égypte par des matelots Ragusains (1). Ces sortes de reliques, propres à entretenir et à confirmer la croyance, quand elles ne la font pas naître, n'ont point paru déplacées dans nos temples, où probablement elles sont entrées d'abord en qualité d'*ex-voto*. C'est le jugement qu'a porté Millin (2) sur une dépouille de caïman, appendue à la voûte d'une église, à Cimiers dans le comté de Nice. Il ne paraît pas qu'on y rattache aucun souvenir : soit que la légende ait fini, avec le temps, par tomber dans l'oubli, ou que l'*ex-voto*, au contraire, soit trop récent pour qu'on ose la lui appliquer.

Un monument de ce genre, dont l'existence est moins connue, c'est la tête du dragon que vainquit si miraculeusement Dieudonné de Gozon. Elle était conservée à Rhodes. Devenus maîtres de Rhodes, les Turcs l'ont respectée. Le voyageur Thévenot l'a vue,

---

(1) Pouqueville. *Voyage dans la Grèce*. tome 1. pages 24-25.

(2) Millin. *Voyage en Savoie, en Piémont, à Nice et à Gênes*. tome 11. page 124.

vers le milieu du XVIIe siècle ; et la description qu'il en fait semblerait mieux convenir à la tête d'un hippopotame qu'à celle d'un serpent (1). Serait-il téméraire de penser que, comme le caïman de Cimiers, comme les crocodiles de Raguse, de Lyon et de Marseille, cette tête fût d'abord exposée en public par la piété ou par l'intérêt; et que, frappant sans cesse les regards de la multitude, elle fournit plus tard l'occasion d'appliquer à un chevalier célèbre, à un *Grand Maître de l'ordre*, la légende du héros vainqueur du dragon? N'est-ce pas ainsi qu'une tête de crocodile, rapportée sans doute d'Égypte par un croisé, est devenue, et est encore aujourd'hui, aux yeux des crédules habitans de Mons et du Hainaut, la tête d'un dragon qui, au XIIe siècle, ravageait les environs de Wasmes, et dont Gilles, seigneur de Chin, fut le vainqueur (2)?

Il n'a pas fallu toujours un intérêt si direct,

---

(1) Thévenot. *Relation d'un voyage fait au Levant*, etc. page 223.

(2) *Recherches historiques sur Gilles, seigneur de Chin, et le dragon*. Mons, 1825. — *Revue encyclopédique*, tome XXVIII. pages 192-193.

pour changer le mythe astronomique en histoire locale. A Clagenfurt, on a placé, sur une fontaine, un groupe antique trouvé à Saal ou Zolfeld (l'ancienne *Colonia Solvensis*): il représente un dragon d'une grosseur prodigieuse, et un Hercule armé d'une massue. Le peuple y voit un pauvre paysan qui délivra jadis la contrée des ravages d'un dragon, dont l'image est placée à côté de la sienne (1).

Voulant immortaliser le souvenir de la conquête et de la soumission de l'Égypte, Auguste donna pour type aux médailles d'une colonie qu'il venait de fonder dans les Gaules, un *crocodile* attaché à un *palmier*. La ville où s'établissait la colonie, reconnaissait, depuis plusieurs siècles, pour fondateur, c'est-à-dire pour divinité locale, *Nemausus*, dont elle portait le nom : et ce nom ne pouvait manquer de figurer sur ses médailles. Bientôt, et malgré le *palmier* qui ne croît point sur le sol de Nîmes, le *crocodile* devint un de ces monstres qu'ont surmontés, dans tant de

---

(1) Ed. Brown. *Relation de plusieurs voyages*, etc. traduction française. in-4°. Paris, 1674. page 176.

légendes différentes, des imitateurs d'Hercule, des hommes divinisés ou dignes de l'être. Cet animal terrible empoisonnait les eaux d'une *fontaine* et désolait la contrée. Le héros en triompha : il reçut, et transmit à la ville qu'il fonda près de la fontaine, le nom de *Nemausus*, qui rappelle encore que lui seul a fait ce que *personne n'a osé* tenter (1).

Ici, du moins, une représentation réelle, quoique mal interprétée, frappait les regards et excusait l'erreur. Mais voici un exemple plus fort du pouvoir de la crédulité. Suivant une tradition reçue à Pise, Nino Orlandi, en 1109, parvint à renfermer dans une cage de fer, un serpent énorme et malfaisant, et le promena ainsi en triomphe au milieu de la ville. Comment douter de la vérité du fait? Un bas-relief, placé au *Campo-Santo*, en offrait la représentation; une inscription l'attestait.... Des yeux attentifs ont, de nos jours, examiné ces deux monumens : l'inscription

---

(1) *Nemo ausus*. — M. l'abbé Simil. *Mémoires sur la Maison carrée.* — *Notice sur les travaux de l'Académie du Gard*, de 1812 à 1822. 1re partie. pages 329-330. Eusèbe Salverte. *Essai sur les noms d'hommes, de peuples et de lieux*. tome II. pages 279-280.

a été posée en 1777; le bas-relief, fragment d'un sarcophage en marbre de Paros, ne présente pas un seul objet qu'on puisse rapporter à la prétendue victoire d'Orlandi (1).

§ XI.

Les armoiries et les enseignes militaires donnent lieu à de nouvelles applications de la légende astronomique.

Avides de gloire et de puissance, il était naturel que les nobles, les guerriers voulussent partager avec les demi-dieux du paganisme, avec les favoris du dieu des chrétiens, l'honneur de ces triomphes qui assuraient des droits immortels à la reconnaissance des peuples. Après les héros scandinaves, après Struth de Winkelried, Belzunce et Dieudonné de Gozon, nous pourrions citer un jeune noble dont saint Pol se fit accom-

(1) Voyez le *Moniteur universel* du lundi 2 juillet 1812.

pagner, quand il voulut détruire le dragon de l'île de Batz (1); et aussi saint Bertrand, vainqueur du dragon de Comminges : cet évêque appartenait à la caste illustrée; il était fils d'un comte de Toulouse (2).

Nous pourrions citer encore l'origine prétendue du prénom des *Nompar* de Caumont. Renouvelant pour eux l'histoire fabuleuse du fondateur de Nîmes, on raconte que ce prénom leur fut transmis par un de leurs aïeux, qui se montra en effet *sans pair (non-par)*, en donnant la mort à un dragon monstrueux dont les ravages désolaient les terres de sa seigneurie.

Mais, pour éviter des répétitions fastidieuses, nous nous bornerons à remarquer combien cette prétention, de la part des nobles, dut être favorisée par les figures dont chacun d'eux ornait son casque ou son écu, et qui, de là, ont passé dans les armoiries.

Ubert fut le premier qui remplit, dans le

(1) Cambry. *Voyage dans le département du Finistère*. tome 1. page 147-148.
(2) *Dictionnaire de Moréri*. art. Saint-Bertrand.

Milanais, les fonctions déléguées aux *Comtes* (*Comites*) du Bas-Empire et de l'empire de Charlemagne. Il adopta, en conséquence, le surnom de *Vice-comte* (*Visconti*), qu'il transmit à ses descendans. Aux lieux où s'élève, à Milan, la très-ancienne église de Saint-Denis, était alors une profonde *caverne*, séjour d'un *dragon* toujours affamé, et dont le souffle donnait au loin la mort. Ubert le combattit, le tua, et voulut que son image figurât dans les armoiries des Visconti (1). Suivant Paul Jove, Othon, l'un des premiers Visconti, se signala dans l'armée de Godefroy de Bouillon : un chef sarrazin, qu'il tua en combat singulier, portait sur son casque la figure d'un serpent dévorant un enfant ; le vainqueur plaça dans ses armoiries et légua à sa postérité ce monument de sa gloire (2). Le récit de Paul Jove, s'il n'est pas plus vrai que l'autre, est au moins plus vraisemblable.

Aymon, comte de Corbeil, portait sur son

---

(1) Carlo Torre. *Ritratto di Milano.* page 273.
(2) *Paul Jov.* in *Vit. duod. vicecom. mediol. princip.....* *Praefatio.*

écu un dragon à deux têtes..... On voit, dans une rue de Corbeil, un égout couvert qui aboutit à la rivière d'Étampes : là, suivant la tradition populaire, était jadis le repaire d'un dragon à deux têtes, l'effroi de la contrée ; le comte Aymon eut l'honneur d'en triompher (1).

Le lion, symbole de force, décorait ordinairement la tombe des chevaliers. Sur la tombe de Gouffier de Lascours, on y joint un serpent, symbole de la prudence : bientôt on voit dans ces représentations « une allusion évidente à une aventure merveilleuse racontée par les chroniques, et dans laquelle ce guerrier délivra un lion que poursuivait un dragon énorme. L'animal reconnaissant s'attacha à son bienfaiteur, et l'accompagnait partout comme un chien fidèle (2). » Observons que c'est précisément l'aventure que prête à Renaud de Montauban, l'auteur du *Morgante* : ce devancier de l'Arioste se plut, comme lui,

---

(1) Millin. *Antiquités nationales*. tome II. art. *Saint Spire de Corbeil*.

(2) N. Dallou. *Monumens des différens âges observés dans le département de la Haute-Vienne*. page 359.

à faire revivre dans son poëme des traditions anciennes (1).

De semblables récits ont pu naître de causes semblables, avant l'invention des emblèmes chevaleresques et des armoiries.

Un guerrier se plaît toujours à présenter à ses adversaires des objets propres à les frapper de terreur. Le serpent est l'emblème d'un ennemi prudent et dangereux ; le serpent ailé, ou dragon, le présage d'une destruction rapide et inévitable : ces signes trouvèrent leur place sur les étendarts, comme sur la surface des boucliers et sur les cimiers des casques. Le dragon figurait parmi les enseignes militaires des Assyriens ; le vainqueur des Assyriens, Cyrus, le fit adopter aux Perses et aux Mèdes (2). Sous les empereurs romains et sous les empereurs de Byzance, chaque *cohorte* ou *centurie* portait pour enseigne un dragon (3). Grosley affirme (mais sans s'étayer de preuves décisives) que, des enseignes mili-

---

(1) *Morgante*. Canto iv. ottav. 7 et seq.

(2) *Georges Codin. Curop. De Official. palat. Constant... Feriae quae in palatio solent*, etc.

(3) *Modestus. De vocabul. rei milit. — Flav. Veget. De re militari*. lib. ii. cap. 13. — *Georg. Codin. Curop.* loc. cit.

taires, qui étaient l'objet d'un culte pour le soldat romain, les dragons passèrent dans les églises, et figurèrent dans les processions des Rogations, comme des trophées conquis sur la religion vaincue (1).

Quoi qu'il en soit, on admettra sans peine que de pareils signes ont plus d'une fois réveillé le souvenir du mythe astronomique. Et quand on sait que, chaque soir, dans une cérémonie religieuse, l'image du *dragon* était portée à côté de celle de saint Georges devant l'empereur de Constantinople (2), on est tenté de croire que saint Georges doit à cette coutume, la légende qui le place sur le même rang que saint Michel.

Le premier, en Angleterre, *Uther*, père du fameux roi *Arthur*, imita, dans les combats, l'exemple des Assyriens et des Perses, et arbora pour enseigne un dragon dont la tête était d'or : il reçut, en conséquence, le surnom de *Pen-dragon* (tête de dragon), sur-

---

(1) Grosley. *Éphémérides*. IIIe partie. chap. 9. tome II. pages 222-225.

(2) *Georg. Codin. Curop. De Official. Palat. Const.* loc. cit. « *Cantatâ igitur liturgiâ..... aliud* (Flammeolum) *quod fert* « *sanctum Georgium equitem, aliud* draconicum, etc. »

nom qui a pu donner cours à bien des récits merveilleux. On racontait, par exemple, qu'il avait vu dans les cieux une étoile qui avait la forme d'un dragon de feu, et qui présageait son avénement à la couronne (1)..... On n'avait pas oublié l'origine astronomique de la légende primitive.

§ XII.

Mythologie antérieure altérée, pour y retrouver la légende du Serpent.

Après avoir altéré l'histoire, méconnu l'origine des représentations physiques, oublié la signification des monumens, et même y avoir lu et vu ce qui n'y existait point, le désir de retrouver partout un mythe avec lequel on était familiarisé n'avait plus qu'un pas à franchir ; il n'avait plus qu'à sacrifier les objets

(1) Ducange. *Glossar.* verbo *Draco.*

d'une ancienne crédulité, et à défigurer une mythologie antérieure, pour la ployer aux récits d'une mythologie nouvelle. Voici, en ce genre, un fait qui, sans être certain, n'est cependant pas dénué de probabilité. Il se rattache à un souvenir assez fameux pour rendre excusables les détails où nous serons forcés d'entrer.

En expliquant une médaille qui paraît être du XVe siècle, et qui, au revers de la tête de Geoffroy de Lusignan, dit *Geoffroy à la grand'dent*, offre la tête d'un monstre fantastique, Millin (1) raconte que Geoffroy fut invité à combattre un monstre qui déjà avait dévoré un chevalier anglais : prêt à tenter l'aventure, Geoffroy mourut de maladie. La tête figurée sur la médaille est, ajoute-t-il, celle du monstre, « que Geoffroy aurait certainement vaincu, si la mort ne l'eût point prévenu. » Mais on ne frappe point de médaille pour éterniser un exploit qui n'a point eu lieu : il faut donc que, dans la famille des Lusignans, à laquelle Millin attribue la fabrica-

(1) *Voyage au midi de la France*. tome IV. pages 707-708. — Geoffroy *à la grand'dent* mourut vers l'an 1250.

tion de cette médaille, on conservât la tradition que le brave comte, comme tant de saints et de héros que nous venons de passer en revue, avait été vainqueur du monstre.

Rappelons-nous : 1° que Geoffroy était fils ou plutôt descendant de la fameuse *Mellusine* ou Merlusine (1), *Melesendis*, qui tous les

---

(1) Je ne contesterai point à M. Mazet, savant cité par Millin (*Voyage au midi la France.* tome IV. p. 706), que la mère de Geoffroy ne soit appelée, dans les titres, *Melicendis, Melesindis (Melisende)*, et que ce nom ait pu se confondre avec celui de *Mellusine*. Mais, loin d'admettre qu'il l'ait produit, je pense que la confusion n'eut lieu que parce que le nom de Mellusine était déjà célèbre. Moins facilement adopterai-je une autre étymologie, suivant laquelle la dame de *Melle*, apportant en dot cette seigneurie au sire de *Lusignan*, des deux noms unis on forma celui de *Mellusine* (*Mémoires de la Société des Antiquaires de France.* tome III. pages 279-280). Au commencement du XIIIe siècle, les femmes ne joignaient pas à leur nom celui de la seigneurie de leur époux; je ne crois même pas qu'elles portassent communément le nom des seigneuries qui leur étaient propres. En prononçant *Merlusine* avec le peuple, guide plus sûr que les érudits pour la prononciation des noms consacrés dans des contes anciens, je le rapproche de l'orthographe du nom de famille de Geoffroy, écrit ainsi sur la médaille citée, *Godefridus de Lusinem*. Il suffit de placer avant ce dernier mot, *mère (mater)*, pour reproduire le nom de *Merlusine*, et prouver que ce n'est que le simple titre de *mère des Lusignan*, appliqué par le peuple à la femme-serpent, à la fée, dont

samedis, se transformait en *serpent*; 2° que les *Sassenages*, qui comptaient Geoffroy *à la grand'dent* parmi leurs ancêtres, avaient fait sculpter sur la porte extérieure de leur château, une *figure Mellusine* (1), c'est-à-dire, moitié femme, moitié serpent.

Merlusine était une fée bienfaisante : il parut naturel de ranger un de ses descendans au nombre des héros destructeurs de serpens meurtriers ; et, en lui appliquant une légende partout adoptée, de lui attribuer une victoire consacrée par la médaille dont Millin a tenté l'explication.

Mais d'où put naître, dans les marais du Poitou, la création d'un être moitié femme, moitié serpent, ou tantôt l'un et tantôt l'autre ?

Une tradition, conservée jusqu'à nos jours, assure que Merlusine se transformait, non

---

cette famille prétendait descendre. Notre étymologie est d'autant moins invraisemblable, que le premier auteur qui ait rédigé l'histoire de Mellusine, Jean d'Arras, écrivait sous le roi *Jean*, au XIV° siècle, lorsque, depuis long-temps, le nom de famille des Lusignans était fixé et devenu célèbre.

(1) Millin. *Magasin encyclopédique*. année 1811. tome VI. pages 108 et 112.

pas en serpent, mais en *poisson* (1). Voilà le mot de l'énigme, qui nous reporte à une haute antiquité. L'image de la *Femme-poisson*, dont les modernes ont fait des sirènes, quoique tous les écrits et les monumens des anciens présentent les sirènes comme des *femmes-oiseaux* (2); cette image, assez multipliée encore du temps d'Horace pour que le poëte, qui en ignorait la signification, la citât comme le type de l'absurdité (3); cette image, que les Grecs, moins éloignés

---

(1) *Mémoires de la Société des Antiquaires de France.* tome III. p. 280. — Cette tradition n'était pas ignorée de Scarron : dans sa IIIe. satire, un fat annonce qu'il veut faire paraître sur le théâtre,

<blockquote>L'infante Mellusine;
L'héroïne sera moitié femme et poisson.</blockquote>

Observons que la tradition la plus généralement reçue se rapproche encore de celle-ci, en plaçant Mellusine dans un vaste bassin, dont les coups de sa queue font jaillir l'eau jusqu'aux voûtes de la salle. *Bulletin de la Société d'Agriculture de Poitiers*, 1828. pages 214-215.

(2) Dans un mur de la cour intérieure du *Muséum* de Paris, est encastrée une ronde-bosse antique en marbre blanc, représentant une *femme-oiseau*, une *sirène*.

(3) . . . . Turpiter atrum
Desinit in piscem mulier formosa superne.
Horat. De Art. poet. vers. 3-4.

de son origine, appliquèrent à Eurynome, l'une des épouses du dieu de la mer; cette image est celle sous laquelle les Syriens et les Phéniciens invoquaient Astarté, Atergatis, la vierge céleste. On la retrouve dans le planisphère égyptien, où elle représente le signe des Poissons réuni au signe de la Vierge. Elle est consacrée dans la mythologie japonaise (1) et dans la mythologie hindoue (2), où elle a probablement la même signification.

On demande si ce symbole a jamais pénétré dans les Gaules, et si le temps a pu le modifier assez pour changer en serpent l'extrémité du poisson.

1° A la première question, je réponds que ce symbole existe encore dans une des plus anciennes villes de France, à Marseille. Sur un angle du fort Saint-Jean, on distingue la figure gigantesque d'un monstre, moitié femme, moitié poisson. Si on l'a ainsi reproduite dans la construction du fort Saint-Jean, ce ne peut être que parce qu'elle existait bien

---

(1) *Canon*, divinité japonaise.
(2) Troisième *Avatar* de *Wishnou*.

antérieurement, comme monument national. Son nom, le même que celui de la ville, *Marseille*, indique qu'elle représentait la divinité locale, la ville même divinisée. Pour adopter un symbole si propre à caractériser une grande cité maritime, les Phocéens n'eurent pas besoin de l'emprunter à Tyr, à Sidon, ou à Carthage : ils avaient fondé leur colonie sous les auspices de la *grande Diane d'Éphèse*, de la vierge céleste, qui fut adorée sous cette forme, non-seulement dans l'Asie, mais même en Grèce, puisque la statue moitié femme, moitié poisson, honorée à Phigalie, fut souvent regardée comme une statue de Diane (1).

2° Les princes tatars font presque tous remonter leur généalogie à une *vierge* céleste que rendit enceinte un rayon du *soleil*, ou tel autre moyen aussi merveilleux : en d'autres termes, la mythologie, qui sert de point

---

(1) *Pausanias. Arcad.* cap. XLI. — Une prêtresse de la Diane d'Ephèse, emportant une statue de la divinité, avait suivi à Marseille les Phocéens; et ceux-ci, dans toutes les villes qu'ils fondèrent en Gaule, et, par exemple, à Agde, instituèrent le culte de Diane, tel qu'ils l'avaient reçu de leurs ancêtres. *Strabo.* lib. IV.

de départ à leurs annales, se rapporte à l'âge où le signe de la Vierge marquait le solstice d'été.

Les Grecs rapportaient l'origine des Scythes à une *vierge*, moitié femme, moitié serpent, qui eut commerce avec Hercule ou Jupiter (1), emblèmes l'un et l'autre du *soleil* générateur. Si les deux origines n'en font qu'une, comme il est permis de le croire, dans l'image de la divinité nationale, de la *vierge céleste* dont les Scythes ou Tatars se prétendent descendus, les Grecs auront méconnu la forme de la partie inférieure; au lieu de l'extrémité d'un poisson, ils auront vu l'extrémité d'un serpent.

Maintenant, pour amener sur les bords de la Sèvre, et le symbole antique et l'altération qui l'a défiguré, je ne rappellerai point que les Druïdes honoraient une *vierge qui devait enfanter;* la vierge céleste qui, tous les ans, à minuit, brillant au haut des cieux, devait rendre à la terre l'enfant-dieu, le soleil naissant du solstice d'hiver : il ne paraît pas que les Druïdes aient offert de représentations

(1) *Herodot.* lib. iv. cap. 9. — *Diod. Sic.* lib. ii. cap. 26.

physiques à l'adoration de nos ancêtres, jusqu'au temps du moins où le commerce des autres peuples les induisit peu à peu à imiter leur idolâtrie. Mais Pythéas avait cotoyé les rives occidentales de la Gaule, et sûrement il ne fut pas le seul parmi les navigateurs marseillais (1). Mais les Phéniciens et les Carthaginois, qui venaient chercher l'étain dans les îles Cassitérides, n'ont pu manquer de débarquer souvent sur les côtes de Bretagne et de Poitou. L'une de ces nations aura porté, dans la Gaule occidentale, l'image et le culte de la Vierge-poisson : sous la figure d'une femme ayant une queue de poisson, les Gaulois adorèrent *Ovana* ou *Auvana* (2). Jaloux, comme les princes tatars, de se créer une origine surnaturelle, un chef gaulois aura prétendu descendre de cette divinité; il en aura choisi l'image pour son emblème distinctif. Les progrès du christianisme auront réduit la déesse à n'être plus qu'une femme;

---

(1) Dans toutes les villes qu'ils fondaient, les Marseillais établissaient le culte de la Diane d'Ephèse. *Strabo.* lib. IV.

(2) Martin. *Réligion des Gaulois.* tome II. p. 110. — Toland. *History of the Druids.* p. 138.

douée encore, comme *fée*, d'une puissance surnaturelle; mais ils n'auront point aboli sa mémoire, ni effacé son image. Le temps et l'imperfection de la sculpture auront plus tard occasioné une erreur semblable à celle que les Grecs avaient déjà commise; la queue de poisson aura passé pour l'extrémité d'un serpent. Basée sur cette méprise, la nouvelle tradition aura prévalu d'autant plus facilement que, du Ve siècle au XVe, les serpens, nous l'avons vu, ont joué un grand rôle dans les croyances populaires des Occidentaux : et alors la forme donnée à Merlusine, et l'exploit attribué à son descendant, seront devenus les conséquences du sacrifice d'une ancienne croyance, à une croyance plus nouvelle et généralement adoptée.

§ XIII.

Résumé.

La discussion de cette conjecture, que nous soumettons au jugement des archéologues, ne nous a point écartés de notre sujet. Nous nous sommes proposés de rechercher comment un récit évidemment absurde, faux, impossible, a pu se répandre, se multiplier; et toujours le même sous mille formes diverses, trouver partout une égale et constante crédulité.

Des faits réels, des métaphores usitées auraient pu quelquefois y donner occasion, mais non le faire sortir du cercle étroit où l'on observait les uns, où l'on mettait les autres en usage.

Un accident aussi local, aussi variable que l'est le débordement d'une rivière, n'a pu être représenté universellement par la même allégorie, qui d'ailleurs ne s'y applique que d'une manière très-imparfaite.

Le prétendu *fait* n'est, dans l'origine, que l'expression d'un tableau astronomique, adopté par la plupart des mythologies de l'antiquité (1).

---

(1) J'aurais pu citer encore Hercule, vainqueur du *dragon* du jardin des Hespérides, monstre dont la défaite fut suivie de la découverte d'une *fontaine* jusqu'alors inconnue (*Apollon. Rhod. Argonautic.* lib. IV); le *dragon* habitant d'une sombre *caverne*, et gardien de la *fontaine* de Mars, tué par Cadmus, qui depuis fut lui-même transformé en serpent; le *dragon*

Quand la tradition de ce dogme du polythéisme aurait dû céder aux progrès du christianisme, une cérémonie extérieure, consacrée dans cette religion, créa presque autant de répétitions du mythe originel, que l'Église d'Occident comptait de réunions de fidèles. En vain s'efforça-t-on d'appeler l'attention du vulgaire sur l'allégorie qu'exprimait la cérémonie : son esprit, comme ses regards, resta fixé sur la représentation physique. Ses habitudes l'emportant sur sa piété, ce ne fut pas exclusivement parmi les habitans du ciel qu'il chercha ses libérateurs; il en reconnut parmi les hommes, surtout quand, pour se conformer à un point de l'allégorie astronomique, il dut supposer que le vainqueur avait perdu la vie au sein même de la victoire. Les noms des personnages célèbres, ceux des nobles dont il craignait la puissance ou admirait le courage, vinrent s'appliquer à cette tradition sans cesse repro-

---

dont Diomède, à son retour de Troie, délivra les Corcyréens (*Heraclides* in *Politiis*); Cenchréus, que les habitans de Salamine, dans l'île de Chypre, prirent pour roi, lorsqu'il eut délivré la contrée d'un serpent énorme qui la désolait (Noël. *Dictionn. de la Fable*, art. *Cenchreus*, etc., etc.

duite. On falsifia les souvenirs historiques pour l'y retrouver; toute représentation physique, propre à en réveiller le souvenir, en renouvela le récit; on la chercha dans des monumens et dans des emblèmes qui lui étaient étrangers, et jusque dans les signes qu'avaient inventés la gloire ou l'orgueil militaire. On alla même (si notre dernière conjecture n'est point téméraire) jusqu'à altérer les symboles et les croyances d'une mythologie antérieure pour les lui approprier... Singuliers progrès d'une crédulité, non-seulement facile et aveugle, mais avide, mais insatiable! Ne méritent-ils pas d'être signalés aux méditations des philosophes? L'histoire de la crédulité est peut-être la branche la plus étendue, et, à coup sûr, l'une des plus importantes de l'histoire morale de l'espèce humaine.

NOTE B.

DE LA STATUE
DE MEMNON.

Récits et inscriptions qui attestent la vocalité de la statue, et font même mention des paroles qu'elle a prononcées. Explications peu satisfaisantes, proposées par divers auteurs. Suivant Langlès, les sons proférés quelquefois par la statue, correspondaient aux sept intervalles de l'octave, appropriés, chez les Égyptiens, aux sept voyelles, emblèmes elles-mêmes des sept planètes. Oracle qui a pu être prononcé par la statue de Memnon. Le mécanisme qui produisait le son ou les sons quotidiens, consistait-il, ainsi que l'a soupçonné Langlès, en une suite de marteaux qu'une force occulte mettait en jeu ? Cette conjecture n'est que plausible ; mais on ne peut y substituer la supposition d'une supercherie que sa répétition habituelle aurait rendue trop facile à découvrir.

L'époque où fut élevée la statue de Memnon se perd dans la nuit de l'antiquité. Son histoire commence pour nous au temps où elle fut brisée par Cambyse; c'est ce prince que les Égyptiens accusent de sa chute. Leur juste horreur pour la mémoire d'un tyran les aurait emportés jusqu'à imputer à son impiété l'effet d'une catastrophe naturelle, s'il était vrai, comme l'affirme Strabon, que le colosse ait été renversé par un tremblement de terre. Mais l'assertion du savant géographe manque de vraisemblance; les tremblemens de terre ont toujours été rares en Égypte; les dimensions des édifices qu'on y voit encore debout en offrent une preuve irrécusable.

« Mutilée par Cambyse, la statue qui sa-
« luait le soleil et le roi, ne salua plus que le
« soleil (1).» Ceci répondrait à l'idée que l'on se fait d'une machine dont le jeu a été dérangé par un accident : il est cependant également probable que les prêtres égyptiens avaient

---

(1) Scholiaste inédit de Juvénal, cité par Ph. Casselius. *Dissertation sur les pierres vocales ou parlantes.* page 8. — Langlès. *Dissertation sur la statue vocale de Memnon.* — *Voyage de Norden.* tome II. pages 157-256. page 237.

saisi ce prétexte pour dispenser leur divinité de rendre hommage au monarque Persan, à l'oppresseur de leur patrie.

Écoutons maintenant les temoins qui ont entendu la statue depuis la mutilation.

« Memnon, fils de l'Aurore, régna en « Éthiopie l'espace de cinq âges ou généra-« tions. Les Éthiopiens pleurent Memnon « comme s'il était mort dans la jeunesse (c'est ainsi que l'on pleurait Atys, Adonis et les autres emblêmes du soleil). « Sa statue, « tournée vers l'Orient, *parle* dès qu'un « rayon du soleil levant vient tomber sur sa « bouche (1). »

Pausanias vit la statue brisée ; c'est, dit-il, une statue du soleil. Les Égyptiens l'appellent Phamenophis, et non pas Memnon : elle rend, tous les matins, au lever du soleil, un son qu'on ne peut mieux comparer qu'à celui d'une corde de lyre qui se rompt (2). Juvénal qui, pendant son séjour en Égypte, avait pu l'entendre plusieurs fois, en donne une idée

---

(1) *Philostrat. De vit. Apollon.* lib. vi. cap. 6.
(2) *Pausanias. Attic* cap. 42.

analogue : « Là, dit-il, résonnent *les cordes*
« magiques du mutilé Memnon (3). » Observons qu'en parlant de plusieurs cordes, il paraît indiquer la production de plusieurs sons successifs.

Strabon ne fait mention que d'un son unique qui a frappé ses oreilles, et qu'il ne caractérise pas.

De nombreuses inscriptions gravées sur le colosse, attestent que, peu après le lever du soleil, des hommes conduits par la religion ou par la curiosité, ont entendu sortir de la statue, tantôt un son, tantôt plusieurs, tantôt même des paroles distinctes.

Voici la traduction d'une inscription grecque, qu'on lit sur la jambe gauche du colosse:
« Nous qui autrefois n'avions entendu qu'un
« seul son, maintenant Memnon, fils de l'Au-
« rore, nous a salués affectueusement comme
« ses alliés et ses amis. Plus heureux, j'ai
« saisi le sens *de ses paroles* : la nature elle-

---

(1) « *Dimidio* magicae *resonant ubi* Memnone *chordae.* »
Juvenal. Satyr. xv. vers. 50.

« même, créatrice de toutes choses, les a
« proférées (1). »

Eucrate, dans le *Philopseude* de Lucien (2), se vante d'avoir entendu prononcer, par la statue de Memnon, un oracle *en sept vers*. En croyant rapporter un mensonge ridicule, Lucien peut nous avoir transmis un fait véritable; peut-être même, nous le verrons, l'*oracle en sept vers* n'est-il pas entièrement perdu. Il est prouvé déjà, par l'inscription citée, que les prêtres de Memnon, proportionnant le miracle à la crédulité, faisaient quelquefois parler la statue. Ce miracle ne leur était point exclusivement propre. A Daphné, près d'Antioche, s'élevait le temple d'Apollon : la statue du Dieu, disait-on, avait plus d'une fois, à l'heure de midi, fait entendre à des adorateurs privilégiés, le chant d'un hymne mélodieux (1).

Dans l'un et l'autre cas, les prêtres em-

---

(1) *Description de l'Égypte*, etc. *Revue encyclop.* tome xxix. Langlès, *Dissertation*, etc. page 226.

(2) *OEuvres de Lucien*, traduction de Belin de Balu. tome iv. pages 211-212.

(3) *Libanius. Monodia super Daphn. Apoll.* etc.

ployaient sans doute des moyens scientifiques, tels que ceux qui fournissent des sons articulés aux *têtes parlantes*. La difficulté d'en préparer l'emploi, sans éveiller la défiance, explique la rareté de ce miracle particulier.

Il est moins aisé d'expliquer le miracle que tous les matins voyaient se renouveler.

L'idée d'une supercherie que facilitait la masse du colosse semble avoir frappé Strabon. « J'ai entendu, dit-il, un son qui « est parti de la base, ou du colosse, ou de « *quelqu'un des assistans;* c'est ce que je ne « puis assurer (1). » Ses expressions, on le voit, sont celles d'un homme qui se défend de l'illusion qu'on aurait pu lui faire, plutôt qu'il ne reconnaît celle qu'on lui a faite. Aucune tradition, d'ailleurs, ne vient à l'appui de sa conjecture.

« La statue étant creuse, dit Dussault (2), « la chaleur du soleil échauffait l'air qu'elle « contenait; et cet air, en sortant par quelque « issue, produisait un bruit que les prêtres

---

(1) *Strabo.* lib. xxvii.
(2) *Traduction de Juvénal* (édit. ii°. tome ii. page 452. note 5.

« interprétaient à leur gré. » Opinion peu soutenable, et qui suppose, au changement de température, un effet impossible : pour arriver jusqu'à l'air intérieur, la chaleur du soleil aurait eu à pénétrer une couche de pierre très-compacte, épaisse au moins de deux ou de trois décimètres ; et cela instantanément, et lorsque le disque du soleil était à peine élevé au-dessus de l'horison.

Dans les appartemens immenses, construits tout entiers en blocs de granit, que récèlent les ruines de Carnac, des artistes français affirment avoir entendu, au lever du soleil, *ces sons si fameux rendus par des pierres....* « Les sons paraissent partir des
« pierres énormes qui couvrent les apparte-
« mens, et *dont quelques-unes menacent de*
« *s'écrouler :* le phénomène provenait sans
« doute du changement de température pres-
« que subit qui se fait au lever de l'au-
« rore (1). » Je croirais plutôt que les sons furent produits par le craquement d'un des blocs, *prêts à s'écrouler,* entre ces masses

---

(1) *Description de l'Égypte.* tome I. page 234. — *Magasin encyclop.* 1816. tome II. page 14.

d'un granit rouge qui, *frappé avec un marteau, résonne comme une cloche* (1). Comment, en effet, admettre l'explication proposée, quand il est d'expérience qu'un changement de température, plus brusque et plus fort qu'on ne le peut supposer en ce cas, ne fera jamais résonner un corps même éminemment sonore? Il s'ensuivrait d'ailleurs, d'une part, que la statue de Memnon n'aurait pas dû cesser d'être sonore; et de l'autre, que tous les colosses, les plafonds et les murs de granit pouvaient aussi rendre des sons au lever du soleil : dès lors, la merveille aurait disparu aux yeux du peuple, familiarisé avec elle par sa continuelle répétition. Mais l'histoire ne laisse pas de doute sur ce point : la statue de Memnon jouissait seule de sa prérogative ; elle l'a perdue, et elle est devenue muette, depuis que le christianisme a régné en Égypte.

Un voyageur anglais, sir A. Smith, dit cependant avoir examiné lui-même, accompagné d'une nombreuse escorte, la statue de

---

(1) *Magasin encyclop.* 1816. tome 11. page 29.

Memnon; et à six heures du matin, *il a entendu* très-distinctement *les sons* qui la rendaient si célèbre dans l'antiquité (1). Il affirme que ce bruit mystérieux ne sortait pas de la statue, mais du piédestal. Il le croit un résultat de la *percussion de l'air sur les pierres* du piedestal ; lesquelles, selon lui, *sont disposées* de manière à produire cet effet surprenant.... Quelle est cette *disposition?* Comment produit-elle le résultat indiqué ? Comment le voyageur s'est-il même assuré de son existence ? C'est ce que ne dit pas sir A. Smith. Enfin on se demande comment, seul entre tous les modernes, il aurait entendu le colosse qui, pour tous les autres hommes, est condamné au silence depuis plus de quinze siècles ? Comment un phénomène si important aurait-il échappé aux français qui ont séjourné plusieurs années en Égypte, et qui y ont poussé si loin leurs savantes investigations ? Sir A Smith a probablement été déçu par un craquement semblable à ceux que des français ont entendu à Carnac.

Il est naturel de revenir à l'idée qui paraît

(1) *Revue encyclop.* 1821. tome IX, pag. 592.

avoir été adoptée chez les anciens, et de penser avec le Scholiaste de Juvenal, que la statue était animée par un mécanisme ingénieux.

Quel était ce *mécanisme ?*

Le savant Langlès a cherché à le deviner (1) : voici le résumé des opinions qu'il a developpées dans une dissertation remplie d'érudition et d'intérêt.

I. Les sons produits par la statue de Memnon étaient au nombre de sept ; ils répétaient les intonations appropriées aux sept voyelles égyptiennes, et consacrées aux sept planètes.

A l'appui de sa conjecture Langlès pouvait rappeler l'importance religieuse que les anciens attachaient aux sept voyelles ; cette importance est bien marquée dans le soin que prend Eusèbe (2) de nous faire observer que, par un mystère merveilleux, le nom ineffable de Dieu comprend les *sept voyelles*, dans les quatre formes que lui fait subir la grammaire. Elle explique aussi une inscrip-

---

(1) Langlès. *Dissertation sur la statue vocale de Memnon. Voyage de Norden*, tome II, pag. 157-256.

(2) Euseb. *Praep. Evang*. lib. XI, cap. 6.

tion composée de sept lignes, chacune desquelles présente les sept voyelles grecques différemment combinées (1). Gruter, il est vrai, et son éditeur, regardent l'inscription comme apocryphe ; mais Edw. Holten (2) a vu, sur une pierre, les mêmes voyelles sculptées et disposées de la même manière; tout le mystère quelles renferment, consiste, dit-il, dans le nom de Jehovah, composé de sept lettres et sept fois répété : il attribue, avec vraisemblance, les inscriptions de ce genre aux Basilidiens ; les Basilidiens, comme tant d'autres sectaires des premiers siècles de l'église, n'étaient que des Théurgistes qui voulaient transporter dans le christianisme, les rites et les superstitions d'initiations plus anciennes.

Langlès aurait pu alléguer encore l'opinion de quelques modernes, échos d'autant plus fidèles des anciens, qu'ils les comprenaient moins, et remarquer que Jean Belot, curé de Milmont, dans sa *Chiromancie* (chap. XVIII), établit que *les cinq voyelles*

---

(1) *Jan. Gruter. Corpus inscript.* tom. II. pag. XXI.
(2) *Ibid.* pag. CCCLVI.

sont consacrées aux cinq principales planètes. Mais il était surtout en droit de rappeler un *oracle en sept vers* que nous a conservé Eusèbe (1), et qui semble se rapporter au même sujet.

1. « Invoque Mercure ; et le soleil de la
« même manière,

2. « Le jour du soleil ; et la lune, quand
« d'elle arrivera

3 « le jour ; et Saturne ; et, à son rang (2),
« Vénus ;

4. « Par les invocations *ineffables* (3) qu'a
« trouvées le plus excellent des mages,

5. « Roi de la *sept-fois-résonnante*, connu
« d'un grand nombre d'hommes.

6. « . . . .

7. « Et (*invoque*) toujours, beaucoup,
« et à part, le Dieu à la *septuple voix*. »

Le texte indique qu'il manque un vers ; l'omission des noms de Jupiter et de Mars le prouve : mais je crois que ce vers était le troisième ou le quatrième, et non pas le

---

(1) *Euseb. Praepar. evang.* lib. iv.
(2) Ἑξῆς.
(3) Ἀφθεγκτοις.

sixième. **Oublié** par Eusèbe, ou peut-être transposé d'abord par un copiste à la sixième place, et supprimé ensuite parce qu'il n'y formait aucun sens, il complettait les *sept vers* dont l'oracle était composé.

Cet oracle, nous le soupçonnons, ne diffère point de celui que, dans Lucien, *Eucrate* a entendu prononcer par la statue, ni de celui dont fait mention l'inscription que nous avons citée plus haut, et qu'elle présente comme émané de *la nature même, créatrice de toutes choses*. Pour exprimer *en paroles*, le sens mystique attaché aux intonations sacrées des sept voyelles, Memnon devait s'expliquer dans les mêmes termes que l'oracle dont chaque vers nous a rappelé ce sens. Quoi qu'il en soit, voici un oracle en *sept vers*, qui prescrit de faire des invocations aux sept planètes, en observant le jour consacré à chacune d'elles. Malgré la perte d'un vers, il est évident que les invocations, comme les planètes et les jours de la semaine, devaient être au nombre de *sept*. Celui qui a *trouvé* (qui a institué) ce genre de culte, était le *Roi* (le directeur) de la *sept fois ré-*

sonnante: Langlès (1) prouve qu'*Osymandias*, nom du personnage auquel était consacrée la statue, signifie la *vocale*, la *parlante;* nous retrouvons ici la même locution, mais elle indique de plus le nombre des intonations proférées par le colosse. L'oracle ordonne ensuite d'invoquer le dieu à la *septuple voix :* ce dieu, rapproché ainsi de la *sept fois résonnante*, est évidemment celui dont elle offre l'image, Memnon, emblème en ce sens, du monde solaire renouvelé, comme de l'équinoxe du printemps. Mais quelles étaient les *sept* invocations qu'il fallait répéter, suivant l'institution du *Roi de la sept fois résonnante?* Les mêmes, sans doute, que celle-ci faisait entendre. Un ancien nous apprend que les prêtres égyptiens chantaient les louanges des Dieux, en répétant successivement les *sept voyelles* (2). La tradition conservée par J. Belot, dans sa *Chiromancie*, fortifie, nous l'avons vu, l'opinion que les voyelles étaient consacrées aux planètes.

---

(1) Langlès. *Dissertation*, etc. pag. 198.
(2) *Ibid.* pages 231-234.

Le mystère attaché à ce mode d'adoration explique l'épithète d'*ineffables* donnée aux invocations, et le silence que garde *Eucrate* sur les paroles qu'il a entendues. La religion des Hindous, celle des Parsis, et l'islamisme même consacrent certaines syllabes dont la prononciation équivaut à une prière, et dont on ne doit point révéler la sainte efficacité.

Observons, en passant, que cette expression, *le plus excellent des mages*, ne désigne point Zoroastre, et ne doit pas faire supposer que la statue de Memnon fût la copie d'un colosse élevé à Bactres ou à Babylone. Le nom de *mage* a souvent été donné à des prêtres Chaldéens et même à des Égyptiens; il ne signifiait, pour les Grecs, qu'un homme consacré aux Dieux, inspiré par eux, et supérieur aux autres hommes par la science et par la sagesse.

II. Les sons, dit Langlès (1), pouvaient être produits par une suite de marteaux disposés le long d'un clavier, et frappant le granit même, ou des pierres sonores de la

---

(1) Langlès. *Dissertation*, etc. pag. 237.

nature de celles qui, depuis les siècles les plus reculés, servent à la Chine d'instrumens de musique (1). Était-il si difficile d'adapter à ces marteaux une clepsydre, ou tout autre instrument propre à mesurer le temps, et monté de manière à les mettre en mouvement au lever du soleil?

On peut aller plus loin ; on peut conjecturer que le secret, bien connu des anciens, de concentrer les rayons du soleil, fut le principe de tout le mécanisme. C'était ainsi, grâce au soleil même, que, par une harmonie religieuse, la statue saluait le retour du Dieu auquel elle était consacrée allégoriquement et physiquement, comme remplissant l'office de gnomon (2) et comme offrant l'emblème de l'astre du jour à l'équinoxe du printemps (3).

La chaleur vive et prompte, obtenue par la concentration des rayons solaires, pouvait dilater assez une ou plusieurs verges métalliques, pour mettre en action le clavier dont,

---

(1) Langlès. *Dissertation*, etc. pages 235-236.
(2) *Ibid.* pages 254-256.
(3) *Ibid.* pages 249 et suivantes.

avec Langlès, nous supposons l'existence. Le colosse, tourné vers l'orient, résonnait au contact des premiers rayons du soleil, et même, selon Philostrate, à l'instant où *ils tombaient sur sa bouche* (1). Entre ses lèvres, ou à quelque autre point moins remarquable, mais également dérobé, par la hauteur de la statue, aux regards de l'observateur, on avait pu pratiquer un orifice, et l'armer intérieurement d'une lentille ou d'un miroir, en un mot, d'un appareil analogue à celui qui fait détonner les *méridiens à canon*. Le plus grand nombre des inscriptions gravées sur le colosse, placent l'audition de sa voix de la première heure à la seconde (2). On a droit d'en conclure que, plus tard, les rayons cessaient de tomber au point néces-

(1) *Plin. Hist. nat.* lib. xxxvi. cap 7. — *Philostrat. De vit. Apollon.* lib. vi. cap. 6.

(2) Langlès. *Dissertation*, etc. Une inscription, la xvie de celles que cite Langlès (page 225) indique le commencement de la 3e heure; une autre, la xiie (page 223), parle de *l'heure qui précède la* 1re, « *horâ diei ante primam.* » L'expression est probablement inexacte, à moins que les prêtres n'aient eu, cette fois, quelque motif pour produire le miracle avant le lever du soleil, supercherie que facilitait l'obscurité.

saire pour déterminer la miraculeuse harmonie.

Cette explication est sujette à plus d'une difficulté. Langlès suppose que le colosse proférait sept sons successifs : Strabon n'en a entendu qu'un seul, et la plupart des inscriptions n'en annoncent pas davantage ; deux seulement (1) font mention de deux sons successifs, dans l'intervalle de moins d'une heure. D'ailleurs, quels témoignages pouvons nous invoquer ? Ceux d'observateurs qui n'ont entendu la voix merveilleuse que depuis l'époque où la statue fut renversée, sans qu'on l'ait jamais relevée : la position de sa partie supérieure avait donc cessé d'être la même ; le soleil ne donnait plus, à son lever, sur le point originairement déterminé ; supposée juste à une époque, l'explication se trouve donc insuffisante pour l'autre.

Ce n'était plus, en effet, à l'instant précis du lever du soleil, que les rayons lumineux rencontraient le point où nous supposons

---

(1) La *seconde* et la *sixième*. Langlès. *Dissertation*, etc. pages 218 et 220.

qu'ils agissaient sur le mécanisme. Aussi la voix ne résonnait-elle pas à un instant fixe ; mais irrégulièrement, de la première heure à la seconde ; on l'a entendue après la seconde heure, et même à la troisième. Ces variations, rapprochées de l'audition de deux sons successifs et du passage de Juvénal qui semble dire qu'il s'en produisait plusieurs, affermissent plus qu'elles ne l'ébranlent, l'explication de Langlès. Admettons un mécanisme composé de sept pièces principales, que le soleil levant mettait toutes en jeu, avant le déplacement et la mutilation de la statue. Depuis cette catastrophe, ce ne devait être que très-rarement et par une sorte de hasard, que s'opérait le miracle complet. Quelquefois, et sans doute à certaines époques de l'année, le soleil avait le temps d'échauffer successivement deux des verges métalliques ; et l'on entendait deux sons à quelque distance l'un de l'autre ; plus souvent il n'en pouvait échauffer qu'une, et le son produit était unique.

Tout ceci, nous l'avouons, est purement conjectural, et tomberait de soi-même, si l'on reconnaissait que, ni dans le colosse, ni dans sa base, il n'existait de cavité propre à recevoir le mécanisme dont nous supposons l'existence. Dans ce cas seulement, la merveille deviendrait plus grande : il nous serait difficile de l'imiter; et plus difficile encore de lui assigner pour cause une supercherie répétée tous les matins, au jour, en plein air, au milieu des curieux qui se présentaient en foule pour en être les témoins, et cependant jamais découverte.

ADDITIONS ET CORRECTIONS.

TOME PREMIER.

Pages.

30. A la note (1), *ajoutez :* « Dans l'église de Sainte-Rade-
« gonde (à Poitiers), est une pierre où J.-C. laissa
« l'empreinte de son pied. Près du *Dolmen* de Mavaux,
« les villageois en montrent une autre que la jument
« de saint Jouin frappa de son pied, un jour que le
« saint abbé était tourmenté par le diable. » *Mémoires
de la Société des antiquaires de France.* Tome VIII,
page 454.

37. Ligne première. De forêts très-épaisses..... *ajoutez en
note : Aristot. De Mirabil. Auscultat.*

74. A la note (1), *ajoutez :* Callisthène, cité par Stobée,
rapporte le même fait, et nomme le fils de Midas,
Aegysthéos. (J. Stobaei. Serm., XLVIII).

80. Ligne dernière, et 81, ligne première. Cette nation
parla à Hérodote... *lisez :* chez cette nation, Hérodote
entendit parler.....

Pages.

94. Lignes 17-18. Jupiter alors fait pleuvoir des pierres sur les ennemis d'Hercule, *ajoutez en note :* Ce mythe peut être expliqué plus simplement : les cailloux de *la Crau* fournirent d'abondantes munitions aux guerriers armés de frondes qui, sous les auspices de leur dieu national, l'Hercule Tyrien, combattaient les indigènes de la Gaule.

96. Ligne 3. Douarnenec, *lisez :* Douarnenèz.
    Ligne 23. Abbé de Verton, *lisez :* Abbé de Vertou.

111. Ligne 5. Lybie, *lisez :* Libye.

131. A la note (1), *ajoutez :* A la foire de Nancy, en 1829, un escamoteur a donné, en public, le spectacle de décapiter un homme couché sur son théâtre. Il présentait la tête coupée aux curieux, les invitait à la toucher, à ouvrir la bouche qui se refermait d'elle-même, à contempler la section sanglante du cou, au sommet du tronc. Il tirait ensuite un rideau, et presque aussitôt l'homme reparaissait vivant. On apercevait seulement combien il était fatigué de la position contrainte qu'il avait dû garder pendant l'amputation apparente.

145. Lignes 19-21. Dans un recueil de narrations merveilleuses, dont l'origine hindoue serait difficilement contestée, *ajoutez en note :* L'origine hindoue des *Mille et une nuits*, soutenue par Hammer et Langlès, est niée par M. Sylvestre de Sacy, qui attribue la composition de ce recueil à un auteur syrien, et ne lui donne pas plus de quatre siècles d'ancienneté. (*Mémoire* lu à l'*Académie des inscriptions et belles-lettres*, séance du 31 juillet 1829). Qu'un écrivain ait, il y a quatre cents ans, fait connaître ces narrations à l'Arabie et à la Syrie, cela est possible; et quant

à la religion qu'il professait, on ne peut conserver de doute sur ce point, grâce au soin qu'il prend de placer partout des musulmans, sans distinction de temps ni de pays. Mais cet écrivain en est-il le premier auteur? Non. 1°. Plusieurs des contes qu'il répète, se retrouvent dans des recueils hindous et persans, plus anciens que l'époque où l'on croit qu'il a écrit. 2°. Le judaïsme et le christianisme sont assez connus en Syrie et en Arabie, pour que les sectateurs de ces deux religions dussent jouer un rôle dans des contes inventés depuis quatre cents ans seulement; et toutefois, on n'y voit figurer, en opposition avec les sectateurs de l'islamisme, que des magiciens et des mauvais génies. 3°. On y retrouve la tradition de l'existence, en Asie, de Pygmées, d'hommes qui ont la tête au dessous des épaules, et d'hommes à tête de chiens : tradition que des auteurs grecs très-anciens avaient puisée en Orient. (*Voy.* ci-dessus, pag. 78-80); mais qu'on avait depuis vouée à l'oubli, comme une fable ridicule. 4°. Enfin l'origine hindoue des récits primitifs, se trahit dans l'histoire du Brahme *Pad-Manaba*, protégé par le *Dieu Wishnou* (XIV⁰ nuit). Jamais un musulman n'aurait inventé une histoire si contraire à sa croyance religieuse. Si l'auteur syrien l'a rapportée sans la défigurer, c'est sans doute parce que le fond en était trop connu, trop populaire, pour qu'il essayât de l'altérer.

156. Ligne 25. Le comte de Cabalis; *lisez* : le comte de Gabalis.

165. A la note (1), *ajoutez* : Tous les ans, à Blois, à l'époque de la foire, le concierge du château répand du sang dans la chambre où fut massacré le

duc de Guise, et le montre aux curieux, comme le sang de ce martyr de la ligue.

241. Lignes 12-14. Le grec... profita sans doute des fréquentes occasions qu'il avait de s'instruire... *ajoutez en note :* Les communications des mages avec les savans grecs ne sont point une supposition : Platon (*in Axiocho*) introduit le mage Gobryas, révélant à Socrate des secrets religieux que son aïeul, du même nom que lui, avait découverts à Délos, au temps de l'expédition de Xerxès.

265. Lignes 19 et 28. Une *Vierge poisson*, figure propre aux planisphères égyptiens, *ajoutez en note :* Sur la seconde bande du sofite du portique de Dendéra, on remarque (dit M. Jollois, dans la *Description de l'Égypte*), une femme dont le corps se termine en queue de poisson.

349. Lignes 15 et suivantes. Notre incertitude, etc., *lisez :* Notre incertitude, sur ce point, touche à son terme. Tandis que plusieurs savans attribuaient à une disposition particulière de l'organisation, et surtout à une longue habitude, la possibilité de braver l'atteinte du feu, le docteur Sémentini a cherché la solution du problème dans l'interposition d'un corps étranger entre la peau et le corps incandescent : il a reconnu qu'une dissolution saturée d'alun préserve de l'action du feu, les parties qui en sont fortement imprégnées, surtout lorsqu'après en avoir fait usage, on frotte la peau avec du savon. Muni de ce préservatif, il a répété sur lui-même avec succès, les expériences des hommes *incombustibles* (1).

---

(1) *Essai sur la Physiologie humaine*, par G. Grimaud et V. C. Durocher, in-12. Paris, 1826. page 76.

Ce procédé était probablement celui que mettaient en usage les peuples anciens, puisqu'ils l'employaient aussi pour soustraire aux atteintes de la flamme, des substances inanimées. Indépendamment de l'art de filer et de tisser l'amianthe, art porté par eux assez loin pour avoir souvent étonné, par des miracles, les regards de l'ignorance; ils savaient que le bois, etc.

370. A la note (1), *ajoutez* : En Syrie et en Mésopotamie, et particulièrement sur les bords de l'Euphrate, les indigènes bravaient les morsures de serpens dont l'atteinte était mortelle pour les étrangers. *Arist. De Mirabil. Auscultat.*

TOME SECOND.

96. A la note (1), *ajoutez* : En Thrace, au pays des Cyclopes, coulait un ruisseau dont l'eau limpide semblait ne différer en rien de l'eau commune; tout animal qui en buvait, expirait sur-le-champ. (*Aristot. De Mirab. Auscult.*).

A la note (2), *ajoutez* : A Nonacris, on prêtait serment sur l'eau du Styx; c'est ce que nous apprend un passage d'Hérodote (lib. VI, cap.). En le citant, Stobée (*J. Stobaei Eclog. Physic. De statu animarum*) ajoute que, suivant l'opinion générale, l'*eau*

Pages.

du *Styx* possédait la propriété de punir les parjures qui l'avaient attestée. En rapprochant ce fait, de l'emploi du poison dans les épreuves judiciaires (*ci-après*, pages 103 et suivantes), on sera porté à croire, comme nous, que l'eau de Nonacris était un produit de la science occulte, qui la rendait, à volonté, innocente ou nuisible.

212. Ligne 19, *ajoutez en note :* Les Gaulois lançaient aussi à leurs ennemis, des traits enflammés que les écrivains latins nomment *Cateia* (*Caesar. De Bell. Gall.*, lib. V, cap. 43. — *Ammian Marcell.*, lib. XXXIII. — *Isidor. Hispal. Origin*, lib. XVIII, cap. 6. — *Cateia*, du gaëtique, *gath - teth*, prononcé *gáté*, dard brûlant).

243. A la note (2), *ajoutez :* La promptitude avec laquelle agissait le poison dont les aiguilles étaient enduites devait, dans certaines conjectures, rendre leur action plus merveilleuse. Les voyageurs qui ont parcouru l'Hindoustan, et particulièrement les Français engagés au service de Tipoo-Saëb, ont vu la piqûre presque imperceptible d'aiguilles empoisonnées, donner, en moins de deux minutes, une mort qu'aucune précaution et l'amputation même ne pouvait prévenir. Les anciens connaissaient des poisons non moins rapides. Les Gaulois en possédaient un tellement efficace, que les chasseurs qui en imprégnaient leurs flèches, s'empressaient de couper, sur l'animal qu'ils avaient frappé, la partie que la flèche avait touchée, de peur que le progrès de la substance vénéneuse ne corrompît bientôt toute la chair de l'animal. (*Aristot. De Mirab. Auscult.*)

244. Lignes 8-10. Cet agent a-t-il été absolument inconnu

aux anciens? *ajoutez :* Quand Aristote et Sénèque attribuaient les tremblemens de terre, à l'action de l'eau subitement transformée en vapeur par une chaleur souterraine, n'indiquaient-ils pas le principe dont il ne restait qu'à tenter l'application? Cent vingt ans environ avant notre ère, dans l'ouvrage intitulé *Spiritalia*, Héron d'Alexandrie n'a-t-il pas montré comment on peut employer la vapeur de l'eau échauffée, pour imprimer à une sphère creuse, un mouvement de rotation? (Arago. *Notice sur les machines à vapeur*, insérée dans l'*Almanach du bureau des longitudes*, 1829, pages 147-151). Nous citerons enfin deux faits positifs. L'un, etc.

270. Ligne 13. Un monstre sorti de la mer, *ajoutez en note :* La ville de *Tenos*, dans l'île de ce nom, était inquiétée par un dragon redoutable : une *femme* habile dans l'art des enchantemens, sut attirer le monstre hors de sa retraite, et lui donner la mort. (*Aristot. De Mirab. Auscult.*)

319. Ligne 17. Ou ne pas y survivre, *ajoutez en note :* Les traditions de la Grèce ancienne en offrent un exemple. Par l'ordre d'un oracle, la ville de Thespie livrait chaque année un adolescent à un dragon homicide. Cléostrate étant désigné par le sort pour ce sacrifice, Ménestrate, son ami, prit sa place; et, revêtu d'une cuirasse dont chacune des écailles portait un hameçon avec la pointe tournée en haut, il se livra au dragon, qu'il fit périr en périssant lui-même. (*Pausanias. Boeotic* cap.).

345. Ligne 9. Dans la Mythologie hindoue (2), *ajoutez à la note* (2). Elle a pénétré au Kamtschatka, avec la religion Lamique. Dans les iourtes des Kamtscha-

dales du Nord, on voit l'idole *Khan-Tai*, qui a la forme humaine jusqu'à la poitrine; le reste du corps ressemble à une queue de poisson. On en fabrique une nouvelle, chaque année; en sorte que le nombre de ces images indique depuis combien d'années l'iourte est construite. (Kracheninnikow. *Description du Kamtschatka.* Première partie, chap. IV). Cette dernière particularité prouve que l'idole *Khan-Tai*, comme la *Vierge-poisson* des planisphères égyptiens, a un origine astronomique, puisqu'elle est restée le symbole du renouvellement de l'année.

252. A la suite de la note A, *ajoutez :*

L'impression de ce volume était achevée, quand j'ai eu connaissance d'un Mémoire de M. Bottin, intitulé : *Traditions des Dragons volans dans le nord de la France* (1). Instruit plus tôt des faits curieux qu'il renferme, je me serais empressé de les mettre en œuvre.

A tant d'autres dragons, j'aurais joint (§. III) le dragon de Saint-Amand (diocèse de Tournay), que saint Amand chassa d'une île où il répandait l'effroi. J'aurais cité (§. VI et VII), 1° le *Bailla*, figure de dragon que l'on promenait à Rheims, le jour de Pâques; 2° le dragon doré que l'on portait à la procession des Rogations, dans la paroisse Saint-Jacques, de Douai. La légende relative à cette image, remonte à l'époque de l'introduction de la fête des Rogations à Douai : le dragon était l'emblème du démon, qui avait dévoré le blé dans les épis et fait manquer la récolte, pour punir les cultivateurs du refus de payer la dixme.

§. III et VIII. Il n'existe point de village nommé

Torcy, près de Luneville. D. Calmet a voulu sans doute parler du *bois de Thorey*. Dans la commune de Donnemarie, dont ce bois dépend, on voyait encore, il y a trente-cinq ans, une pierre tumulaire, sur laquelle était gravée la figure d'un dragon ailé. Ce dragon paraît avoir donné lieu à la tradition subsistante dans le pays et rapportée par D. Calmet, laquelle d'ailleurs ne fait mention que de l'apparition du monstre, et non de ses ravages.

§. X. Le dragon que tua, dans sa *caverne*, à l'instant où il allait dévorer une jeune *fille*, Gille, sire *de Chin* (mort en 1137), est celui dont on porte encore l'image en procession, à Wasmes (près de Mons), le mardi de la Pentecôte et le dimanche de la Trinité. La légende, religieusement conservée dans le Hainault, attribue au sire *de Chin* les traits les plus saillans de l'exploit dont, deux siècles plus tard, on fit honneur à Dieudonné de Gozon (mort en 1357): la difficulté d'obtenir la permission de combattre le dragon; le soin de fabriquer long-temps d'avance une figure qui en offrait la ressemblance, afin de dresser peu à peu des chevaux et des chiens à l'attaquer sans frayeur; la précaution de se faire suivre au lieu du combat, par des serviteurs dévoués..... voilà un exemple de plus de la facilité avec laquelle on applique, à des personnages connus dans un temps et dans un pays, les mythes que l'on emprunte à un autre pays et à une époque antérieure.

§. XI. En parlant des légendes auxquelles le Blason a donné la naissance, on ne doit point oublier la famille *Dragon de Ramillies*, qui portait, dans ses armoiries, d'*azur* au *dragon* d'or: elle faisait remonter l'origine de son nom et de ses armes, à la victoire remportée par *Jean* sire de *Ramillies*, sur un dragon qui ravageait le territoire voisin de l'Escaut, et que l'intrépide baron alla combattre, jusque dans la *caverne* où le monstre entraînait ses victimes.

TABLE DES CHAPITRES

DU

SECOND VOLUME.

CHAPITRE XVIII..   1
CHAPITRE XIX. 34
CHAPITRE XX.. 60
CHAPITRE XXI. 91
CHAPITRE XXII.. 115
CHAPITRE XXIII.. 132
CHAPITRE XXIV. 148
CHAPITRE XXV 184
CHAPITRE XXVI 217
CHAPITRE XXVII. 242

TABLE DES CHAPITRES.

CHAPITRE XXVIII.. 261

NOTE A.. 273

NOTE B.. 353

ADDITIONS ET CORRECTIONS. . . . 373

FIN DE LA TABLE DU SECOND ET DERNIER VOLUME.

LIBRAIRIE DE SÉDILLOT.

LE PIRATE, Revue hebdomadaire de la littérature et des Journaux. Littérature. — Sciences, — Beaux arts. — Industrie — Théâtre. — Cours publics. — Tribunaux. — Modes. — Chronique de la semaine.

Ce journal, qui paraît tous les dimanches, est composé alternativement de trois et quatre feuilles grand in-4°, on 32 larges colonnes.

Prix de l'abonnement :
Pour trois mois 12 fr.
Pour six mois.. 20
Pour un an.... 36

On ajoute 1 franc par trimestre pour recevoir ce journal franc de port dans les départemens, et 2 fr. pour les pays étrangers.

MANUEL DE LA BOURSE, contenant des notions exactes sur les effets publics français et étrangers, avec l'état de leur cours respectif, depuis l'origine ; — Sur les affaires qui se traitent à la Bourse de Paris. — Marchés au comptant et à terme ; marchés fermes, libres ou à prime, reports et différentes manières de spéculer. — Sur le mécanisme du change : arbitrages, règle conjointe, etc. ; un aperçu sur la Bourse de Londres et sur les fonds publics en Angleterre. — Des tableaux d'évaluation en francs, des obligations d'Espagne et des certificats Baronnet ; de l'intérêt de l'argent placé en 5 et en 3 pour 0/0 aux différens cours de la rente, et des règles générales pour tous calculs relatifs aux effets publics ; — L'état des finances de toutes les puissances du globe, et la liste de MM. les Agens de change près la Bourse de Paris, etc. Seconde édition, revue et augmentée de tables d'intérêt composé pour l'amortissement et pour l'accroissement des capitaux, etc. ; par *Lamst*. 1 vol. in-18. 1829.
2 fr. 50 c.

PENSÉES ; par madame la princesse *Constance de Salm*. 1 vol. in-16. 1829.
2 fr. 50 c.

Sous presse :

DROIT PUBLIC ET ADMINISTRATIF DE LA FRANCE ; par M. Bouchené-Lefer, avocat.
Le premier volume paraîtra au mois de novembre.

IMPRIMERIE DE C. THUAU.

www.ingramcontent.com/pod-product-compliance
Lightning Source LLC
Chambersburg PA
CBHW060559170426
43201CB00009B/835